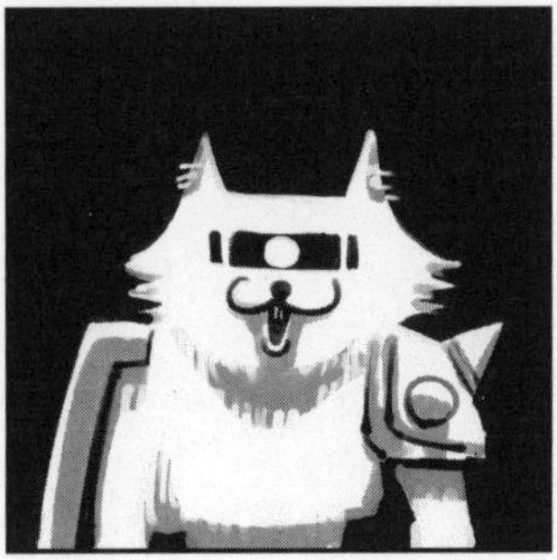

Gege Akutami

Was'n das?

JUJUTSU KAISEN 15

Aufruhr in Shibuya
- Verwandlungen -

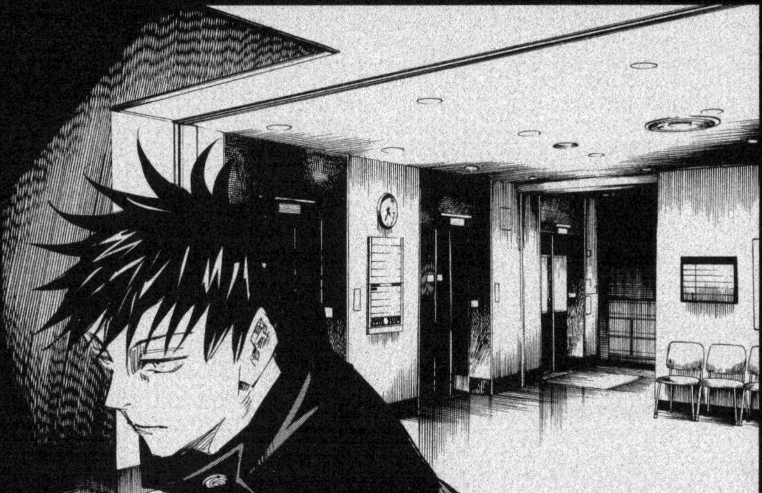

GEGE AKUTAMI

JUJUTSU KAISEN

CHARAKTERE

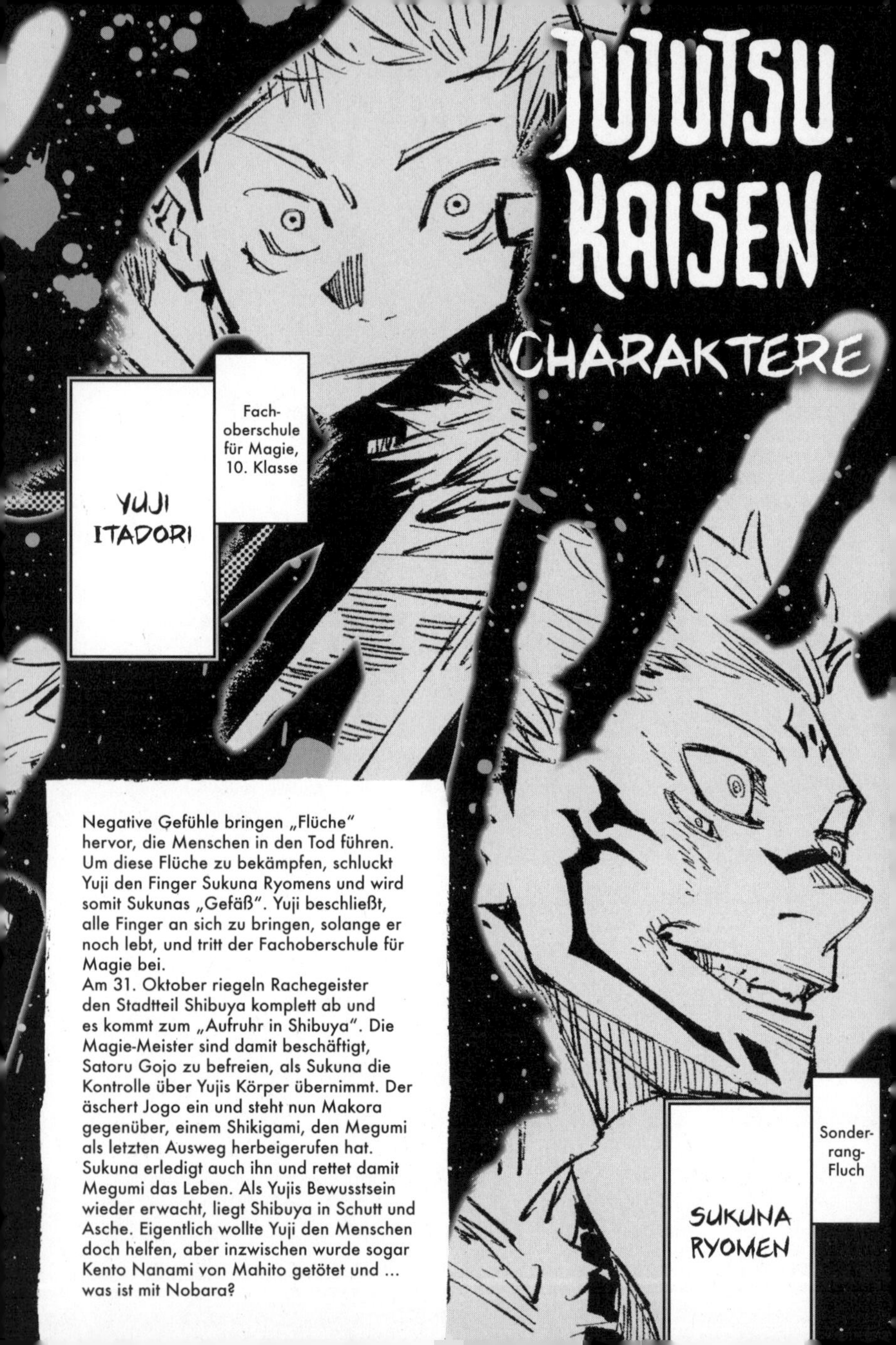

Fach-
oberschule
für Magie,
10. Klasse

YUJI ITADORI

Negative Gefühle bringen „Flüche" hervor, die Menschen in den Tod führen. Um diese Flüche zu bekämpfen, schluckt Yuji den Finger Sukuna Ryomens und wird somit Sukunas „Gefäß". Yuji beschließt, alle Finger an sich zu bringen, solange er noch lebt, und tritt der Fachoberschule für Magie bei.
Am 31. Oktober riegeln Rachegeister den Stadtteil Shibuya komplett ab und es kommt zum „Aufruhr in Shibuya". Die Magie-Meister sind damit beschäftigt, Satoru Gojo zu befreien, als Sukuna die Kontrolle über Yujis Körper übernimmt. Der äschert Jogo ein und steht nun Makora gegenüber, einem Shikigami, den Megumi als letzten Ausweg herbeigerufen hat. Sukuna erledigt auch ihn und rettet damit Megumi das Leben. Als Yujis Bewusstsein wieder erwacht, liegt Shibuya in Schutt und Asche. Eigentlich wollte Yuji den Menschen doch helfen, aber inzwischen wurde sogar Kento Nanami von Mahito getötet und … was ist mit Nobara?

Sonder-
rang-
Fluch

SUKUNA RYOMEN

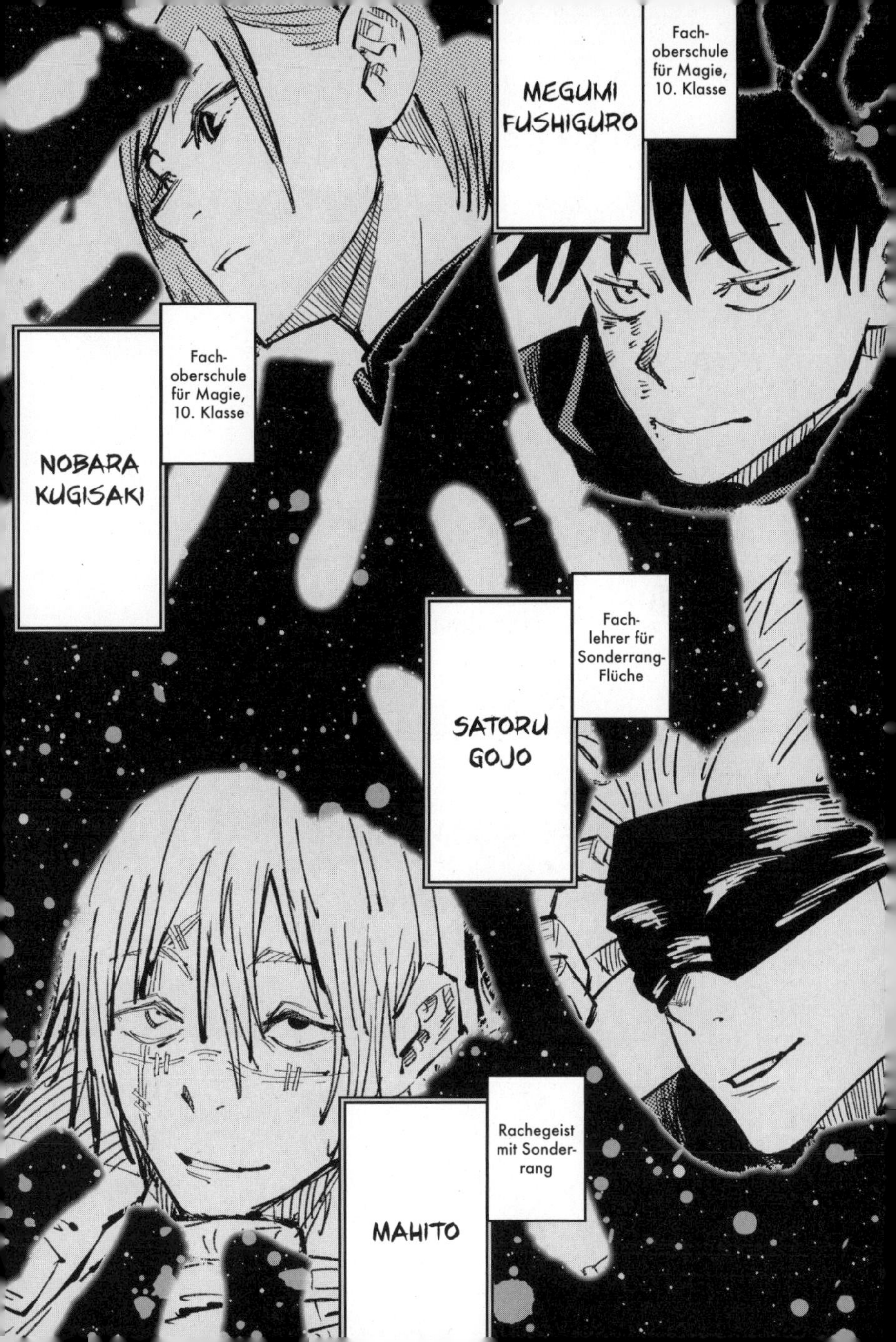
MEGUMI FUSHIGURO
Fach-oberschule für Magie, 10. Klasse
NOBARA KUGISAKI
Fach-oberschule für Magie, 10. Klasse
SATORU GOJO
Fach-lehrer für Sonderrang-Flüche
MAHITO
Rachegeist mit Sonder-rang

JUJUTSU KAISEN

15

Aufruhr in Shibuya
– Verwandlungen –

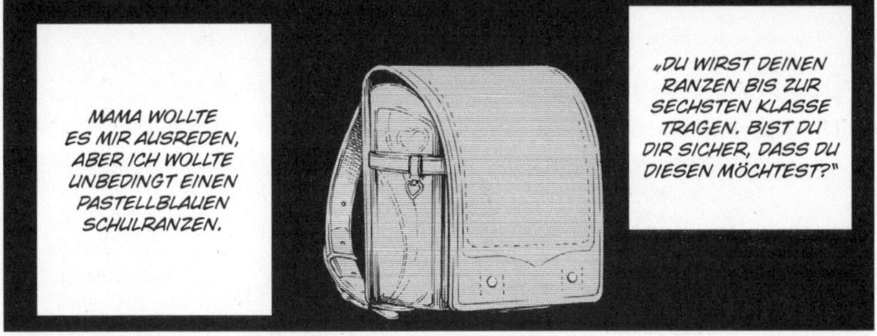

KAPITEL 125: DIE GESCHICHTE EINES MÄDCHENS

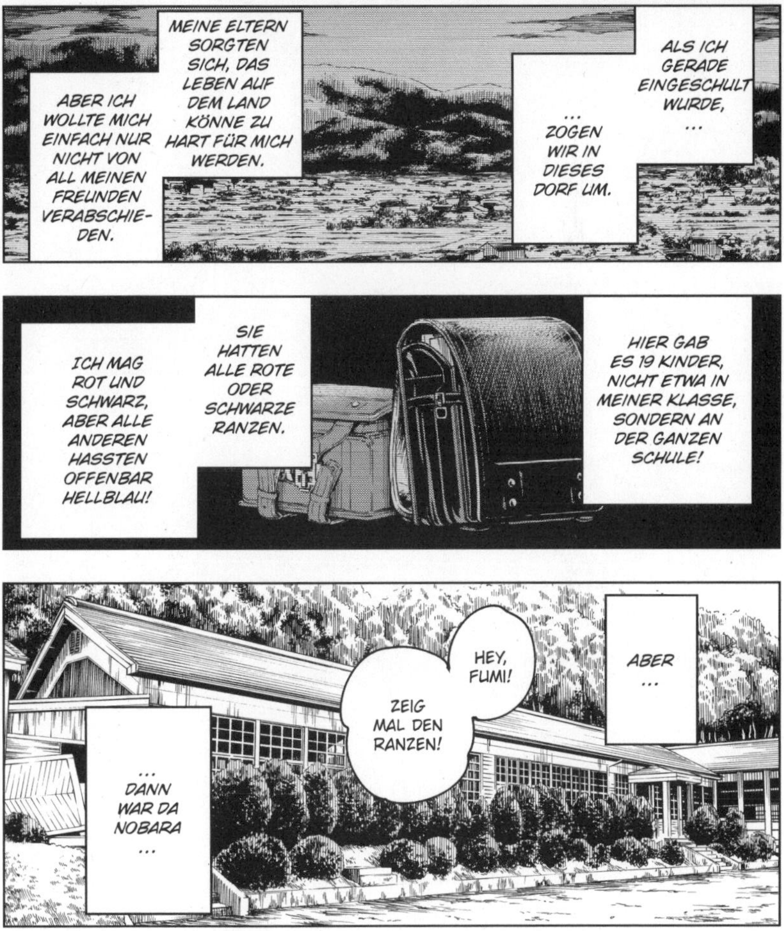

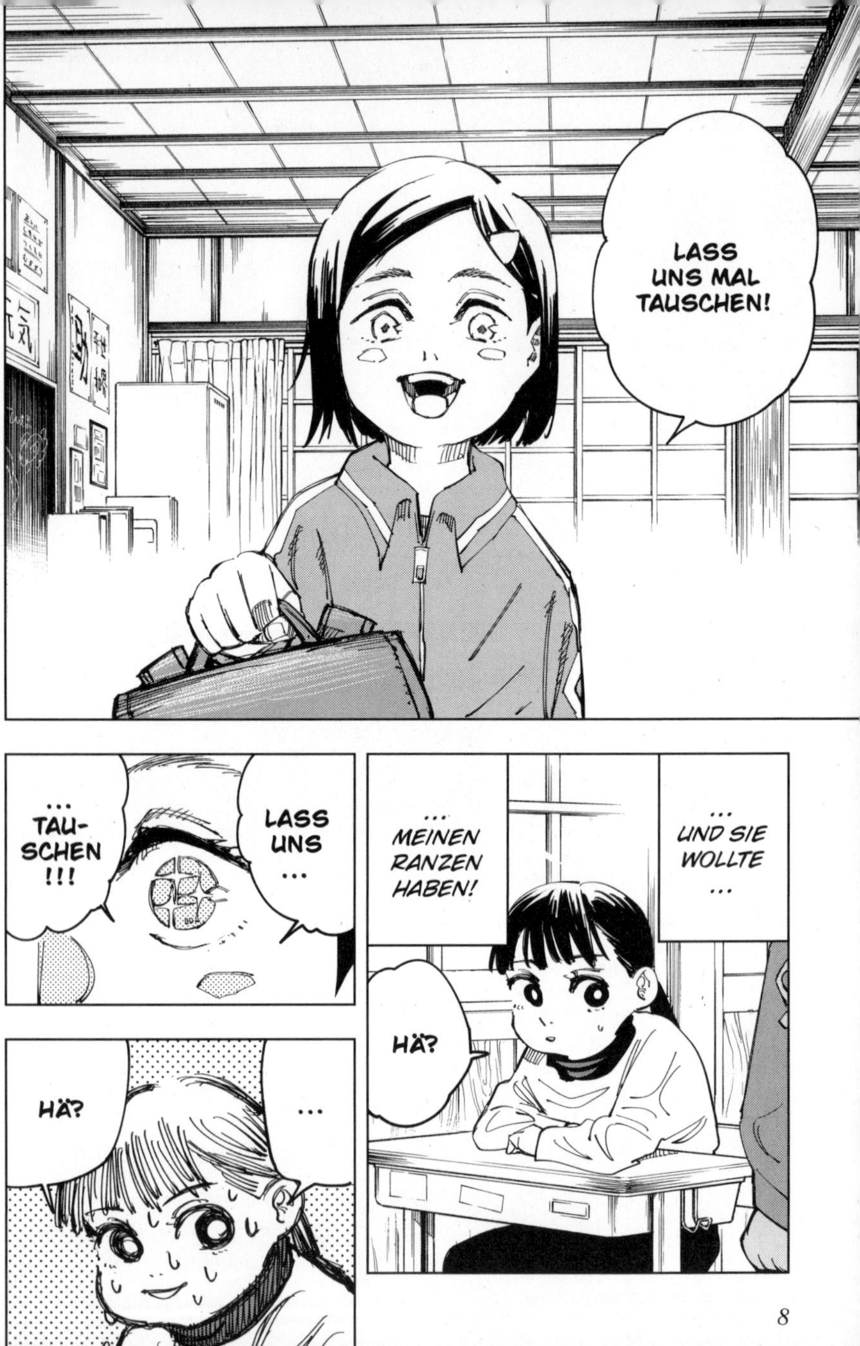
LASS UNS MAL TAUSCHEN!
... UND SIE WOLLTE ...
... MEINEN RANZEN HABEN!
HÄ?
LASS UNS ...
... TAU-SCHEN !!!
...
HÄ?

KAPITEL 125: DIE GESCHICHTE EINES MÄDCHENS

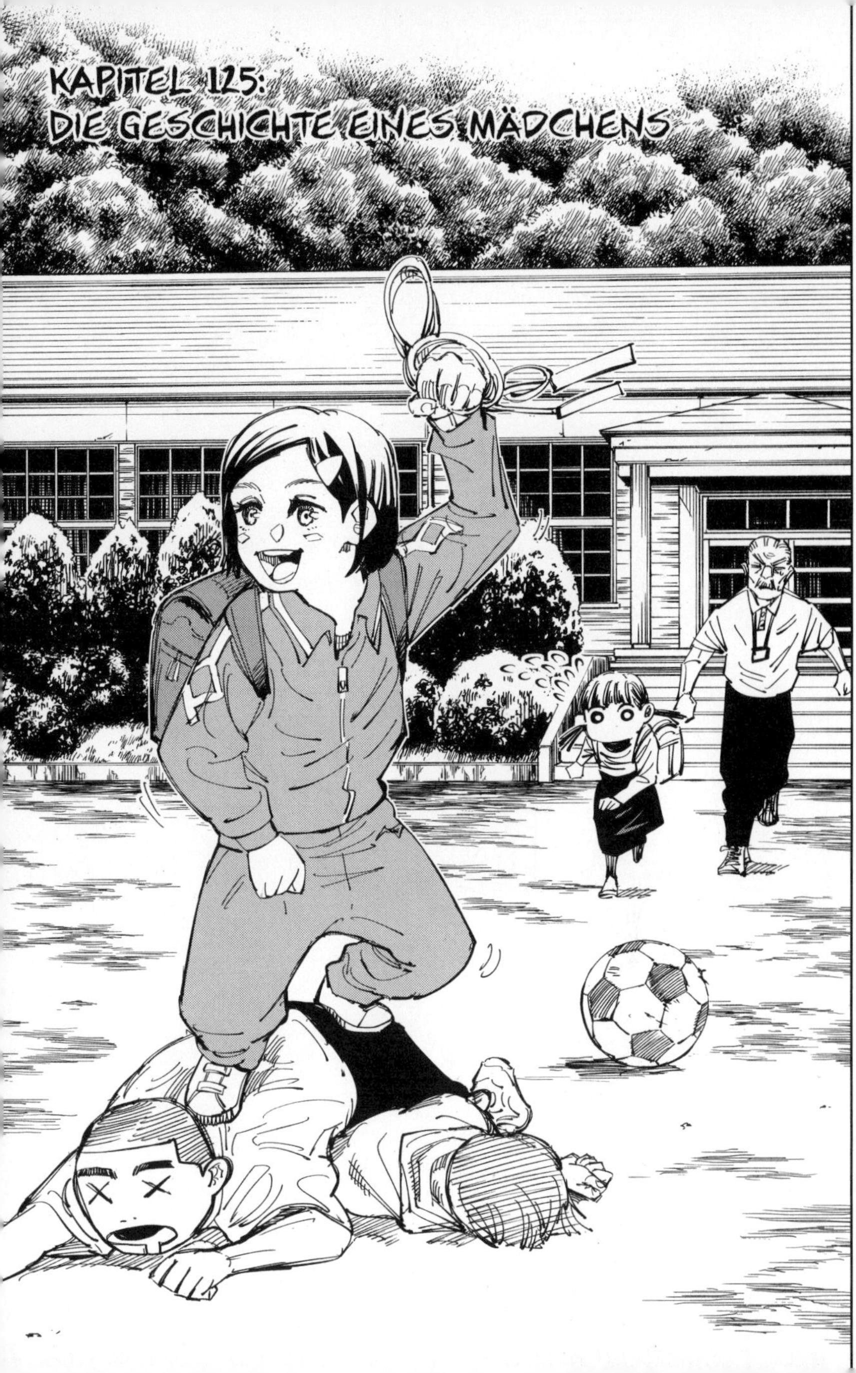

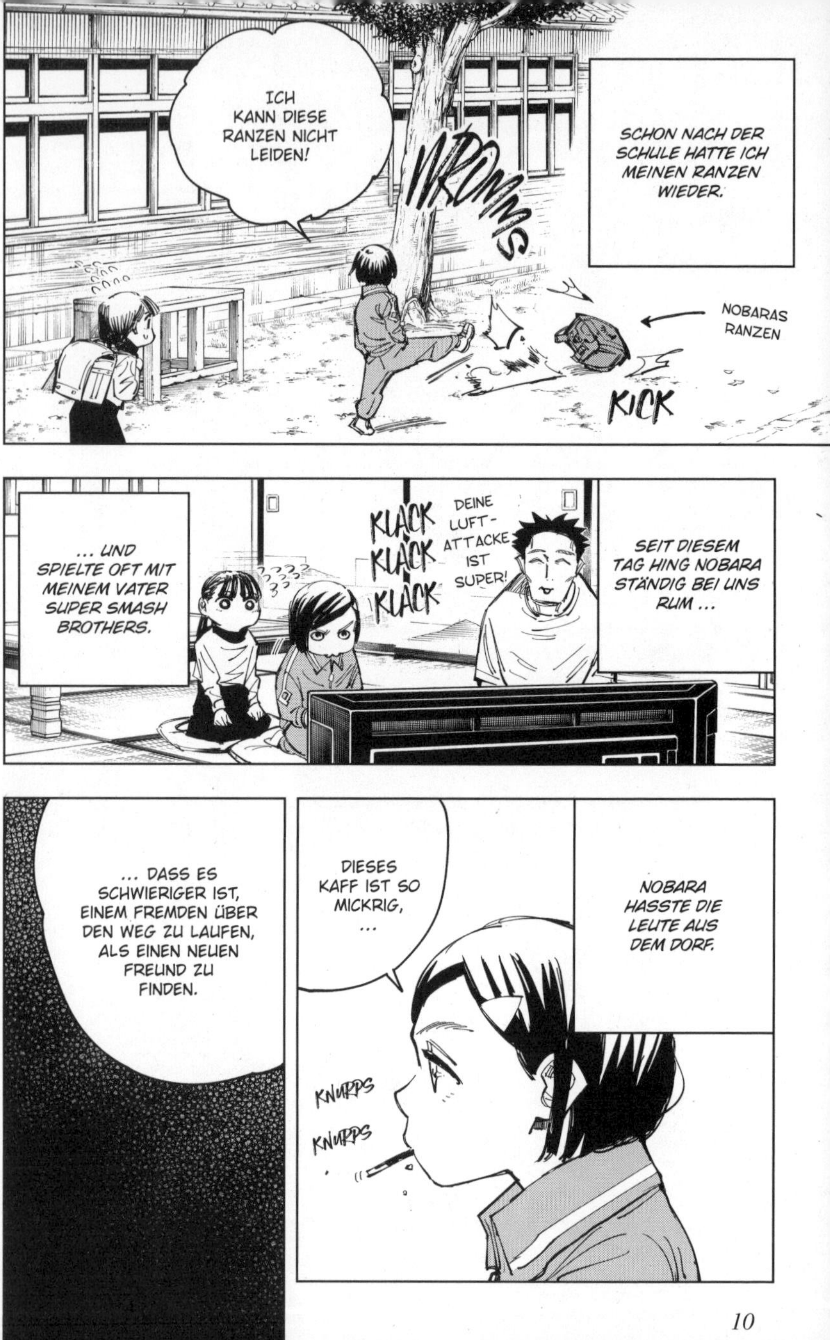
SCHON NACH DER SCHULE HATTE ICH MEINEN RANZEN WIEDER.
ICH KANN DIESE RANZEN NICHT LEIDEN!
VROOMS
KICK
NOBARAS RANZEN
SEIT DIESEM TAG HING NOBARA STÄNDIG BEI UNS RUM …
DEINE LUFT-ATTACKE IST SUPER!
KLACK KLACK KLACK
… UND SPIELTE OFT MIT MEINEM VATER SUPER SMASH BROTHERS.
NOBARA HASSTE DIE LEUTE AUS DEM DORF.
DIESES KAFF IST SO MICKRIG, …
KNURPS
KNURPS
… DASS ES SCHWIERIGER IST, EINEM FREMDEN ÜBER DEN WEG ZU LAUFEN, ALS EINEN NEUEN FREUND ZU FINDEN.

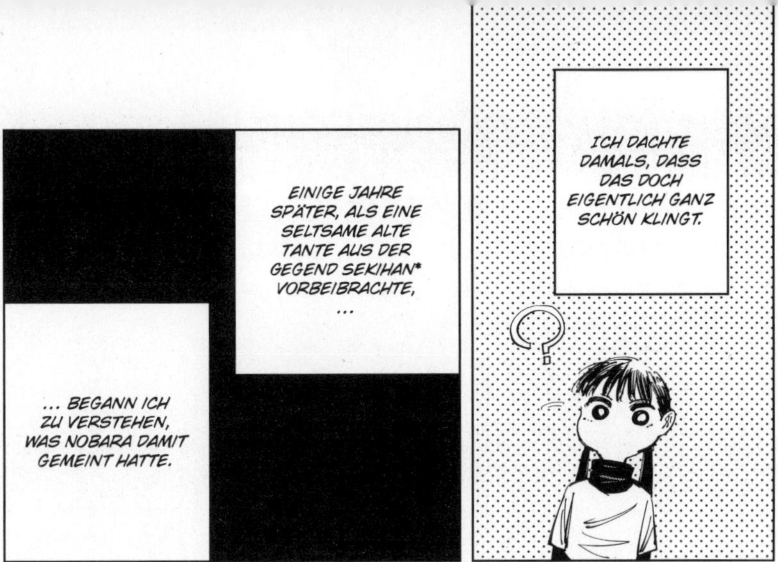

* Reis mit roten Bohnen: Ein Festessen, das unter anderem zur Feier der ersten Menstruation zubereitet wird

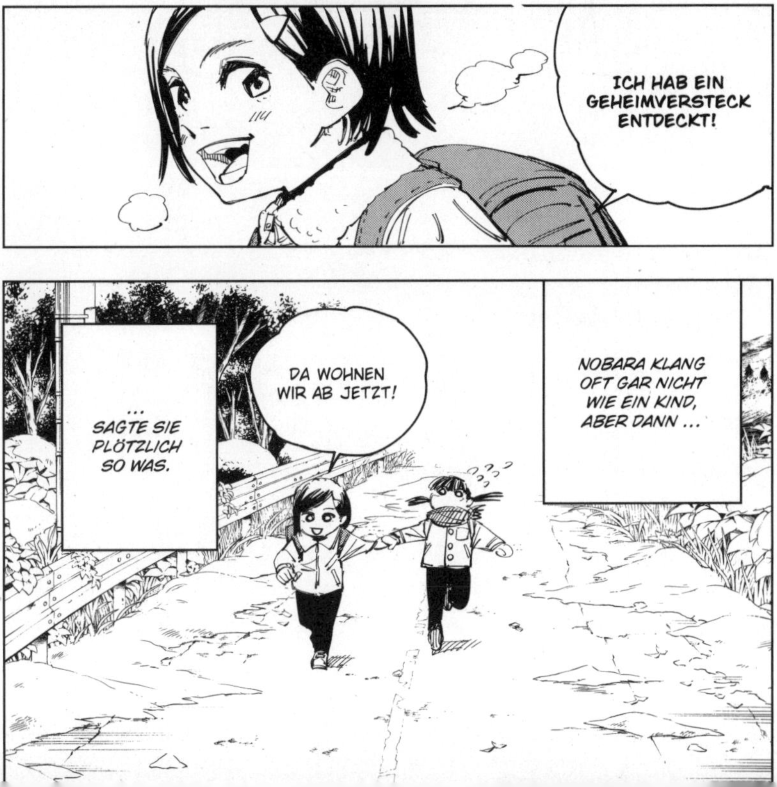

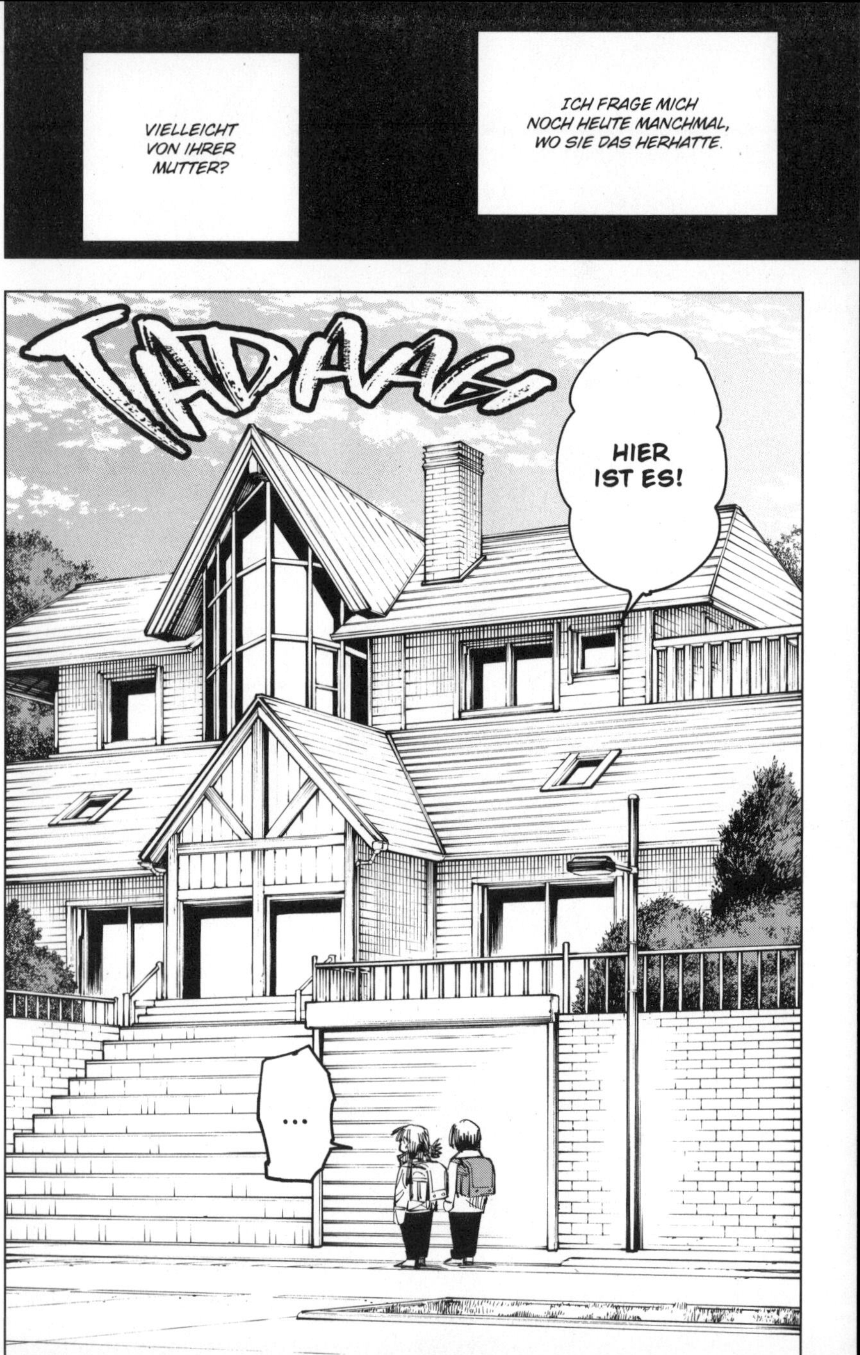
ICH FRAGE MICH NOCH HEUTE MANCHMAL, WO SIE DAS HERHATTE.
VIELLEICHT VON IHRER MUTTER?
TADAAA
HIER IST ES!
...

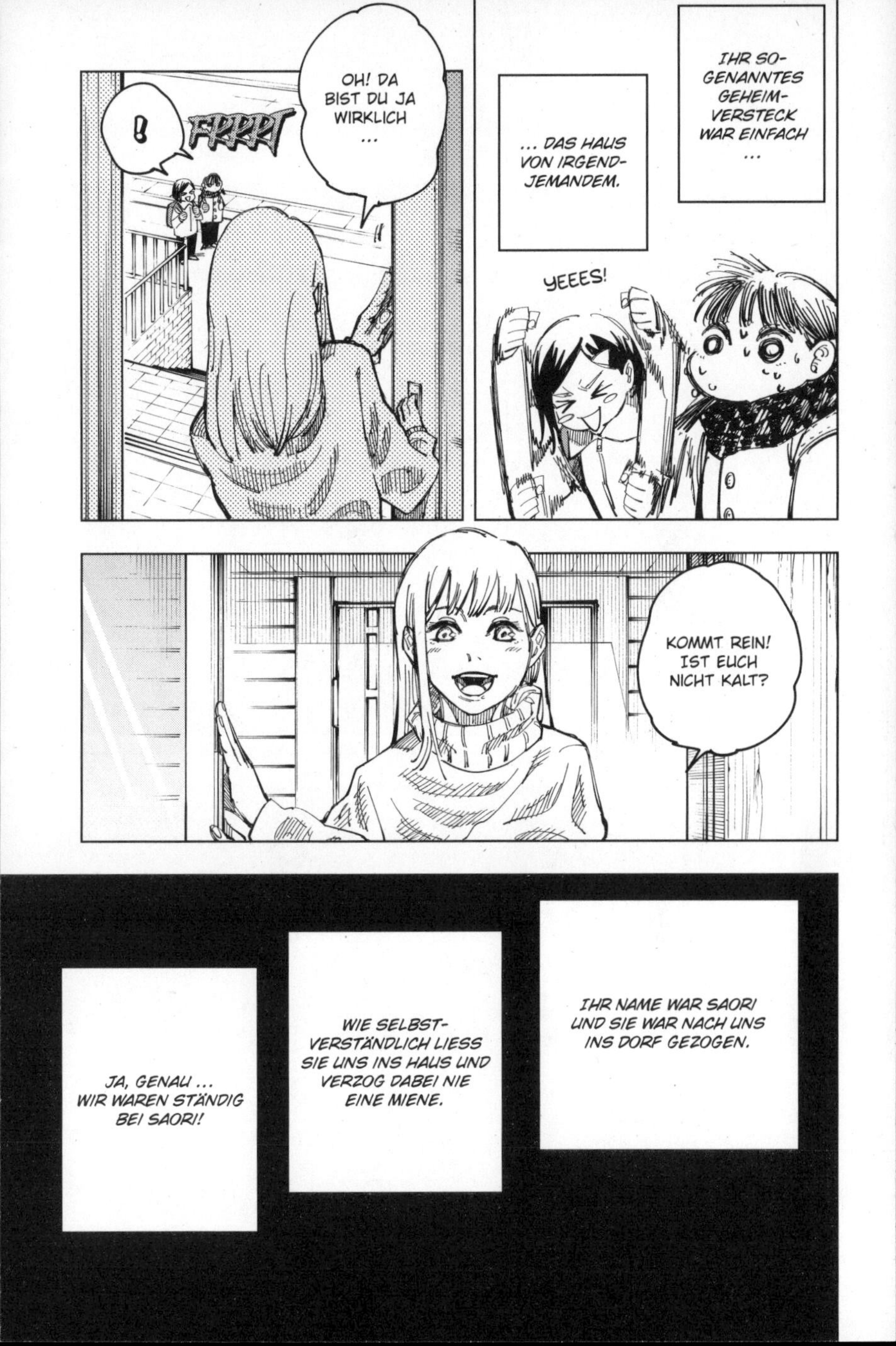
IHR SO-GENANNTES GEHEIMVERSTECK WAR EINFACH …
… DAS HAUS VON IRGENDJEMANDEM.
YEEES!
OH! DA BIST DU JA WIRKLICH …
!
FRRRT
KOMMT REIN! IST EUCH NICHT KALT?
IHR NAME WAR SAORI UND SIE WAR NACH UNS INS DORF GEZOGEN.
WIE SELBSTVERSTÄNDLICH LIESS SIE UNS INS HAUS UND VERZOG DABEI NIE EINE MIENE.
JA, GENAU … WIR WAREN STÄNDIG BEI SAORI!

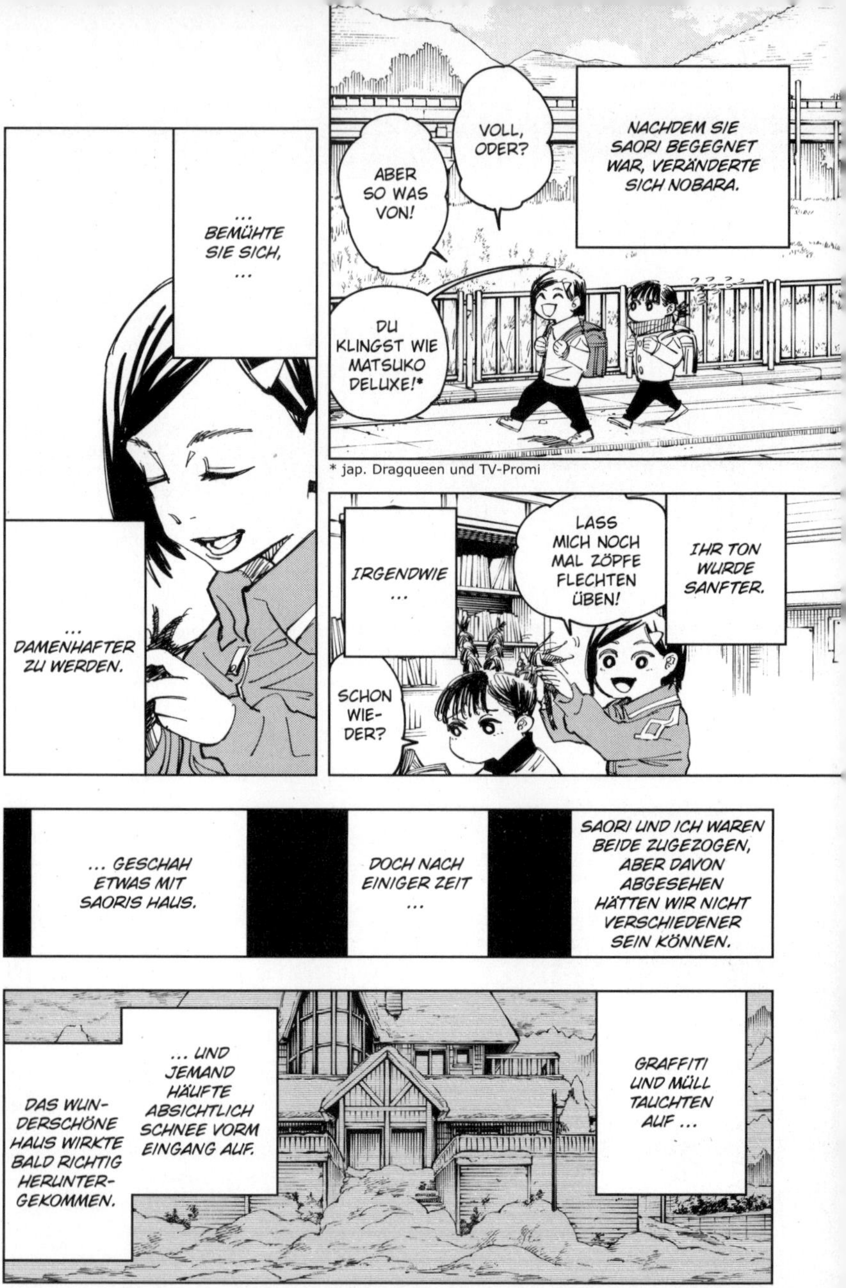

* jap. Dragqueen und TV-Promi

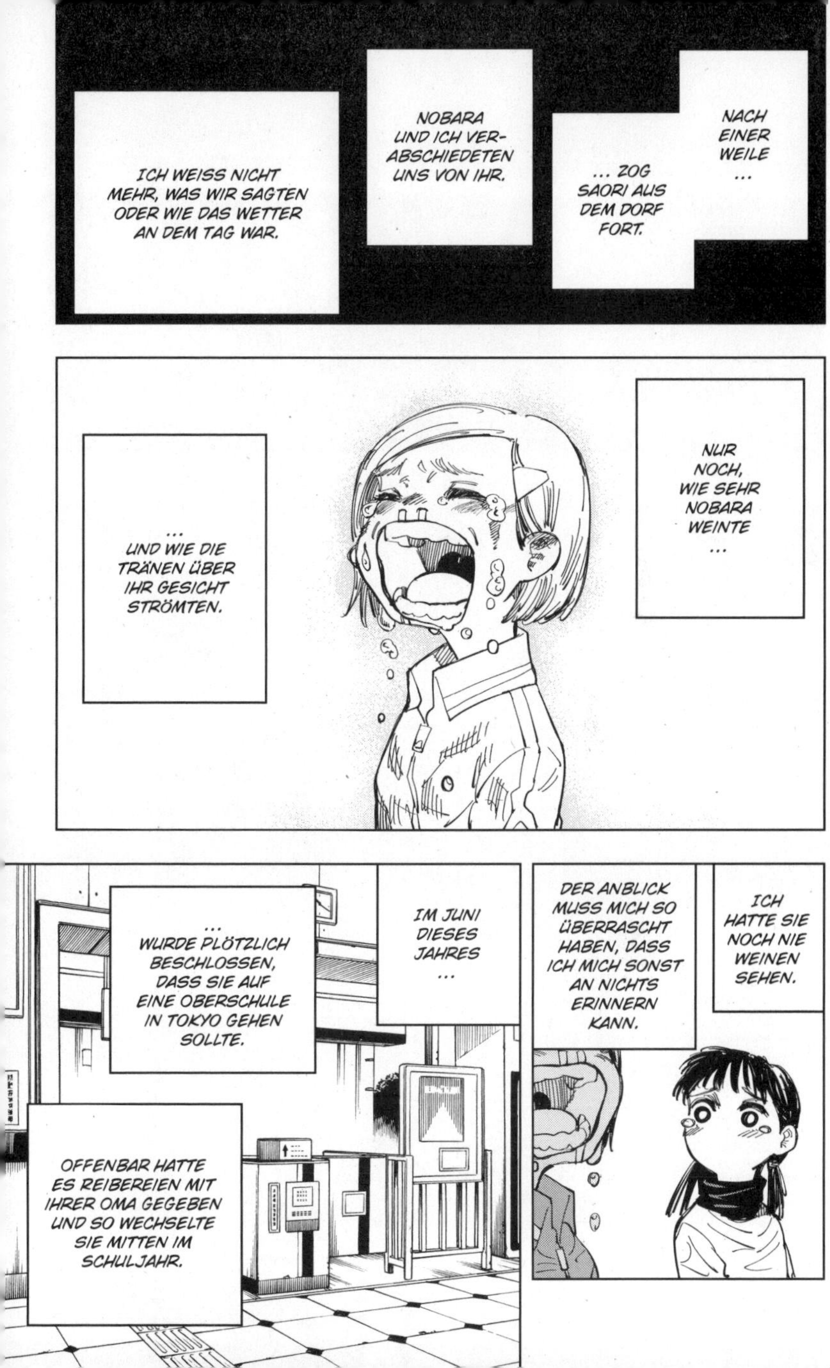
NACH EINER WEILE ...
... ZOG SAORI AUS DEM DORF FORT.
NOBARA UND ICH VERABSCHIEDETEN UNS VON IHR.
ICH WEISS NICHT MEHR, WAS WIR SAGTEN ODER WIE DAS WETTER AN DEM TAG WAR.
NUR NOCH, WIE SEHR NOBARA WEINTE ...
... UND WIE DIE TRÄNEN ÜBER IHR GESICHT STRÖMTEN.
ICH HATTE SIE NOCH NIE WEINEN SEHEN.
DER ANBLICK MUSS MICH SO ÜBERRASCHT HABEN, DASS ICH MICH SONST AN NICHTS ERINNERN KANN.
IM JUNI DIESES JAHRES ...
... WURDE PLÖTZLICH BESCHLOSSEN, DASS SIE AUF EINE OBERSCHULE IN TOKYO GEHEN SOLLTE.
OFFENBAR HATTE ES REIBEREIEN MIT IHRER OMA GEGEBEN UND SO WECHSELTE SIE MITTEN IM SCHULJAHR.

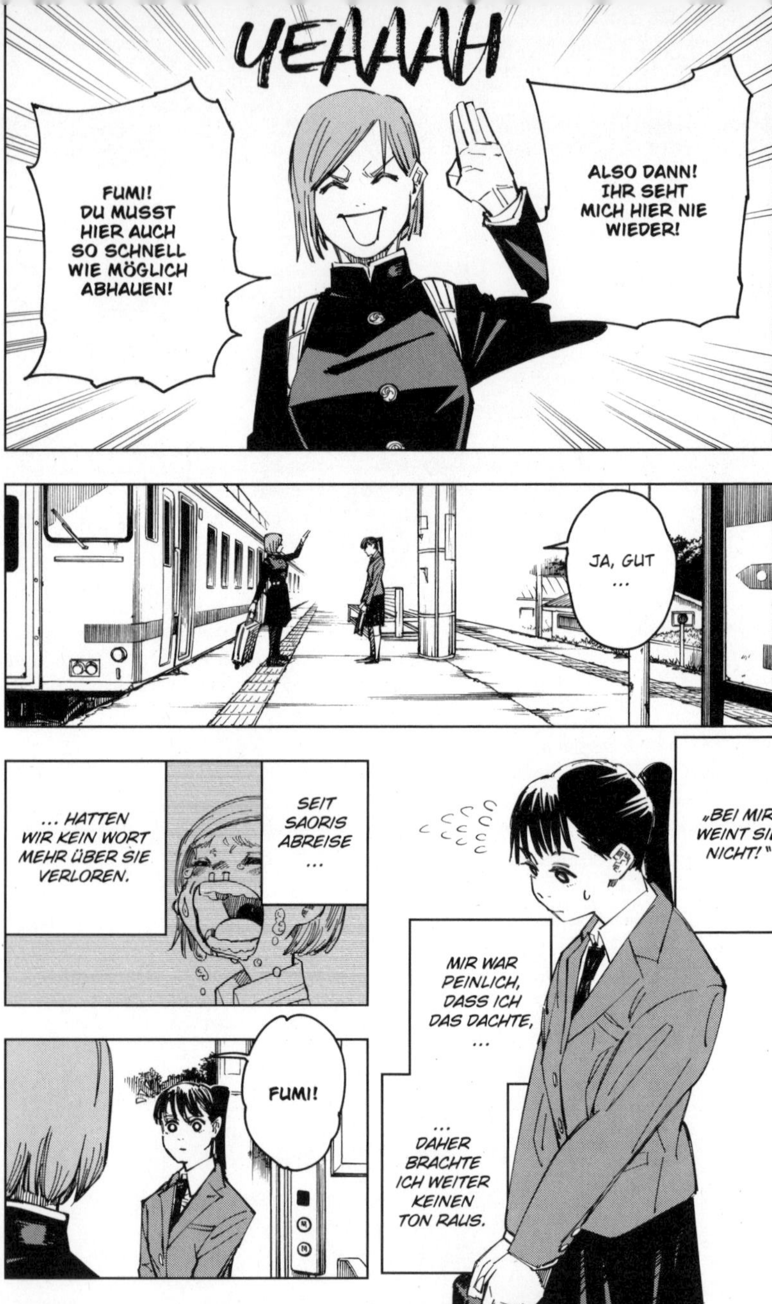
YEAAAH
ALSO DANN! IHR SEHT MICH HIER NIE WIEDER!
FUMI! DU MUSST HIER AUCH SO SCHNELL WIE MÖGLICH ABHAUEN!
JA, GUT ...
„BEI MIR WEINT SIE NICHT!“
MIR WAR PEINLICH, DASS ICH DAS DACHTE, ...
... DAHER BRACHTE ICH WEITER KEINEN TON RAUS.
SEIT SAORIS ABREISE ...
... HATTEN WIR KEIN WORT MEHR ÜBER SIE VERLOREN.
FUMI!

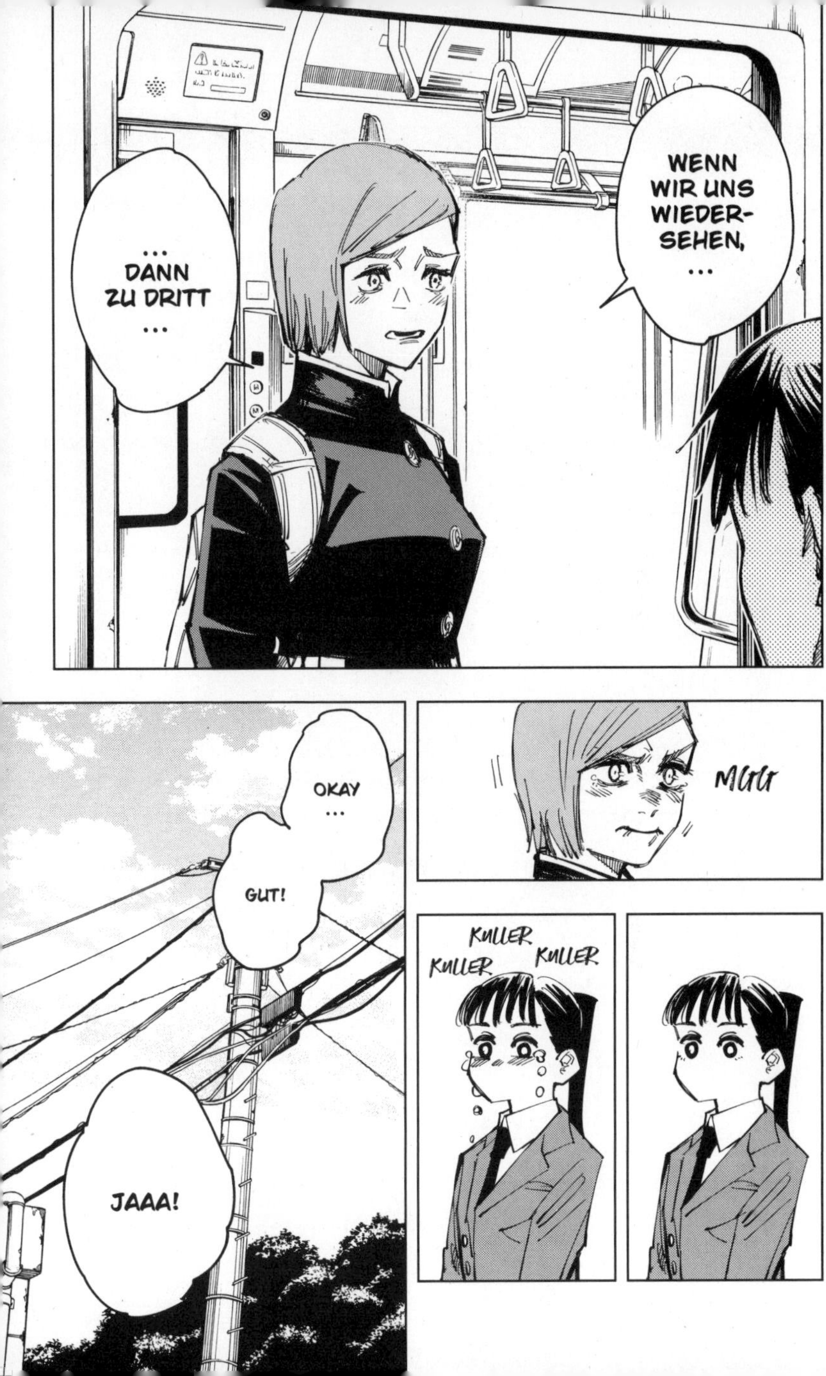
WENN WIR UNS WIEDER-SEHEN, ...
... DANN ZU DRITT ...
MGU
KULLER KULLER KULLER
OKAY ...
GUT!
JAAA!

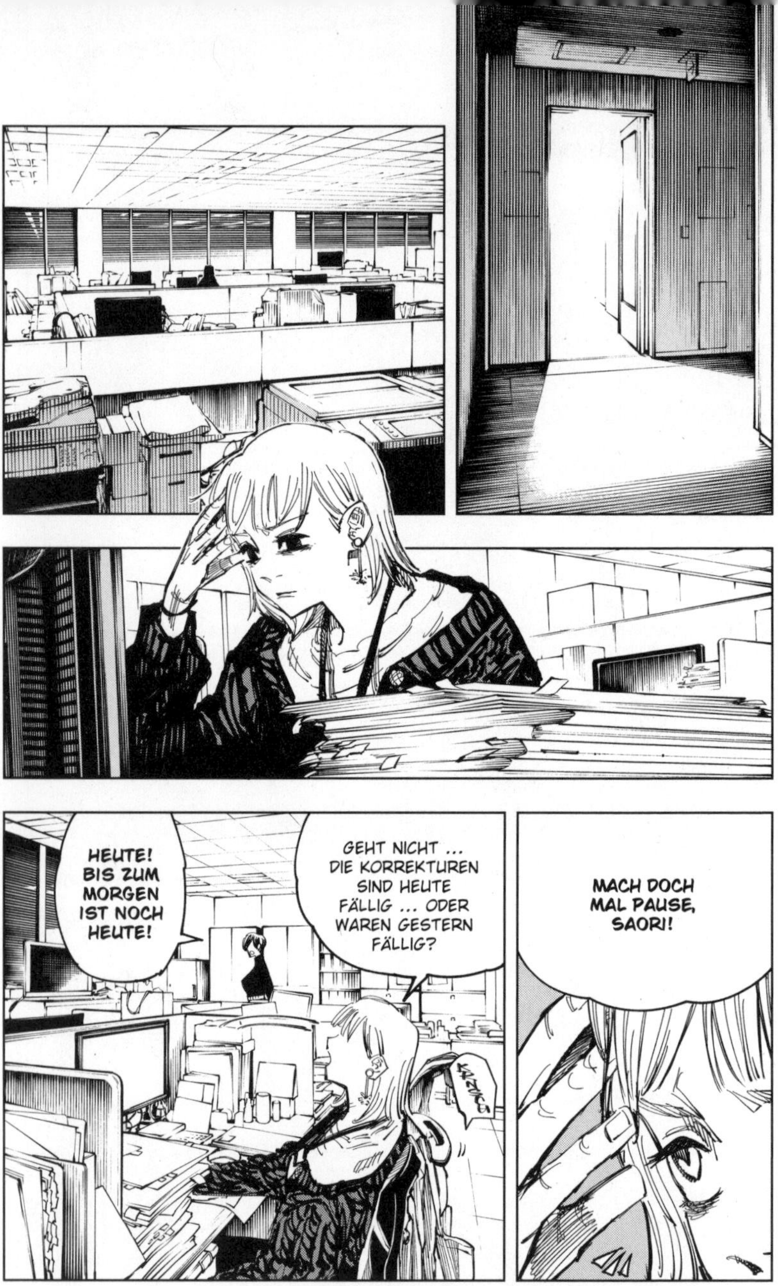
MACH DOCH MAL PAUSE, SAORI!
GEHT NICHT ... DIE KORREKTUREN SIND HEUTE FÄLLIG ... ODER WAREN GESTERN FÄLLIG?
HEUTE! BIS ZUM MORGEN IST NOCH HEUTE!

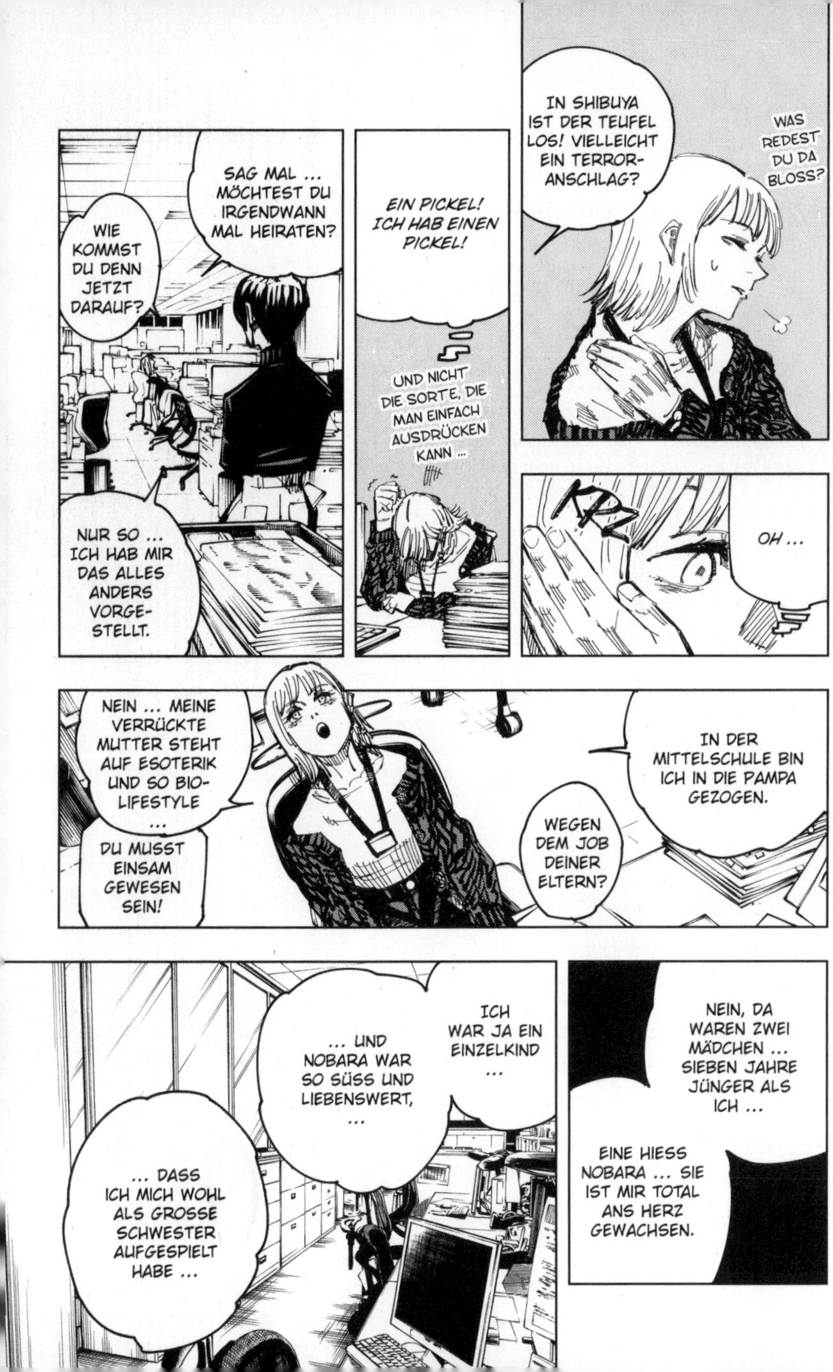

IN SHIBUYA IST DER TEUFEL LOS! VIELLEICHT EIN TERROR-ANSCHLAG?
WAS REDEST DU DA BLOSS?
OH …
EIN PICKEL! ICH HAB EINEN PICKEL!
UND NICHT DIE SORTE, DIE MAN EINFACH AUSDRÜCKEN KANN …
SAG MAL … MÖCHTEST DU IRGENDWANN MAL HEIRATEN?
WIE KOMMST DU DENN JETZT DARAUF?
NUR SO … ICH HAB MIR DAS ALLES ANDERS VORGE-STELLT.
IN DER MITTELSCHULE BIN ICH IN DIE PAMPA GEZOGEN.
WEGEN DEM JOB DEINER ELTERN?
NEIN … MEINE VERRÜCKTE MUTTER STEHT AUF ESOTERIK UND SO BIO-LIFESTYLE …
DU MUSST EINSAM GEWESEN SEIN!
NEIN, DA WAREN ZWEI MÄDCHEN … SIEBEN JAHRE JÜNGER ALS ICH …
EINE HIESS NOBARA … SIE IST MIR TOTAL ANS HERZ GEWACHSEN.
ICH WAR JA EIN EINZELKIND …
… UND NOBARA WAR SO SÜSS UND LIEBENSWERT, …
… DASS ICH MICH WOHL ALS GROSSE SCHWESTER AUFGESPIELT HABE …

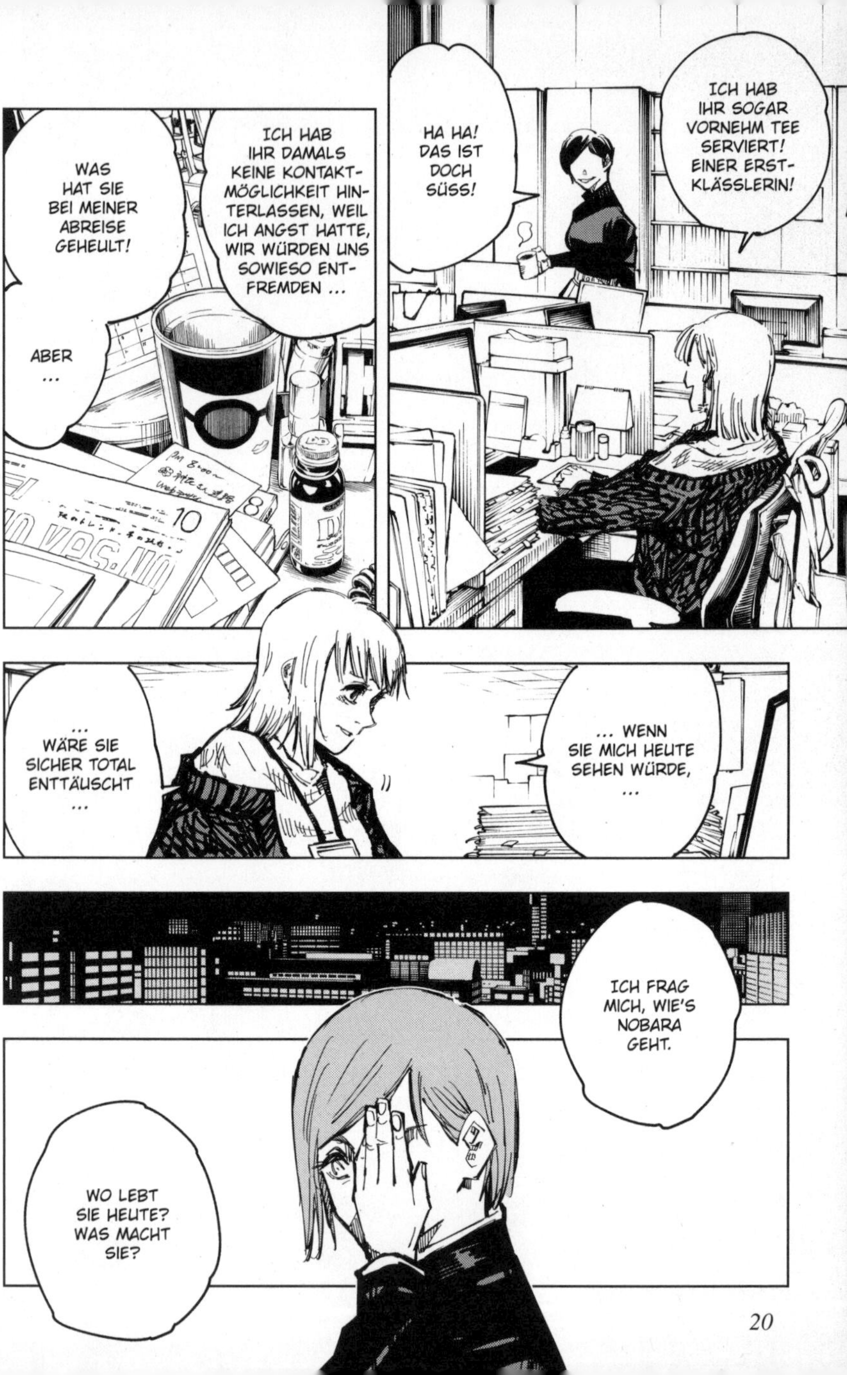
ICH HAB IHR SOGAR VORNEHM TEE SERVIERT! EINER ERST-KLÄSSLERIN!
HA HA! DAS IST DOCH SÜSS!
ICH HAB IHR DAMALS KEINE KONTAKT-MÖGLICHKEIT HIN-TERLASSEN, WEIL ICH ANGST HATTE, WIR WÜRDEN UNS SOWIESO ENT-FREMDEN …
WAS HAT SIE BEI MEINER ABREISE GEHEULT!
ABER …
… WENN SIE MICH HEUTE SEHEN WÜRDE, …
… WÄRE SIE SICHER TOTAL ENTTÄUSCHT …
ICH FRAG MICH, WIE'S NOBARA GEHT.
WO LEBT SIE HEUTE? WAS MACHT SIE?

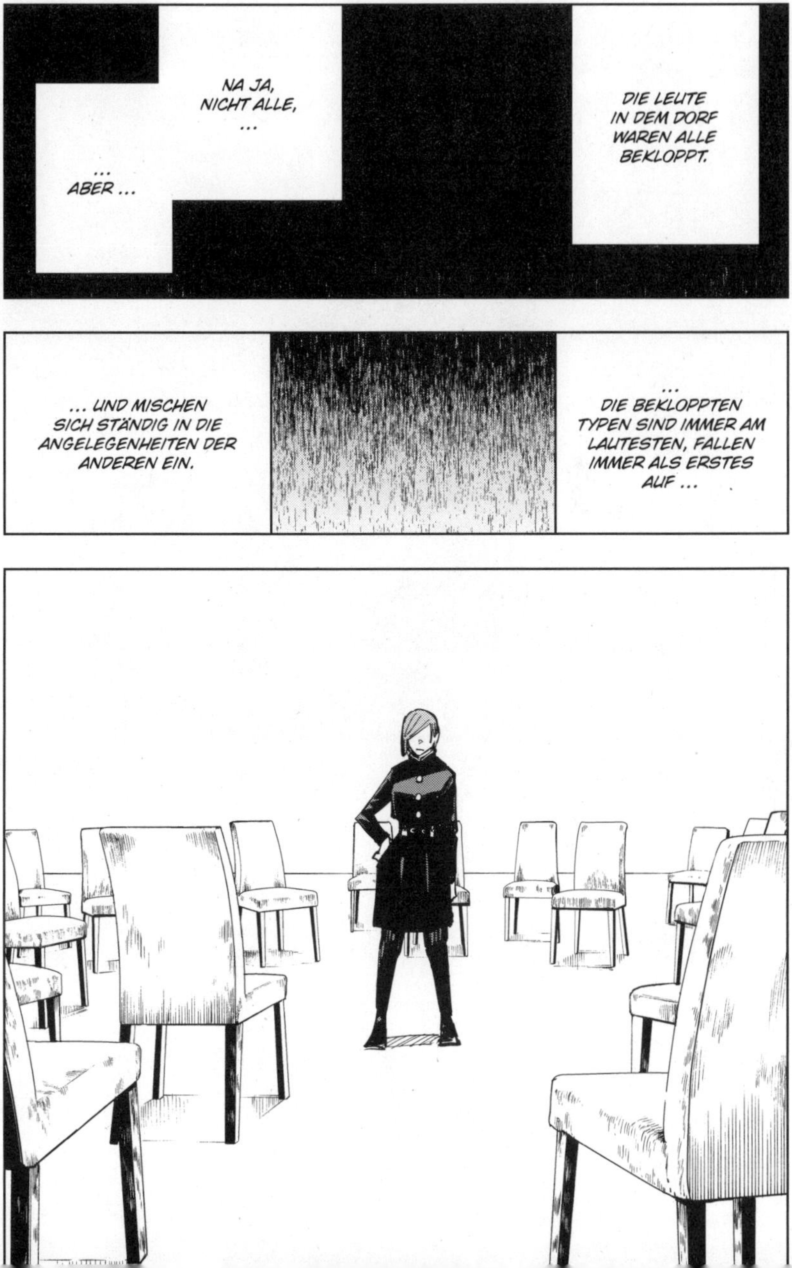
DIE LEUTE IN DEM DORF WAREN ALLE BEKLOPPT.
NA JA, NICHT ALLE, ...
... ABER ...
... DIE BEKLOPPTEN TYPEN SIND IMMER AM LAUTESTEN, FALLEN IMMER ALS ERSTES AUF ...
... UND MISCHEN SICH STÄNDIG IN DIE ANGELEGENHEITEN DER ANDEREN EIN.

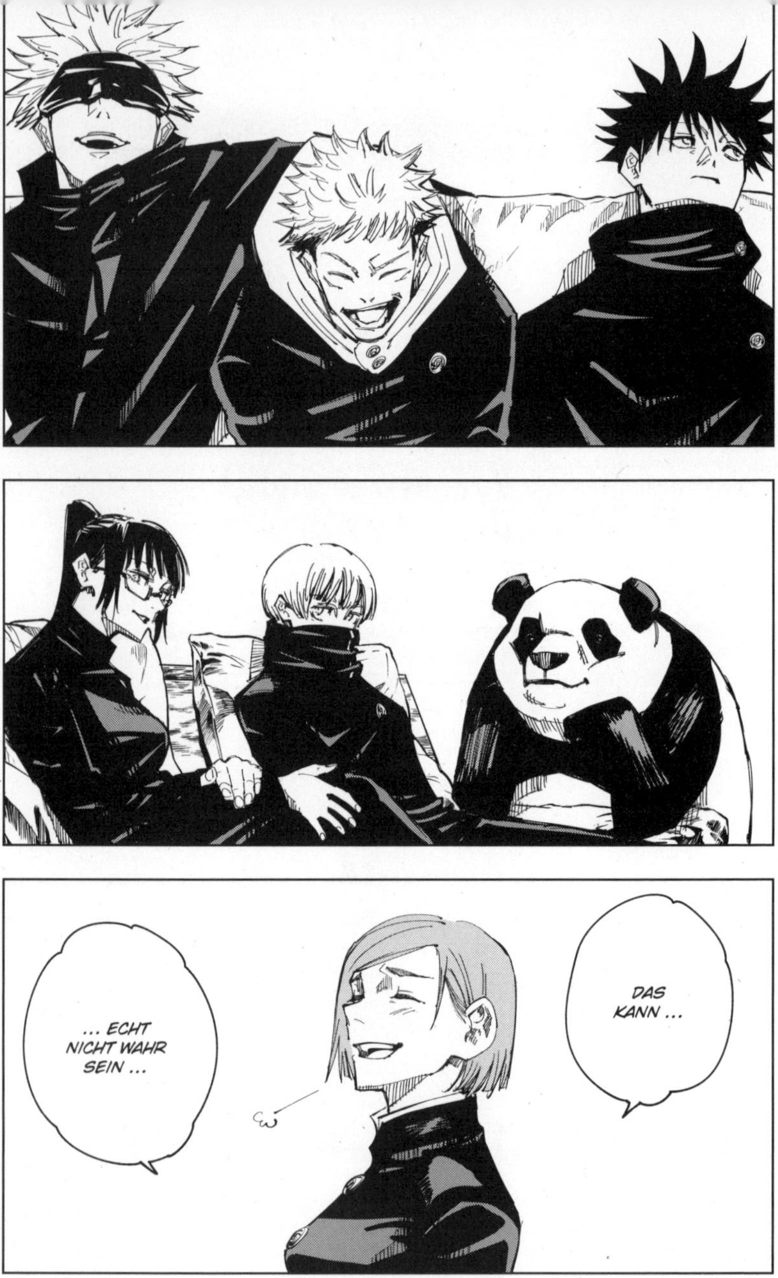
DAS KANN …
… ECHT NICHT WAHR SEIN …

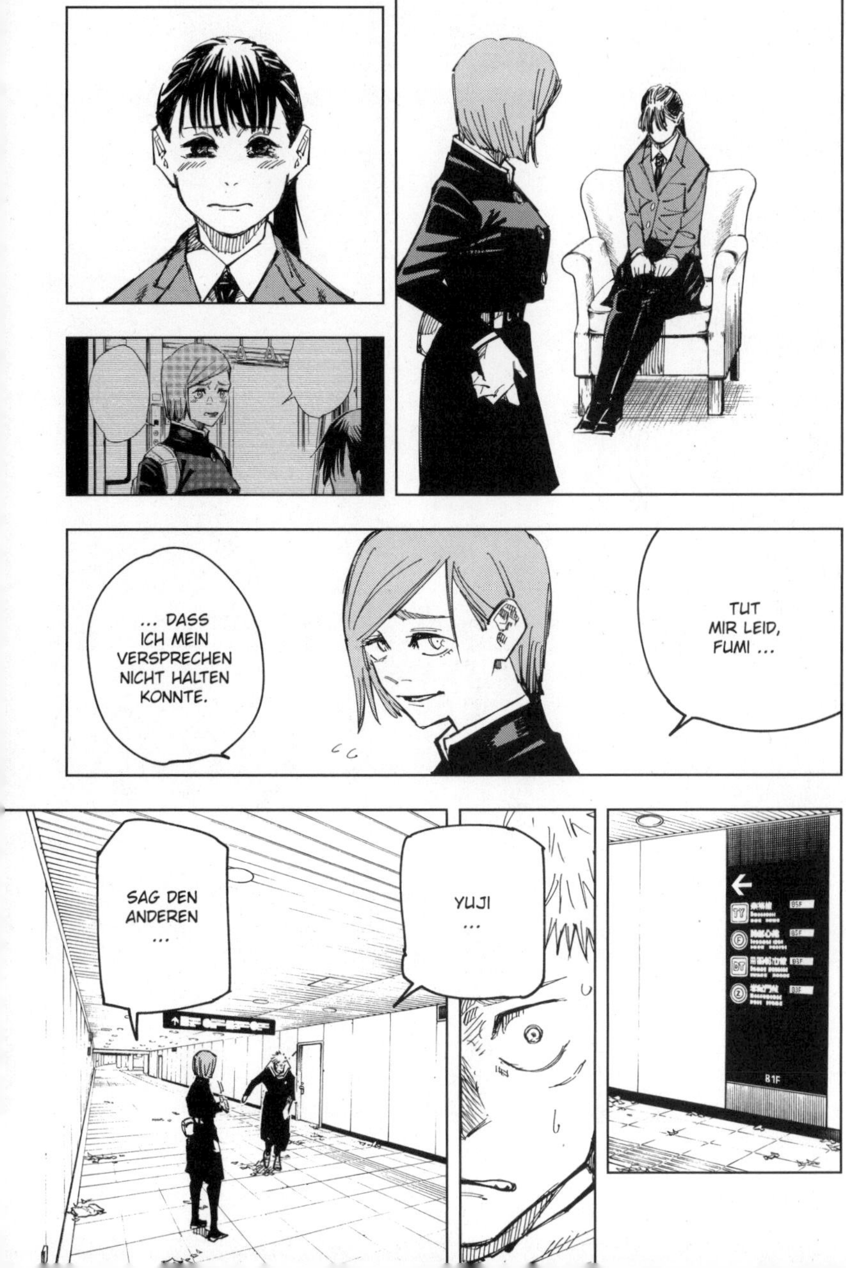
TUT MIR LEID, FUMI …
… DASS ICH MEIN VERSPRECHEN NICHT HALTEN KONNTE.
B1F
YUJI …
SAG DEN ANDEREN …

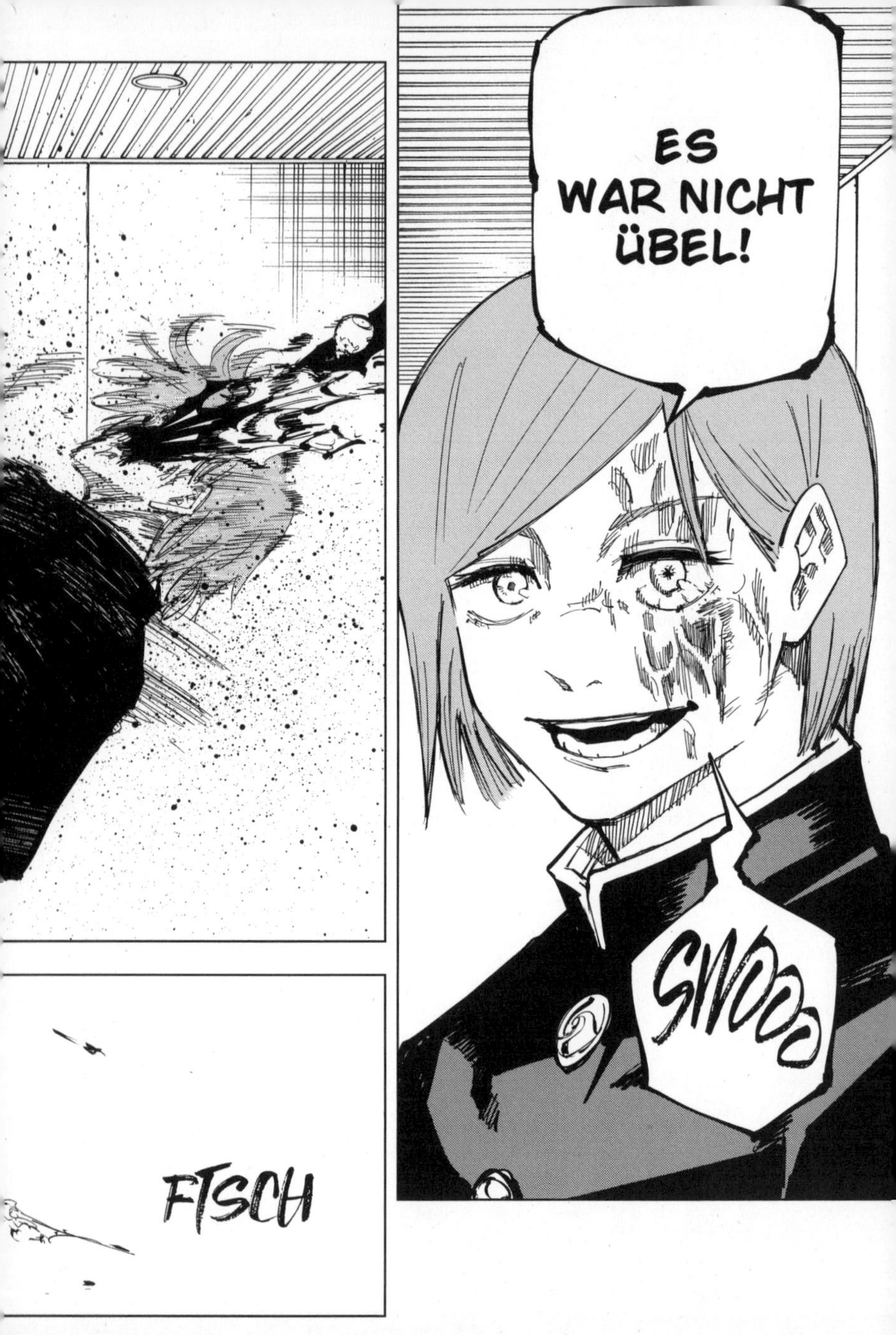
ES WAR NICHT ÜBEL!
SNOOO
FTSCH

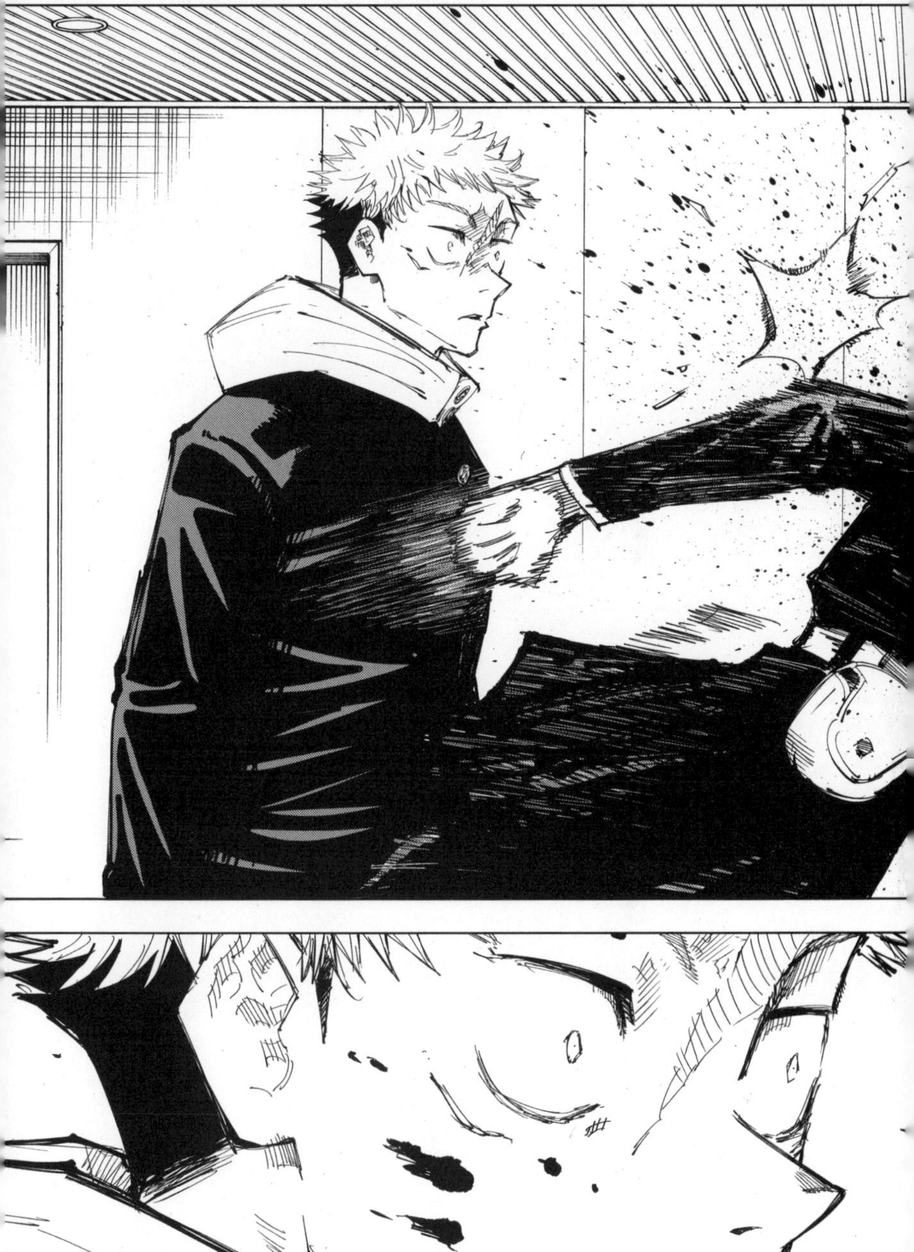

Es ist entschieden! Die magische Technik „Non-Infimum" ①

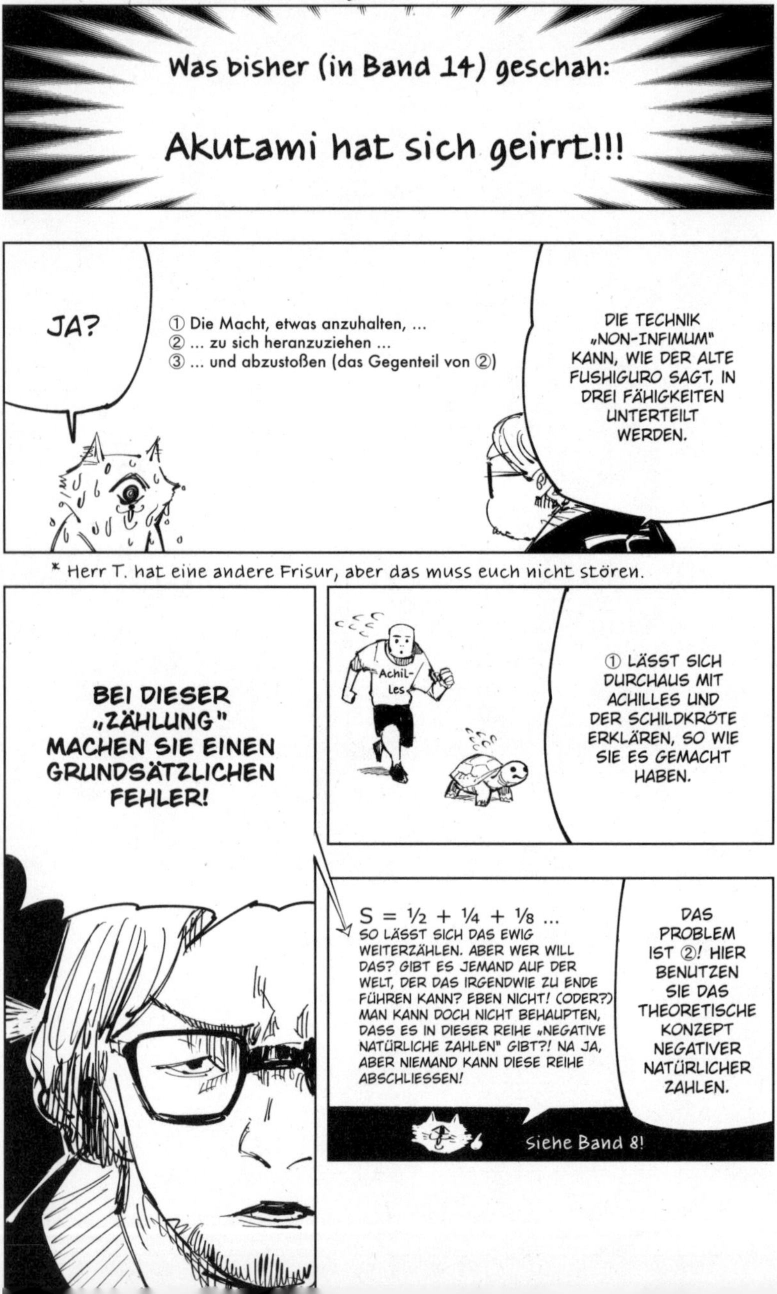

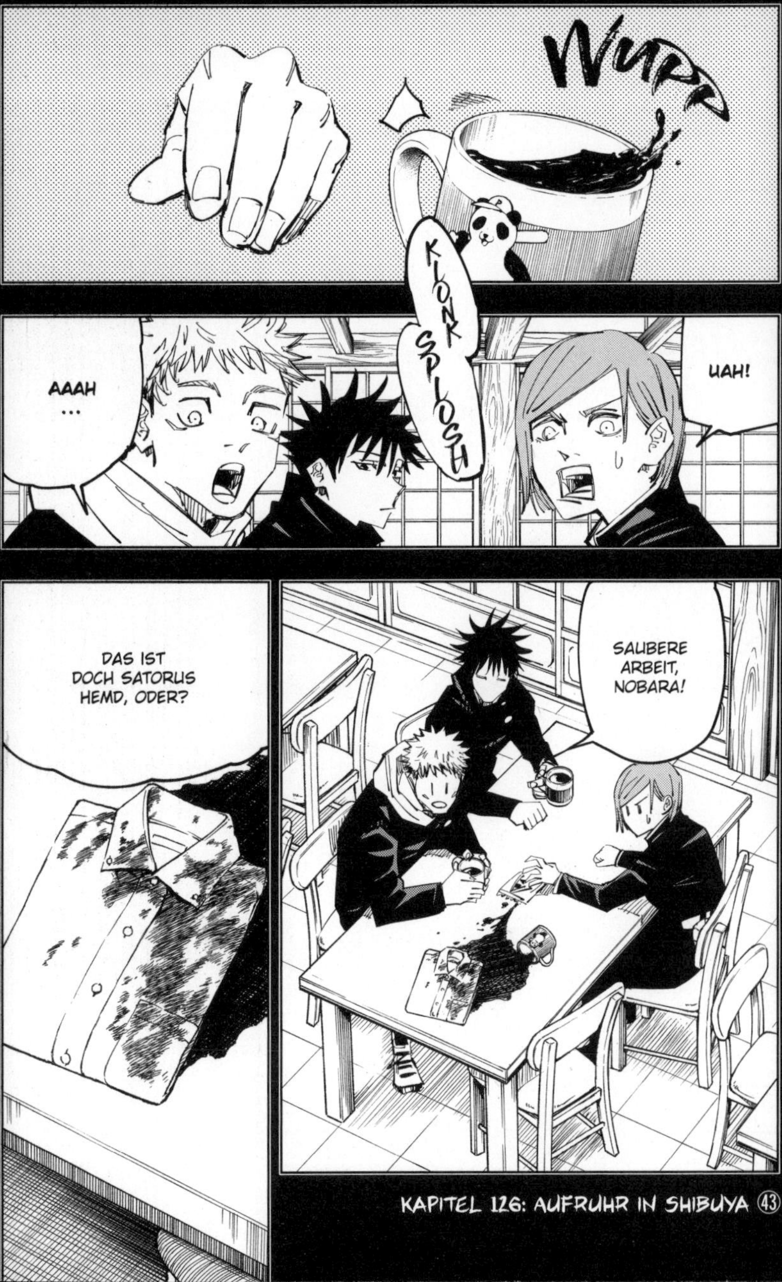

KAPITEL 126: AUFRUHR IN SHIBUYA ㊸

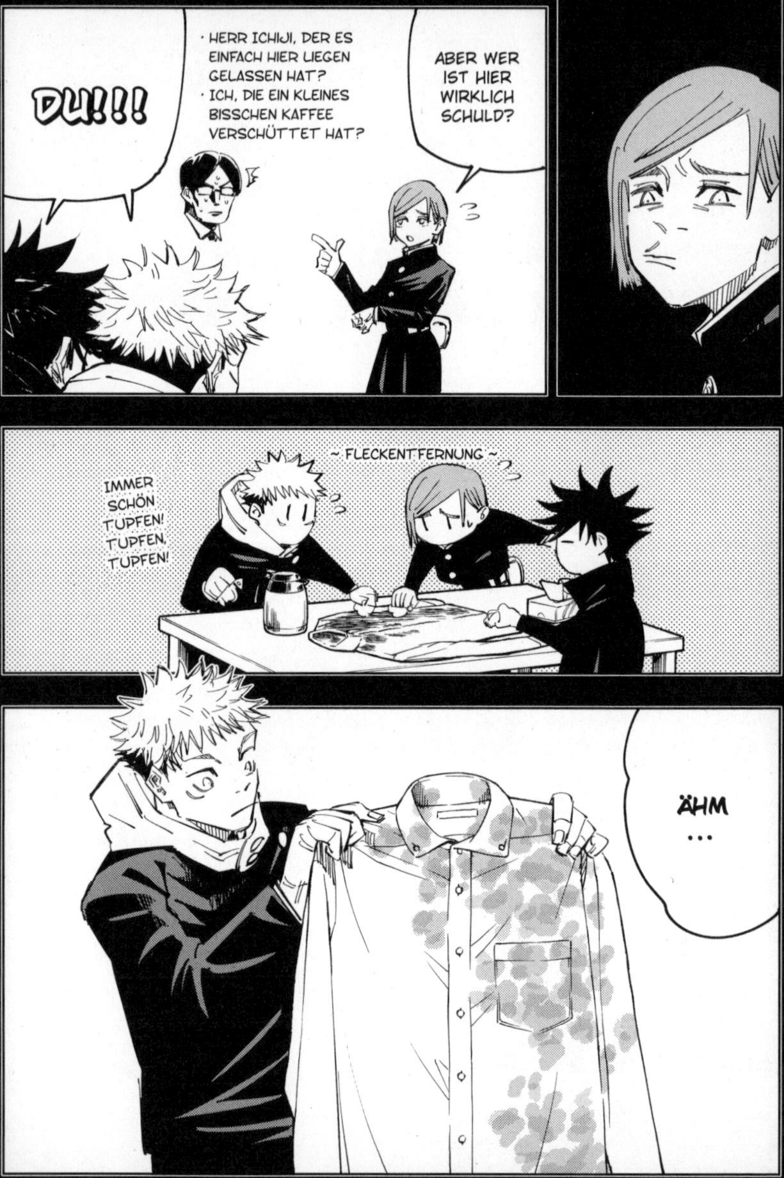
ABER WER IST HIER WIRKLICH SCHULD?
· HERR ICHIJI, DER ES EINFACH HIER LIEGEN GELASSEN HAT?
· ICH, DIE EIN KLEINES BISSCHEN KAFFEE VERSCHÜTTET HAT?
DU!!!!
~ FLECKENTFERNUNG ~
IMMER SCHÖN TUPFEN! TUPFEN, TUPFEN!
ÄHM …

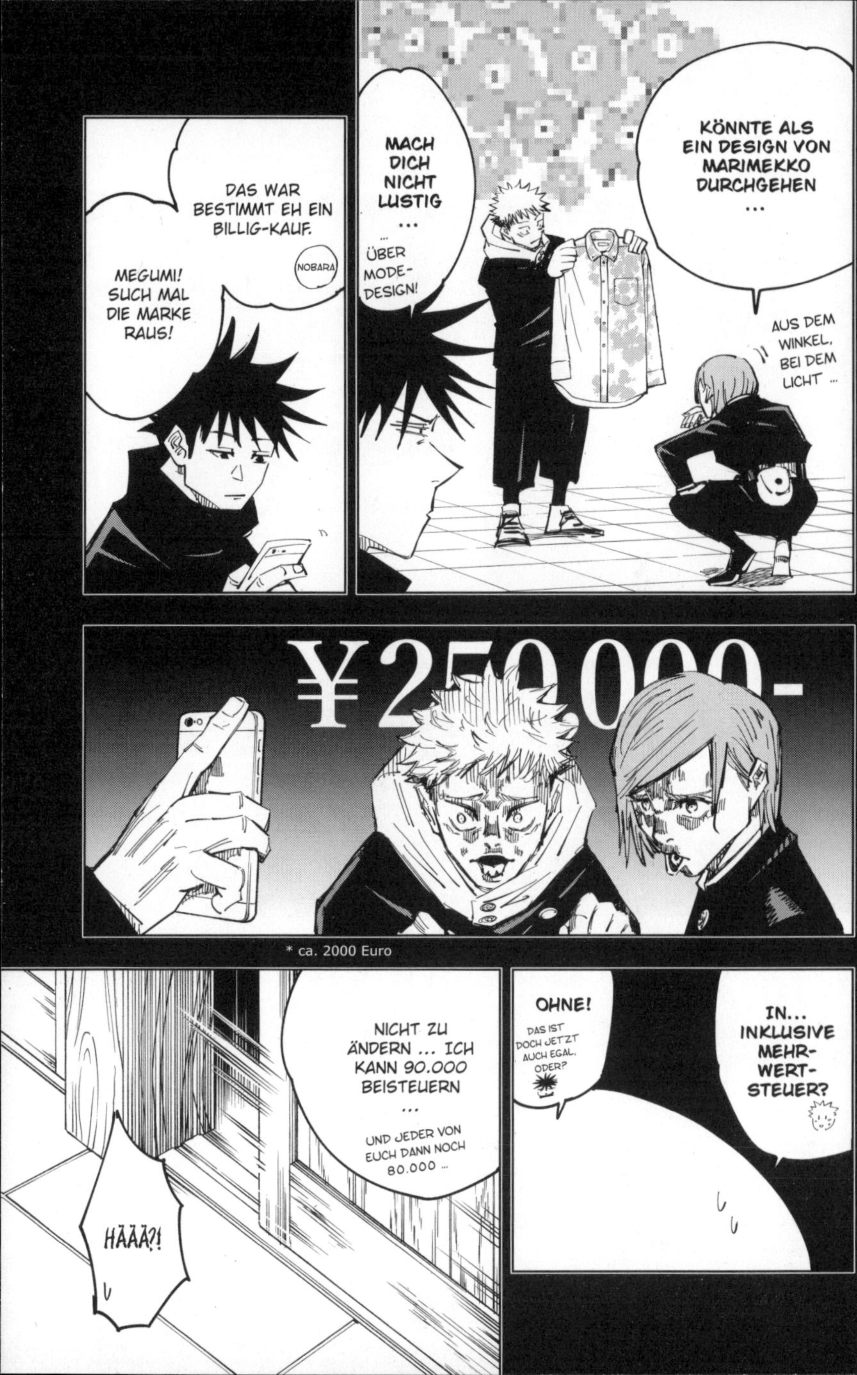
KÖNNTE ALS EIN DESIGN VON MARIMEKKO DURCHGEHEN ...
AUS DEM WINKEL, BEI DEM LICHT ...
MACH DICH NICHT LUSTIG ... ... ÜBER MODE-DESIGN!
DAS WAR BESTIMMT EH EIN BILLIG-KAUF.
NOBARA
MEGUMI! SUCH MAL DIE MARKE RAUS!
¥250000-
IN... INKLUSIVE MEHR-WERT-STEUER?
OHNE!
DAS IST DOCH JETZT AUCH EGAL, ODER?
NICHT ZU ÄNDERN ... ICH KANN 90.000 BEISTEUERN ...
UND JEDER VON EUCH DANN NOCH 80.000 ...
HÄÄÄ?!

* ca. 2000 Euro

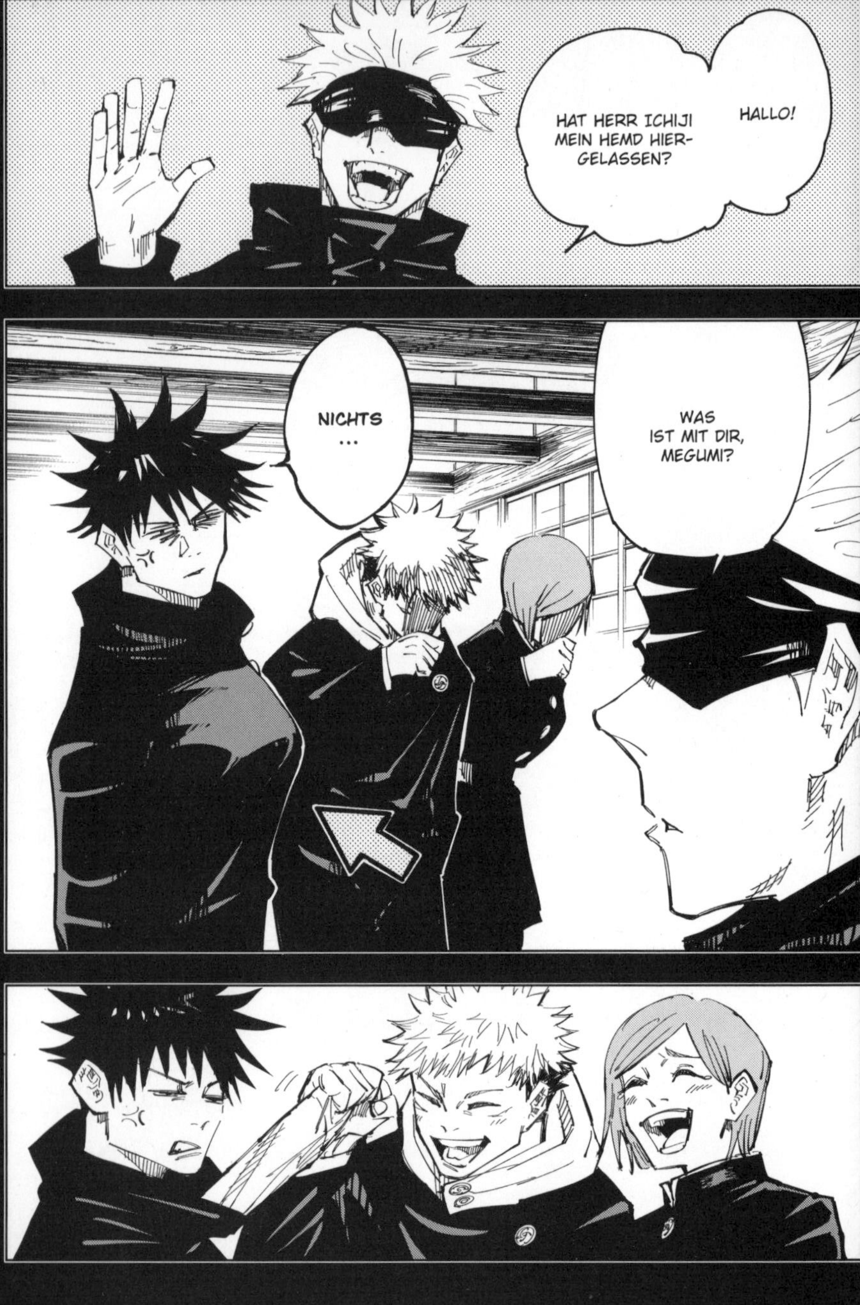
HALLO!
HAT HERR ICHIJI MEIN HEMD HIER-GELASSEN?
WAS IST MIT DIR, MEGUMI?
NICHTS ...

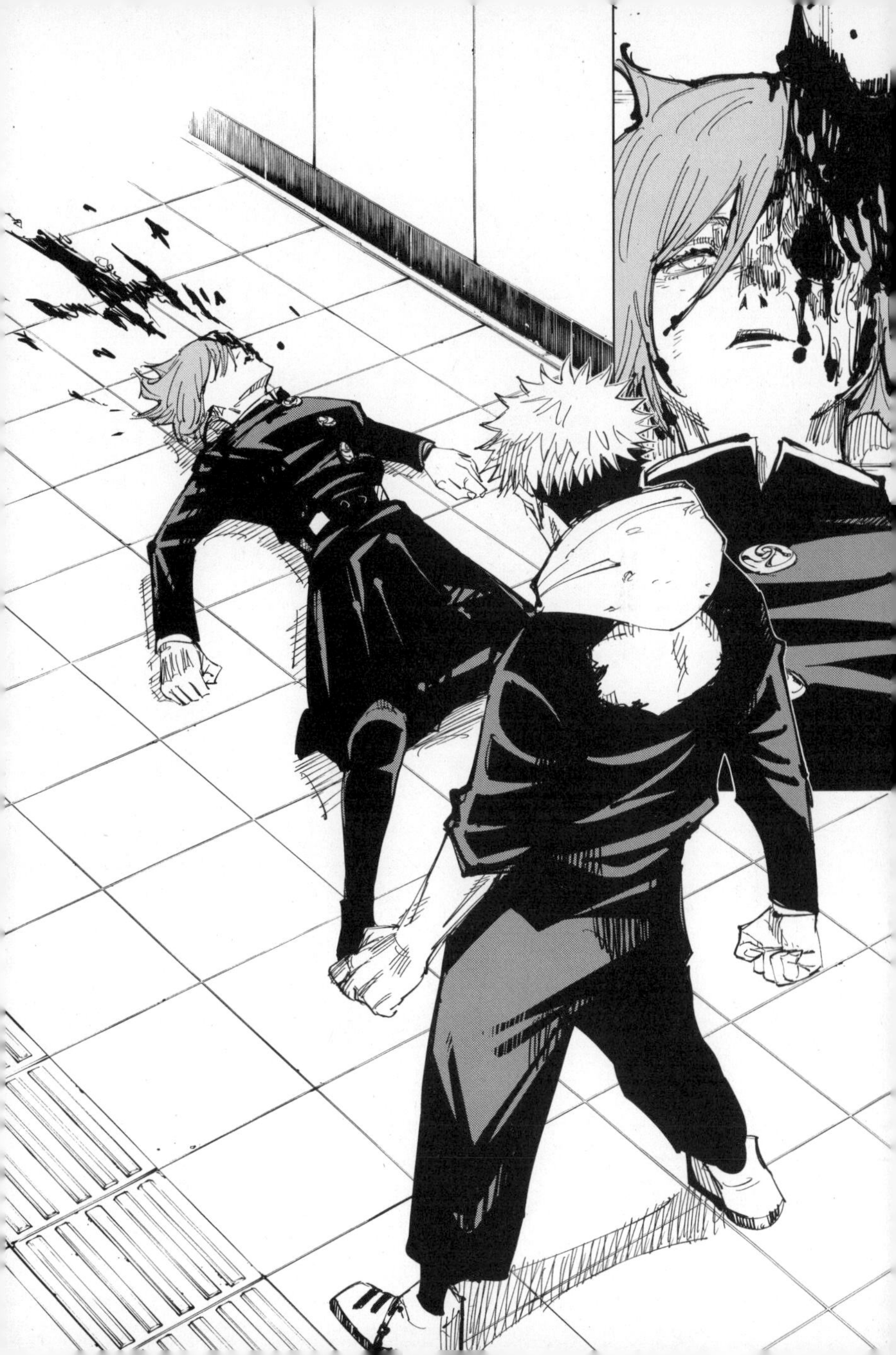

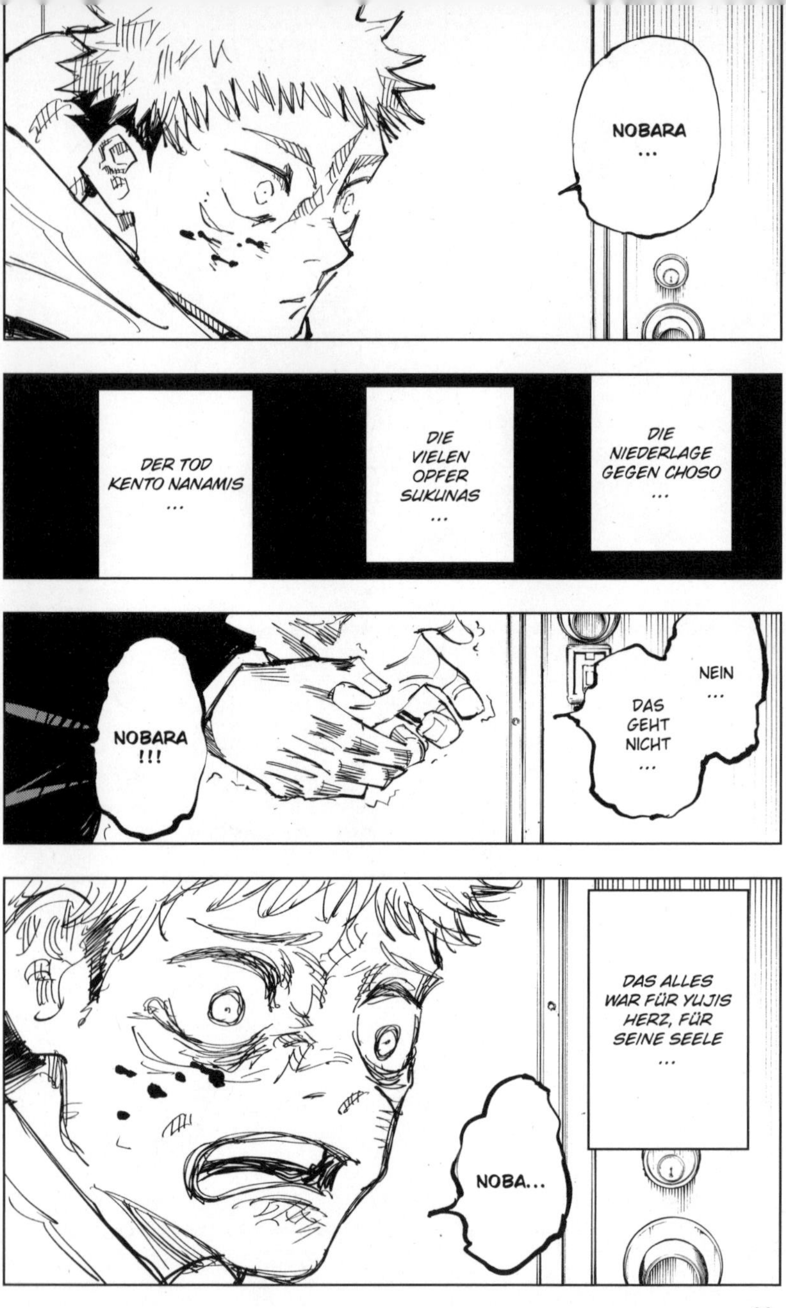
NOBARA …
DIE NIEDERLAGE GEGEN CHOSO …
DIE VIELEN OPFER SUKUNAS …
DER TOD KENTO NANAMIS …
NEIN … DAS GEHT NICHT …
NOBARA !!!
DAS ALLES WAR FÜR YUJIS HERZ, FÜR SEINE SEELE …
NOBA…

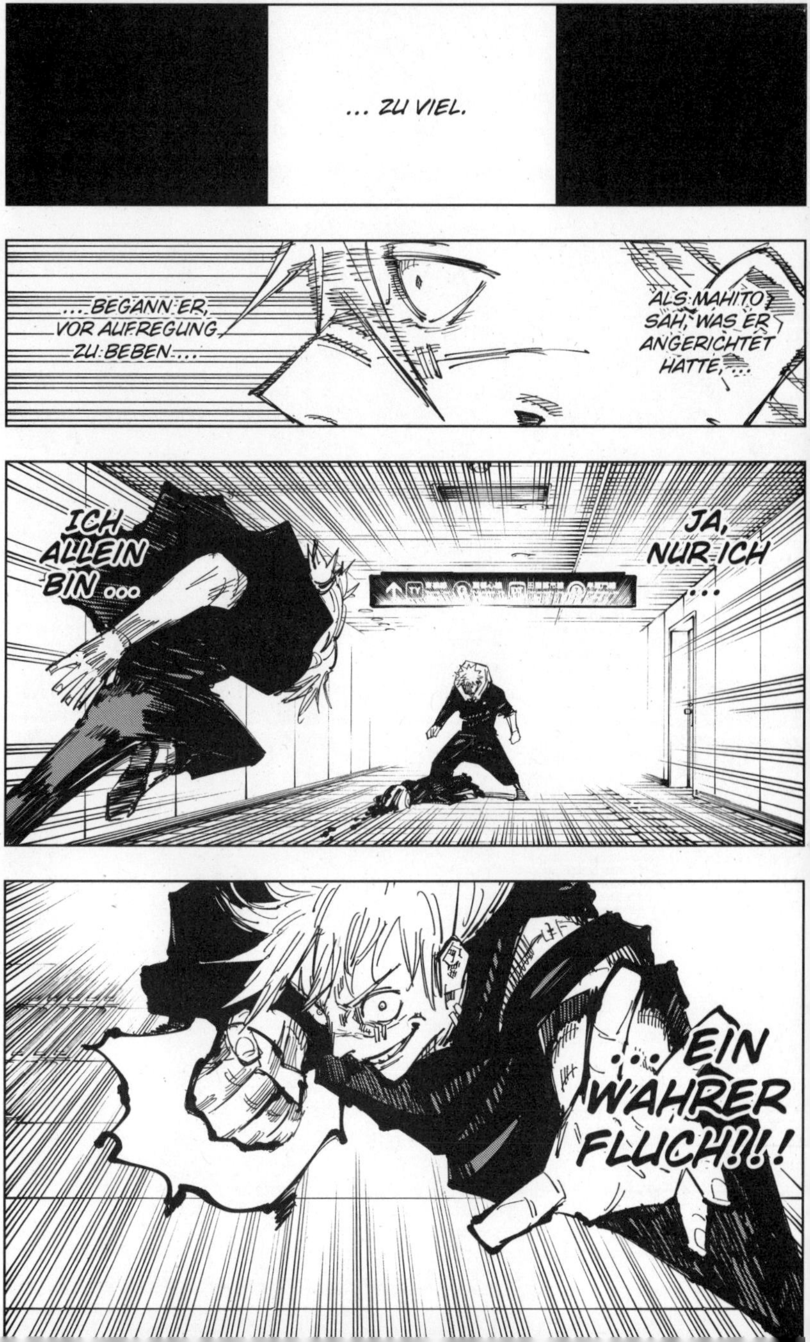

... ZU VIEL.
ALS MAHITO SAH, WAS ER ANGERICHTET HATTE, ...
... BEGANN ER, VOR AUFREGUNG ZU BEBEN ...
JA, NUR ICH ...
ICH ALLEIN BIN ...
... EIN WAHRER FLUCH!!!

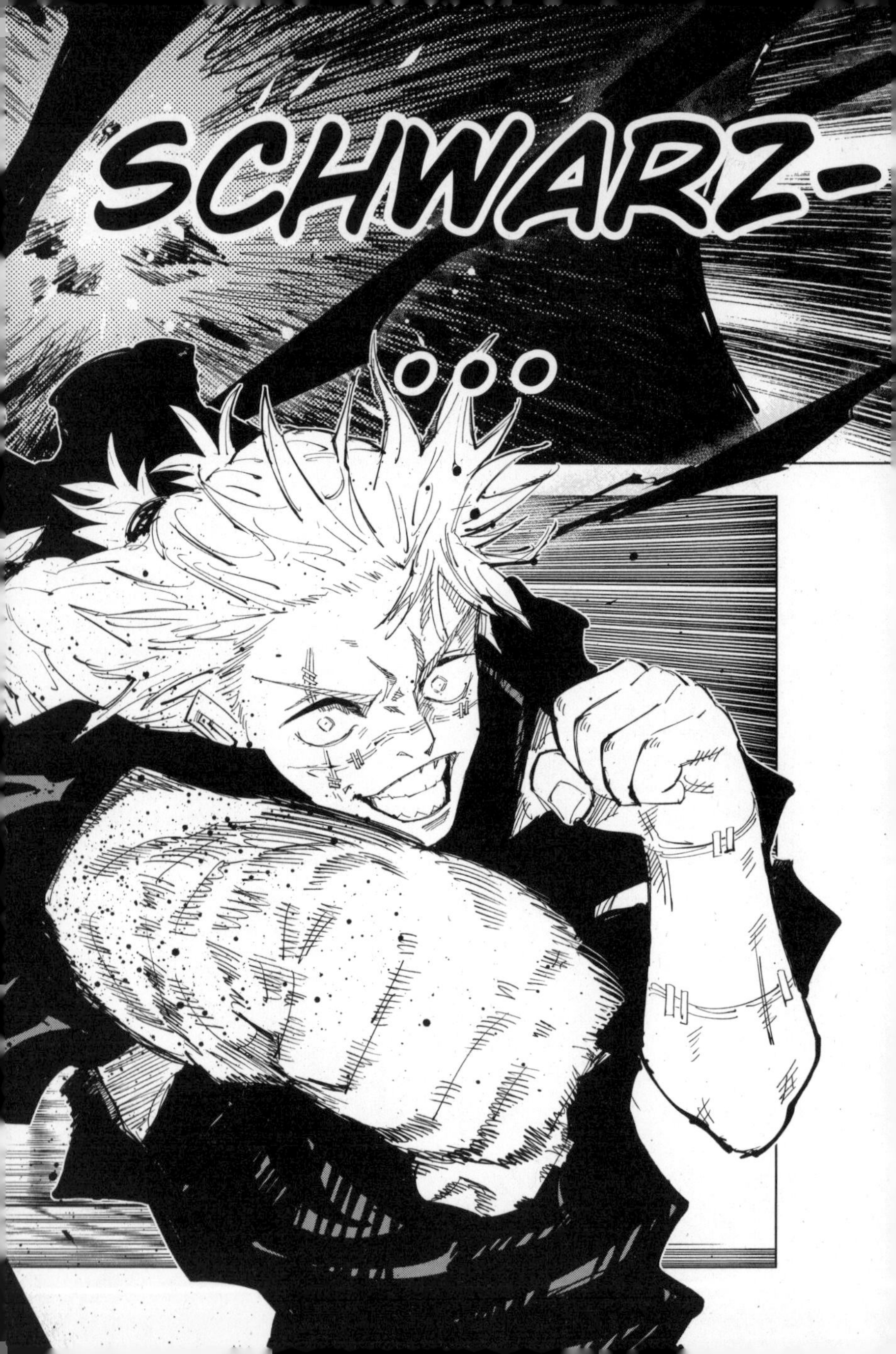
SCHWARZ-
...

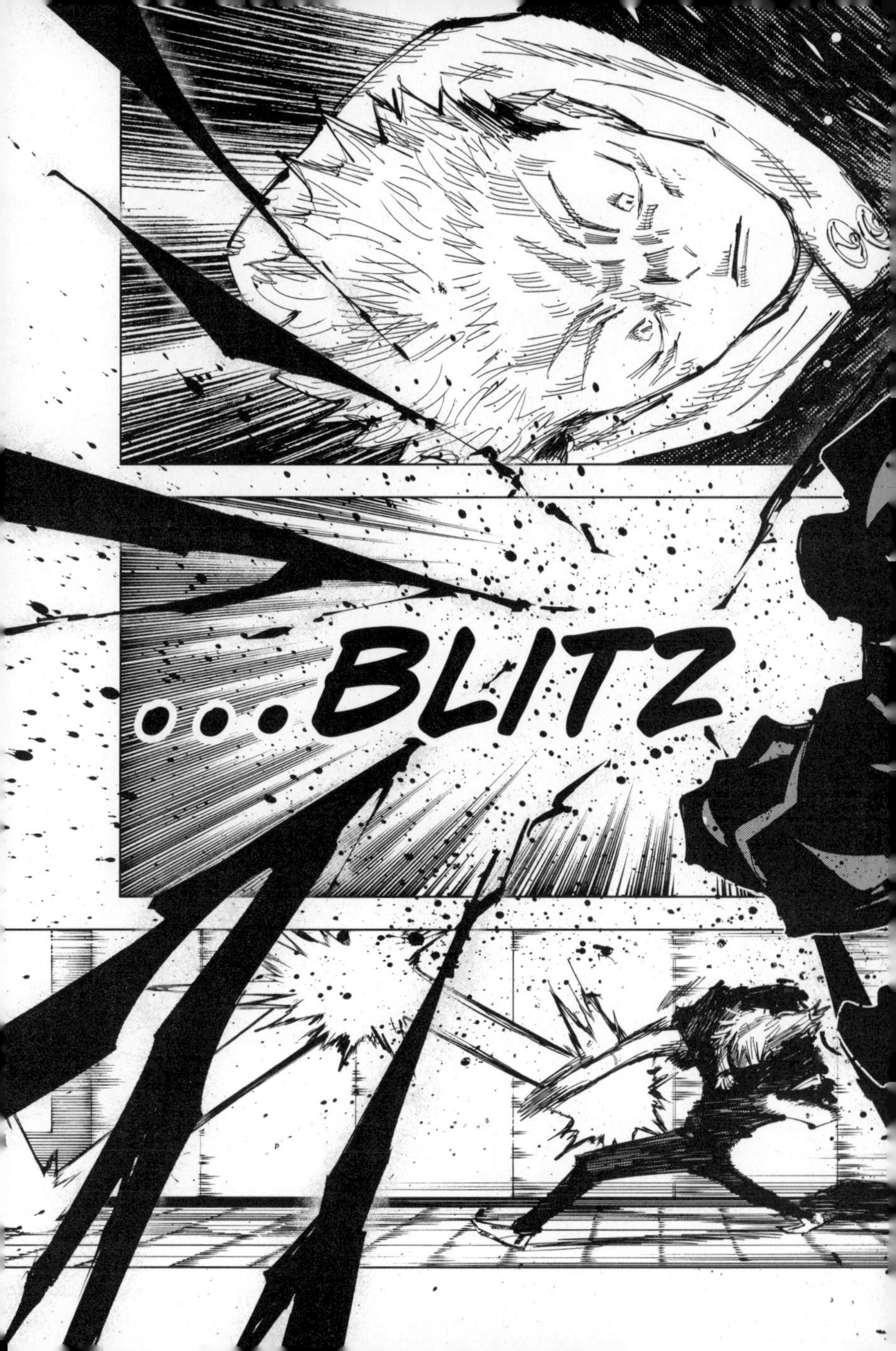
...BLITZ

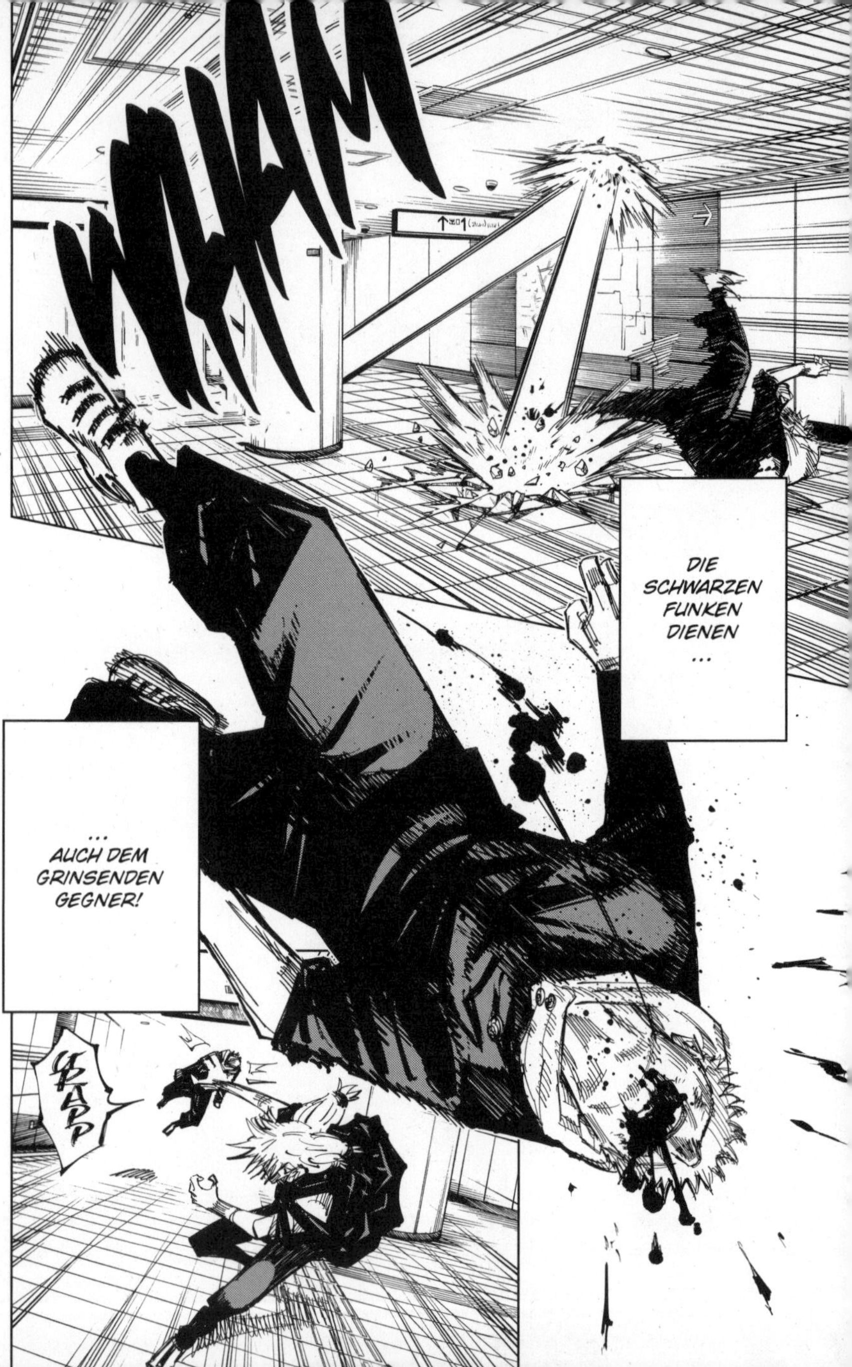
WHAM
DIE SCHWARZEN FUNKEN DIENEN …
… AUCH DEM GRINSENDEN GEGNER!

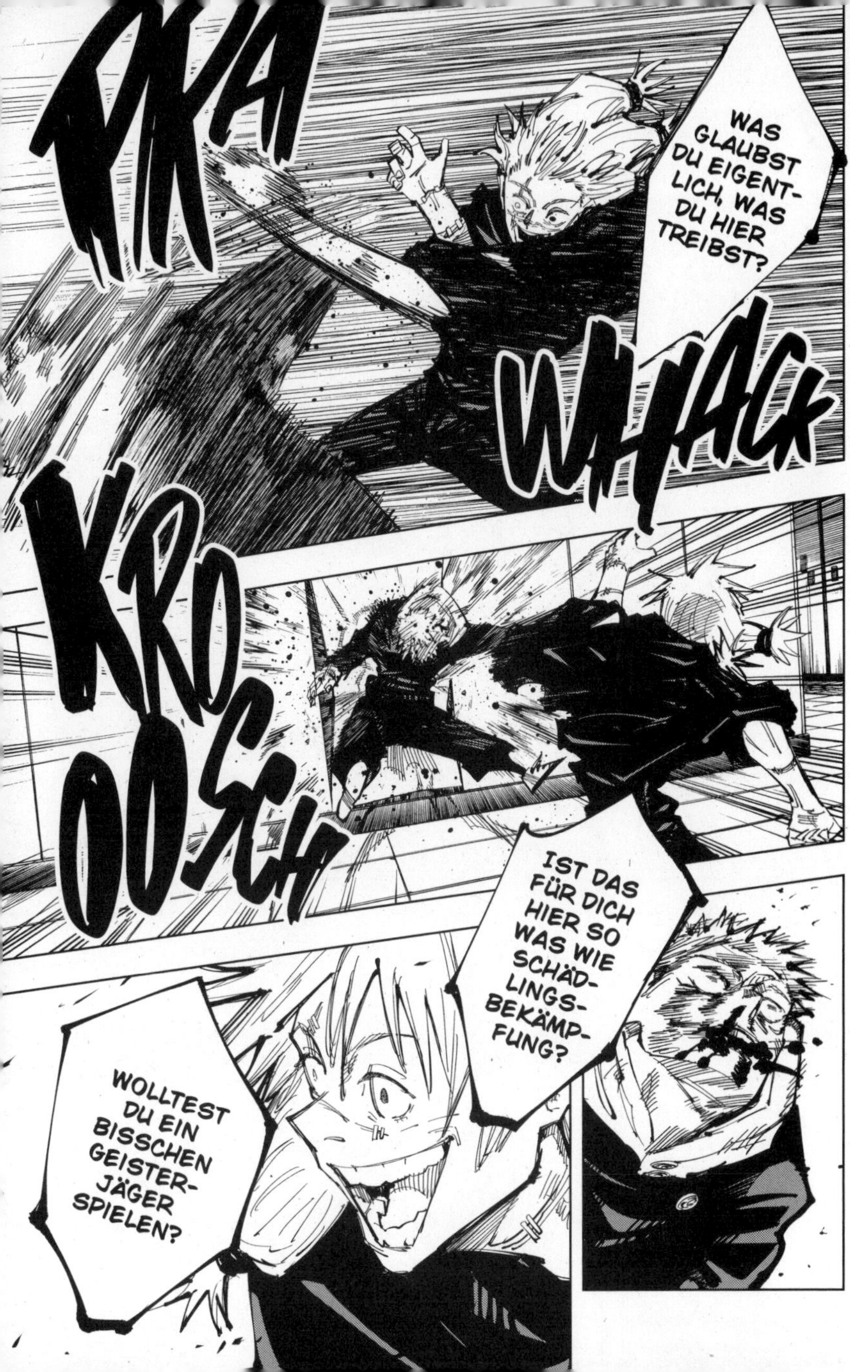
WAS GLAUBST DU EIGENT-LICH, WAS DU HIER TREIBST?
WHACK
IST DAS FÜR DICH HIER SO WAS WIE SCHÄD-LINGS-BEKÄMP-FUNG?
WOLLTEST DU EIN BISSCHEN GEISTER-JÄGER SPIELEN?

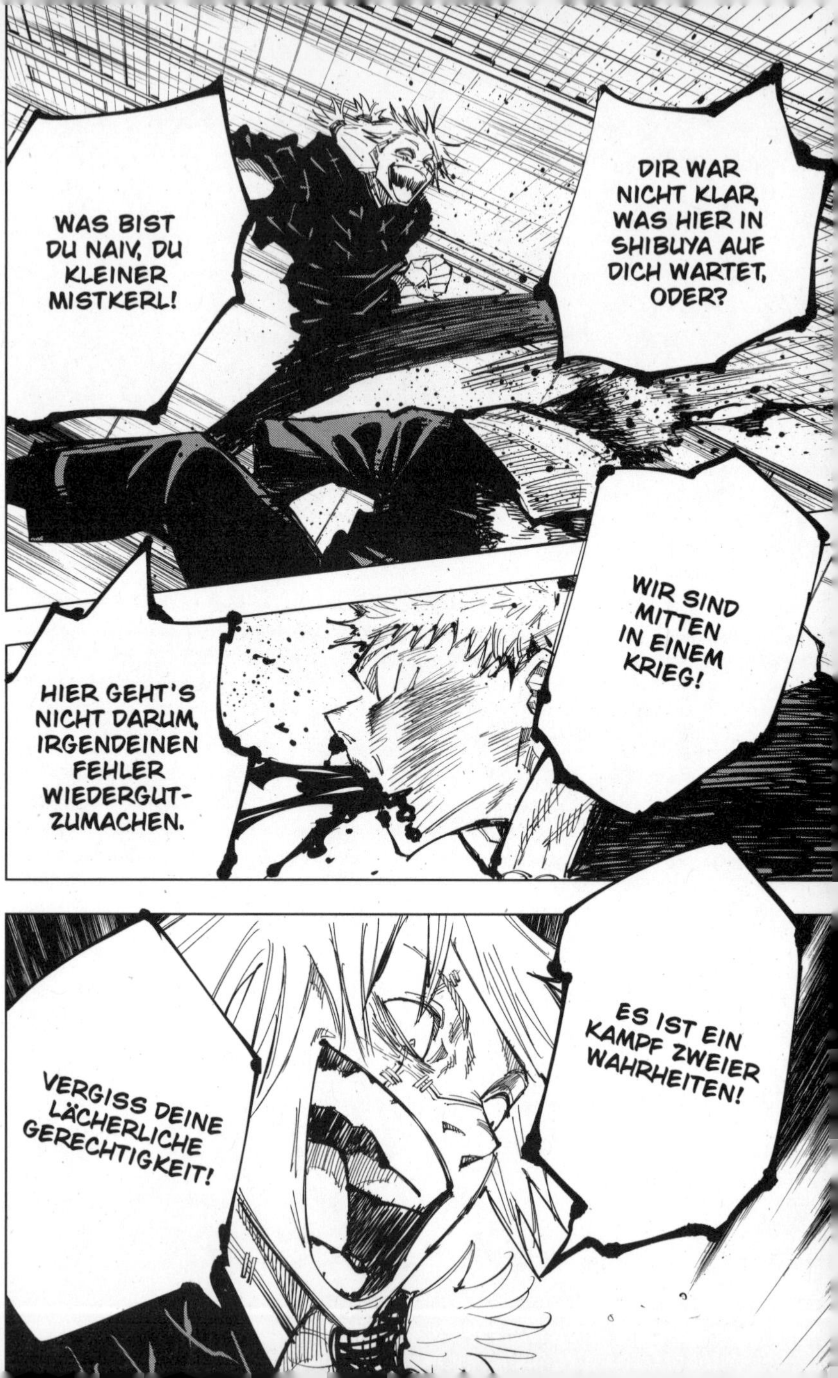
DIR WAR NICHT KLAR, WAS HIER IN SHIBUYA AUF DICH WARTET, ODER?
WAS BIST DU NAIV, DU KLEINER MISTKERL!
WIR SIND MITTEN IN EINEM KRIEG!
HIER GEHT'S NICHT DARUM, IRGENDEINEN FEHLER WIEDERGUT-ZUMACHEN.
ES IST EIN KAMPF ZWEIER WAHRHEITEN!
VERGISS DEINE LÄCHERLICHE GERECHTIGKEIT!

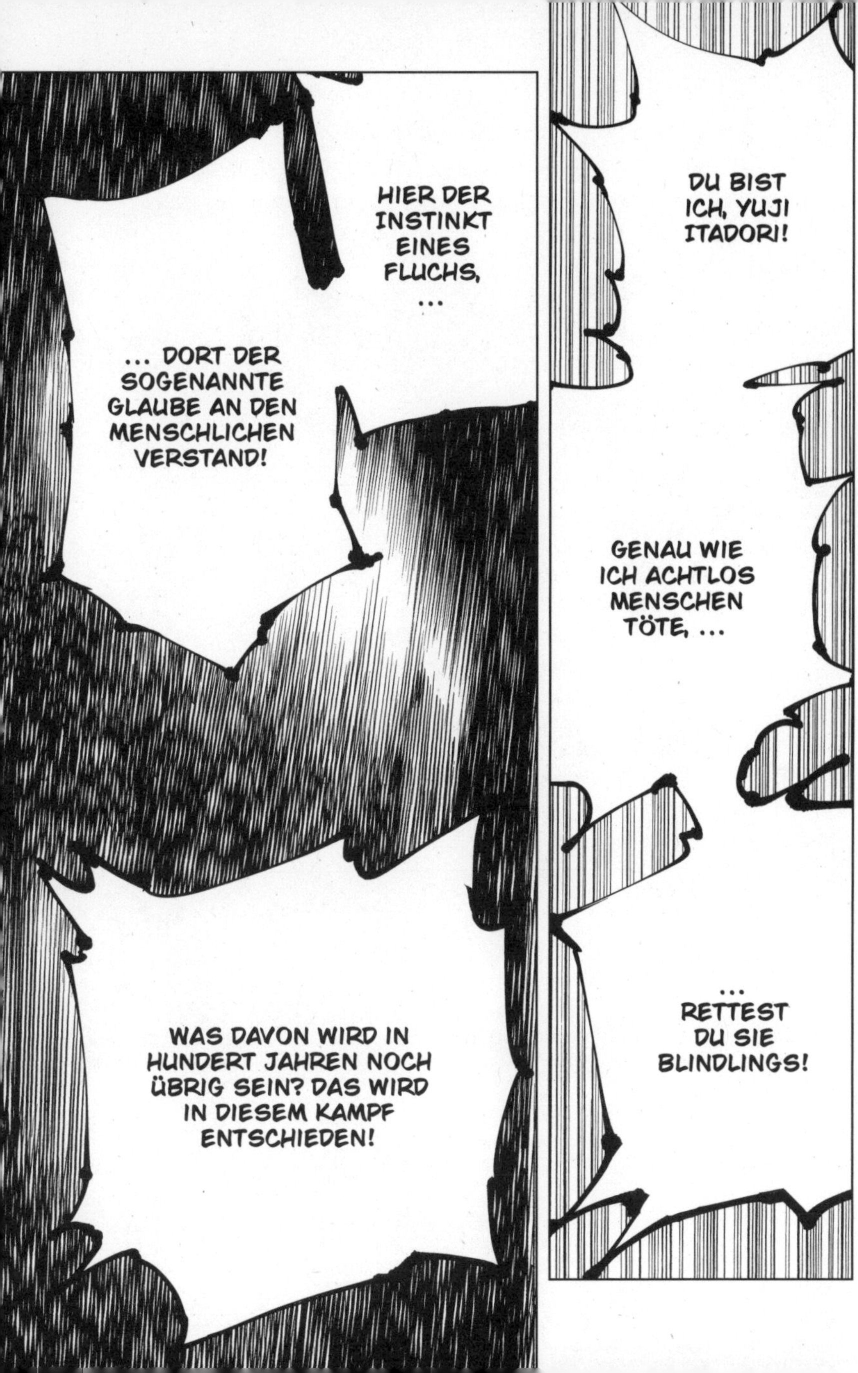
DU BIST ICH, YUJI ITADORI!
GENAU WIE ICH ACHTLOS MENSCHEN TÖTE, ...
... RETTEST DU SIE BLINDLINGS!
HIER DER INSTINKT EINES FLUCHS, ...
... DORT DER SOGENANNTE GLAUBE AN DEN MENSCHLICHEN VERSTAND!
WAS DAVON WIRD IN HUNDERT JAHREN NOCH ÜBRIG SEIN? DAS WIRD IN DIESEM KAMPF ENTSCHIEDEN!

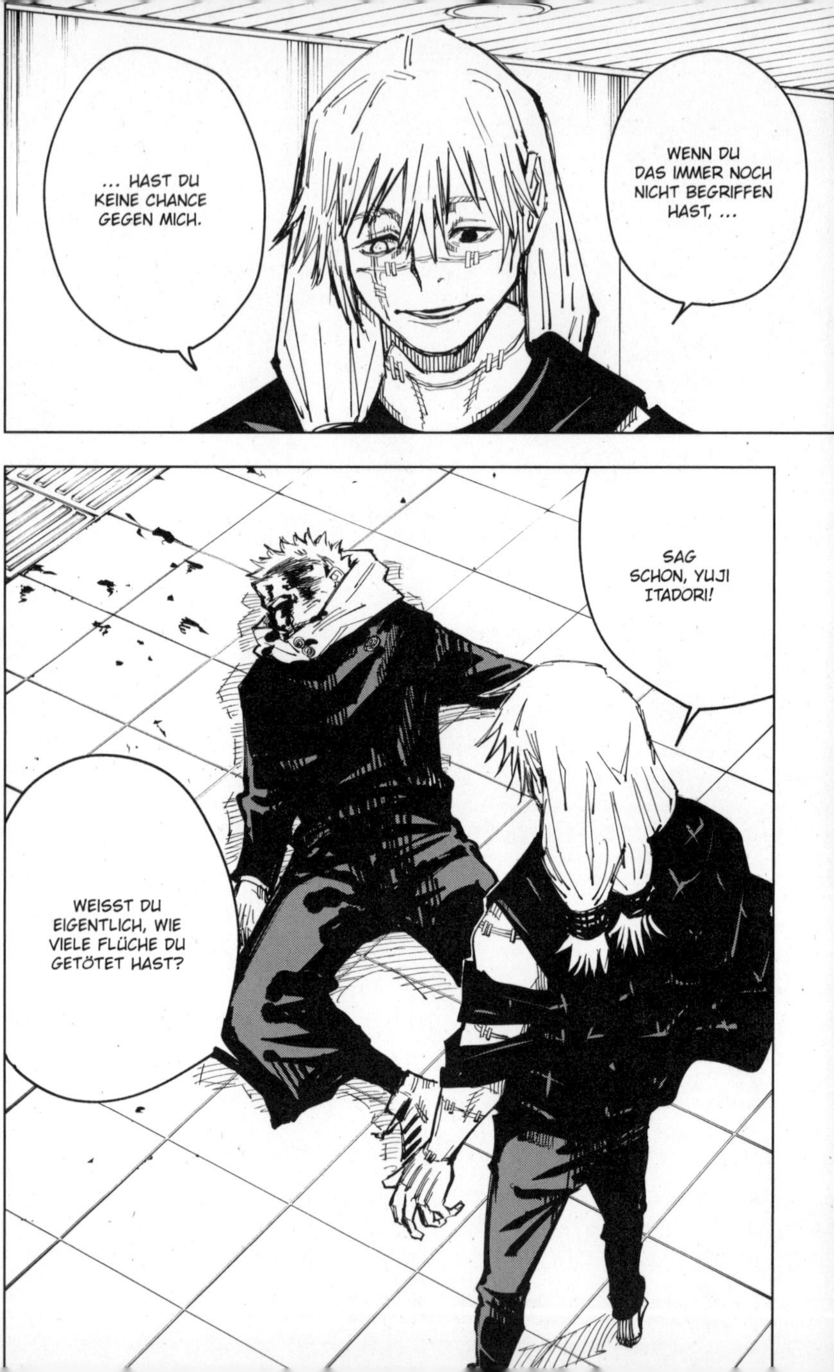
WENN DU DAS IMMER NOCH NICHT BEGRIFFEN HAST, …
… HAST DU KEINE CHANCE GEGEN MICH.
SAG SCHON, YUJI ITADORI!
WEISST DU EIGENTLICH, WIE VIELE FLÜCHE DU GETÖTET HAST?

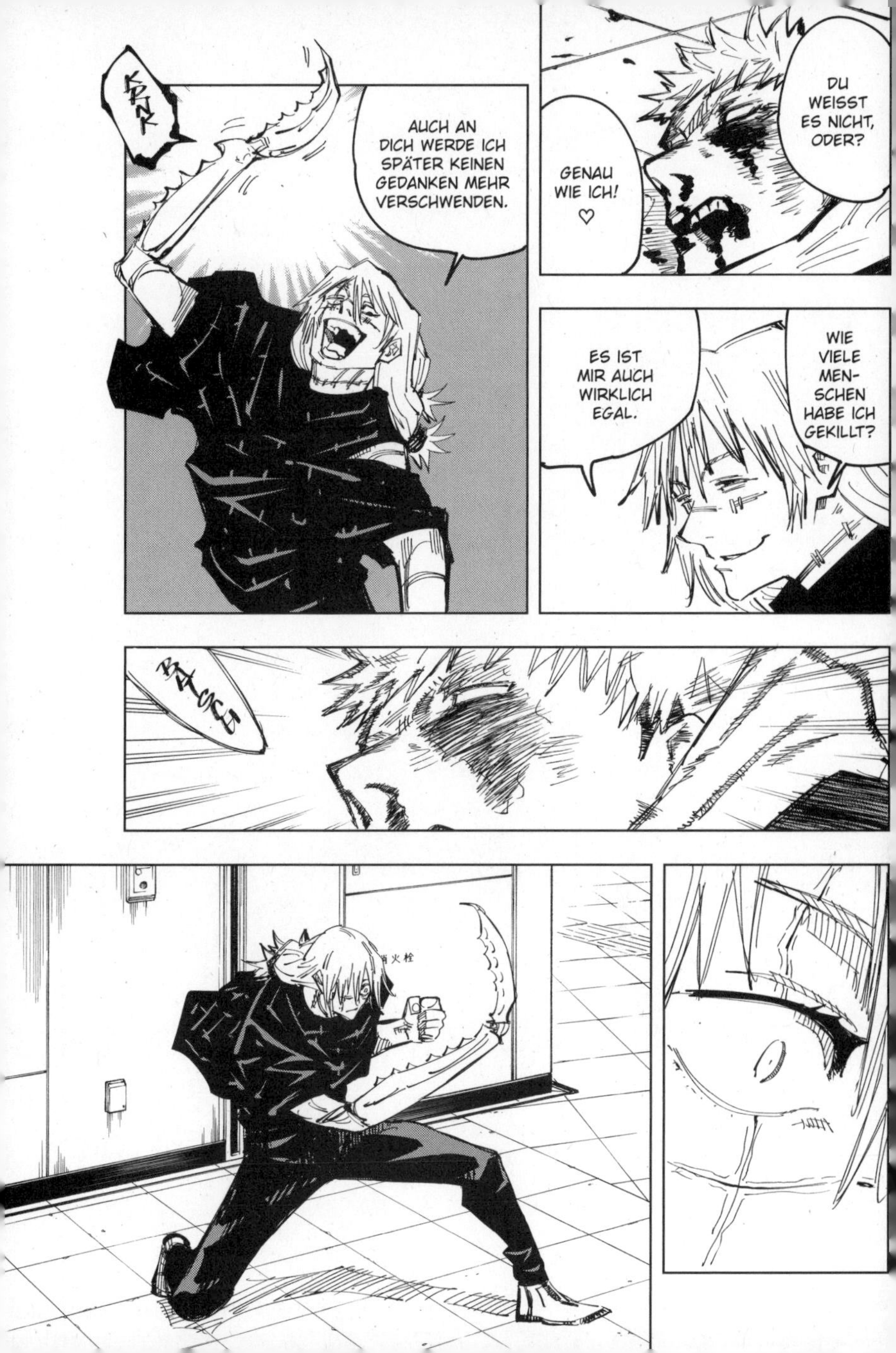

DU WEISST ES NICHT, ODER?
GENAU WIE ICH! ♡
WIE VIELE MEN-SCHEN HABE ICH GEKILLT?
ES IST MIR AUCH WIRKLICH EGAL.
KRNK
AUCH AN DICH WERDE ICH SPÄTER KEINEN GEDANKEN MEHR VERSCHWENDEN.
消火栓

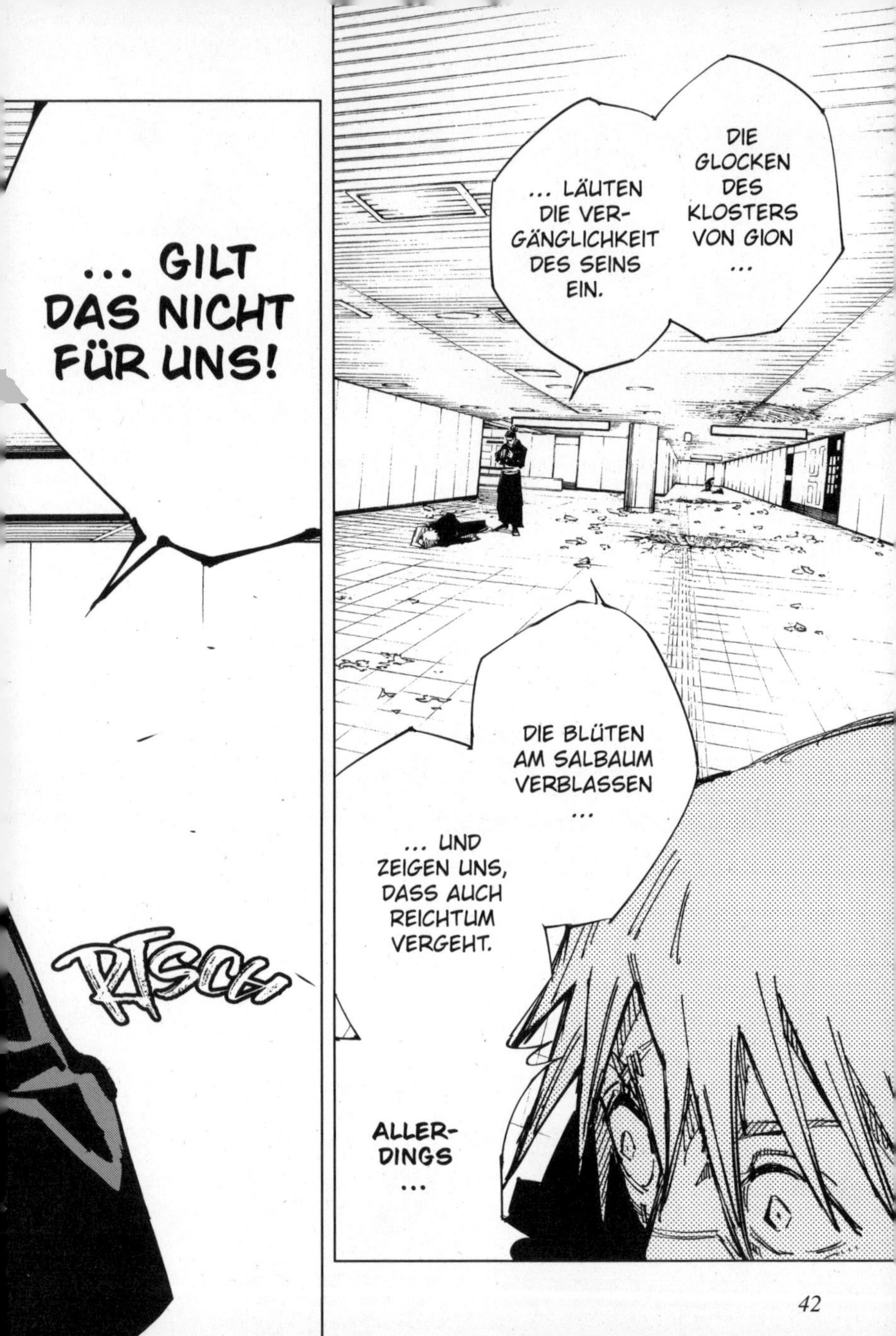
DIE GLOCKEN DES KLOSTERS VON GION ...
... LÄUTEN DIE VERGÄNGLICHKEIT DES SEINS EIN.
DIE BLÜTEN AM SALBAUM VERBLASSEN ...
... UND ZEIGEN UNS, DASS AUCH REICHTUM VERGEHT.
ALLERDINGS ...
... GILT DAS NICHT FÜR UNS!
RATSCH

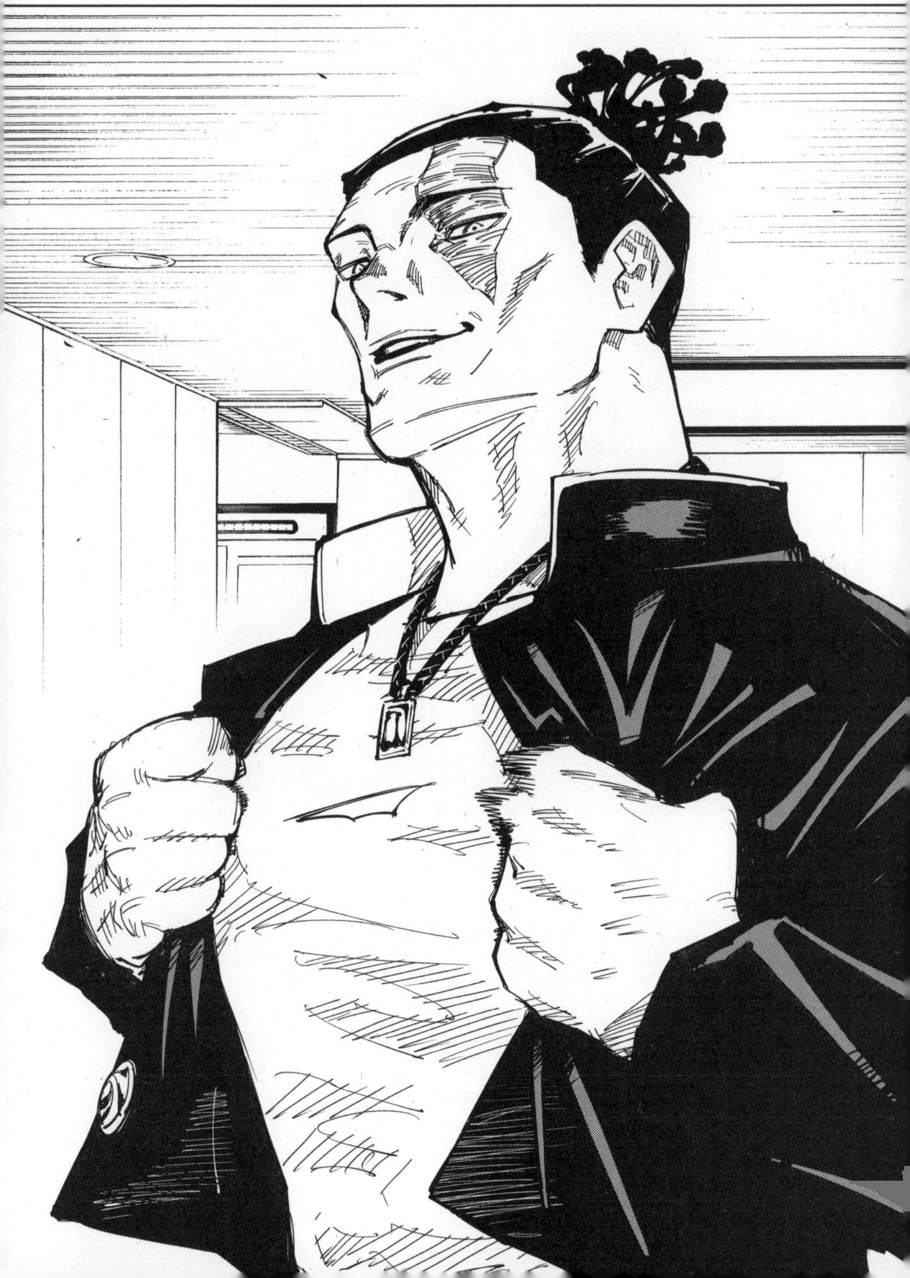

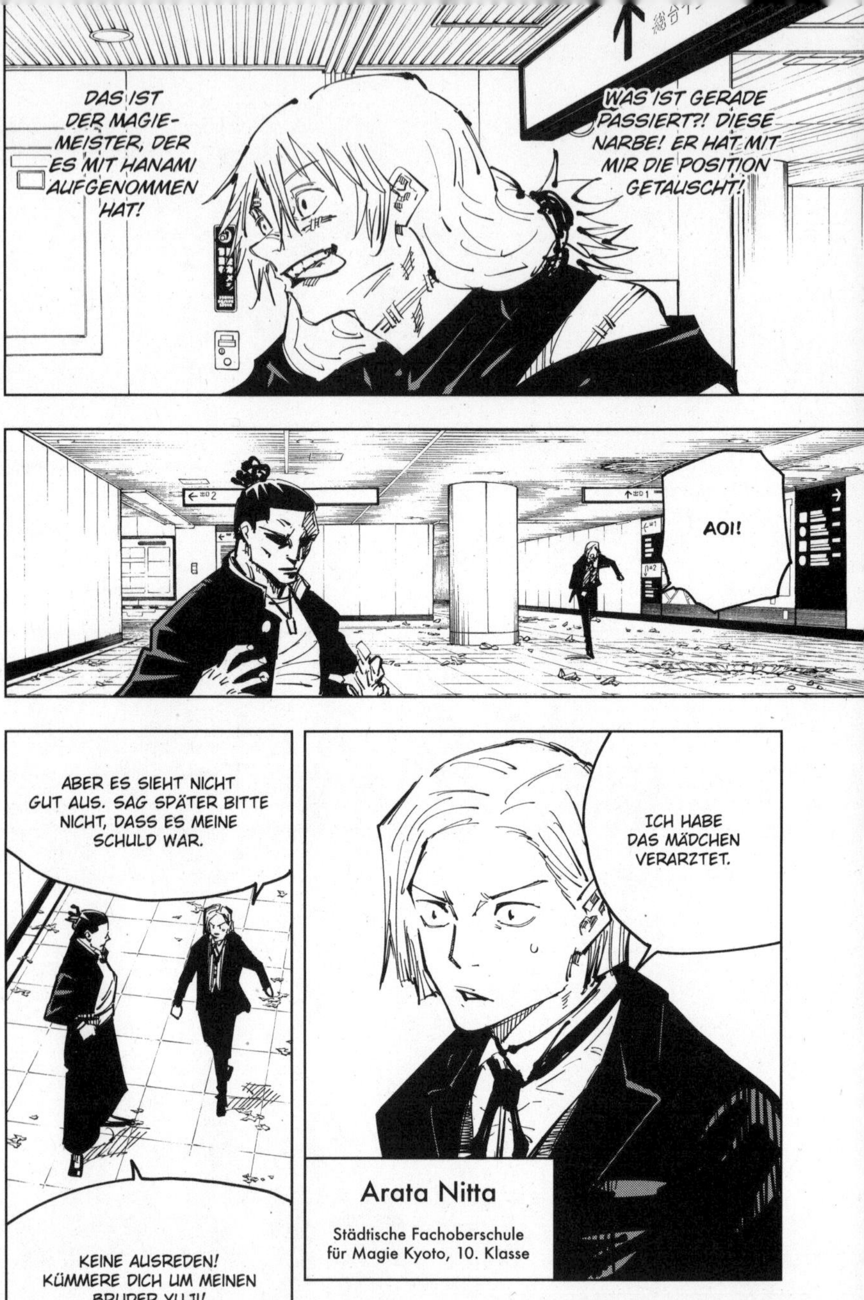
WAS IST GERADE PASSIERT?! DIESE NARBE! ER HAT MIT MIR DIE POSITION GETAUSCHT!
DAS IST DER MAGIE-MEISTER, DER ES MIT HANAMI AUFGENOMMEN HAT!
AOI!
ICH HABE DAS MÄDCHEN VERARZTET.
Arata Nitta
Städtische Fachoberschule für Magie Kyoto, 10. Klasse
ABER ES SIEHT NICHT GUT AUS. SAG SPÄTER BITTE NICHT, DASS ES MEINE SCHULD WAR.
KEINE AUSREDEN! KÜMMERE DICH UM MEINEN BRUDER YUJI!

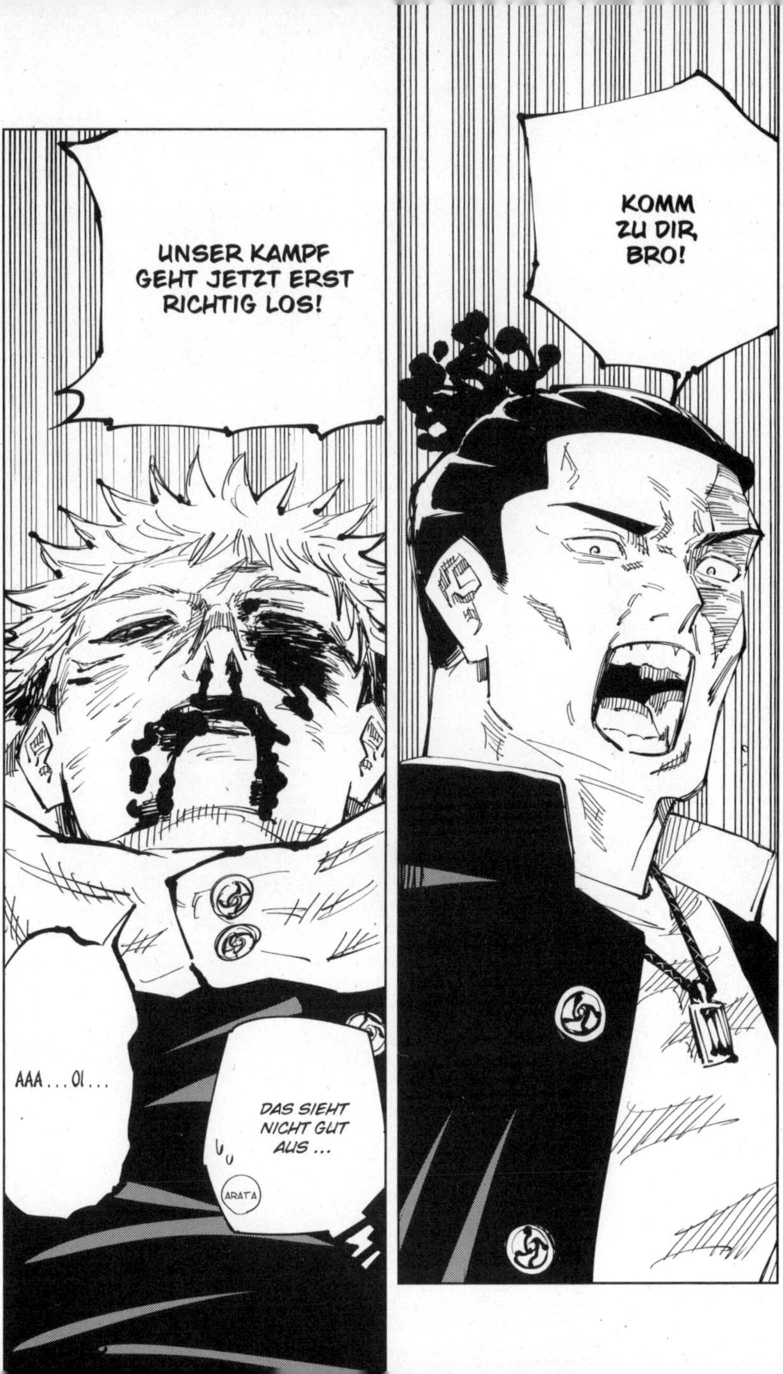
KOMM ZU DIR, BRO!
UNSER KAMPF GEHT JETZT ERST RICHTIG LOS!
DAS SIEHT NICHT GUT AUS ...
AAA ... OI ...
ARATA

Es ist entschieden! Die magische Technik „Non-Infimum“ ②

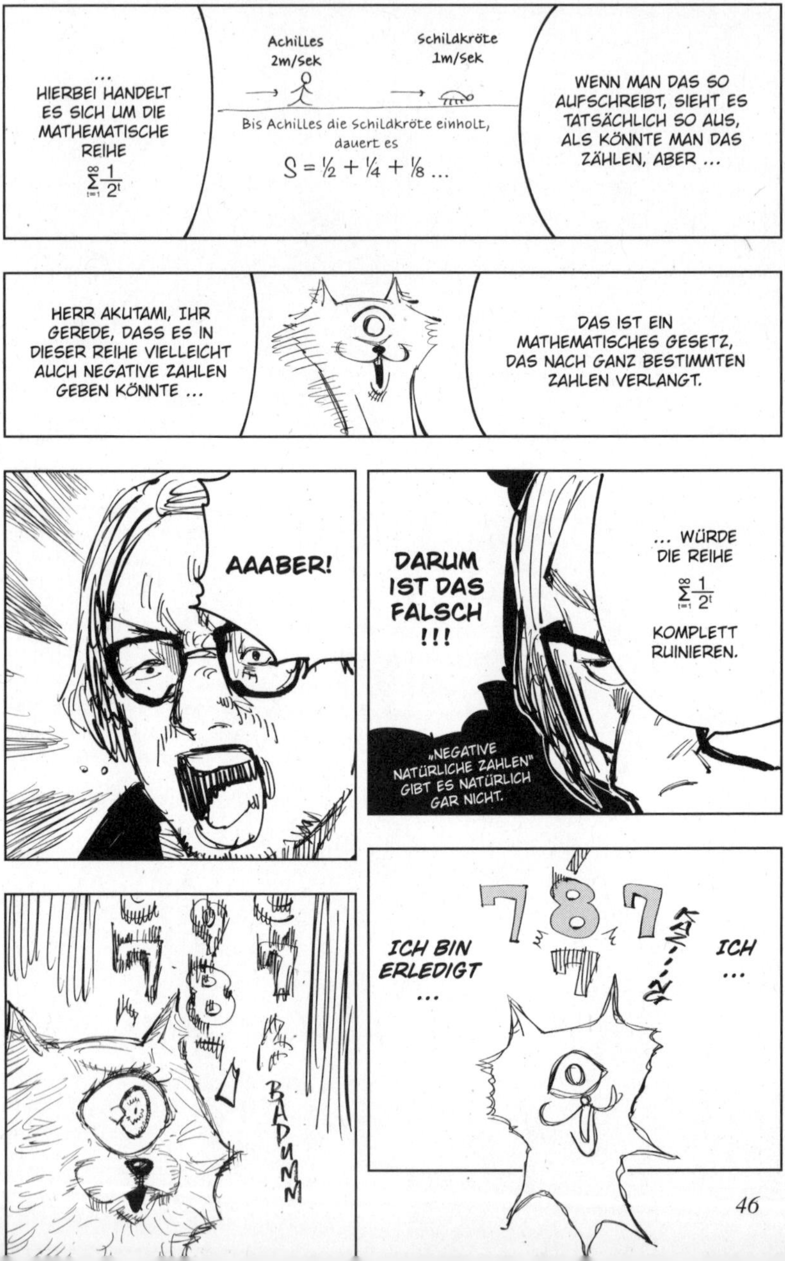

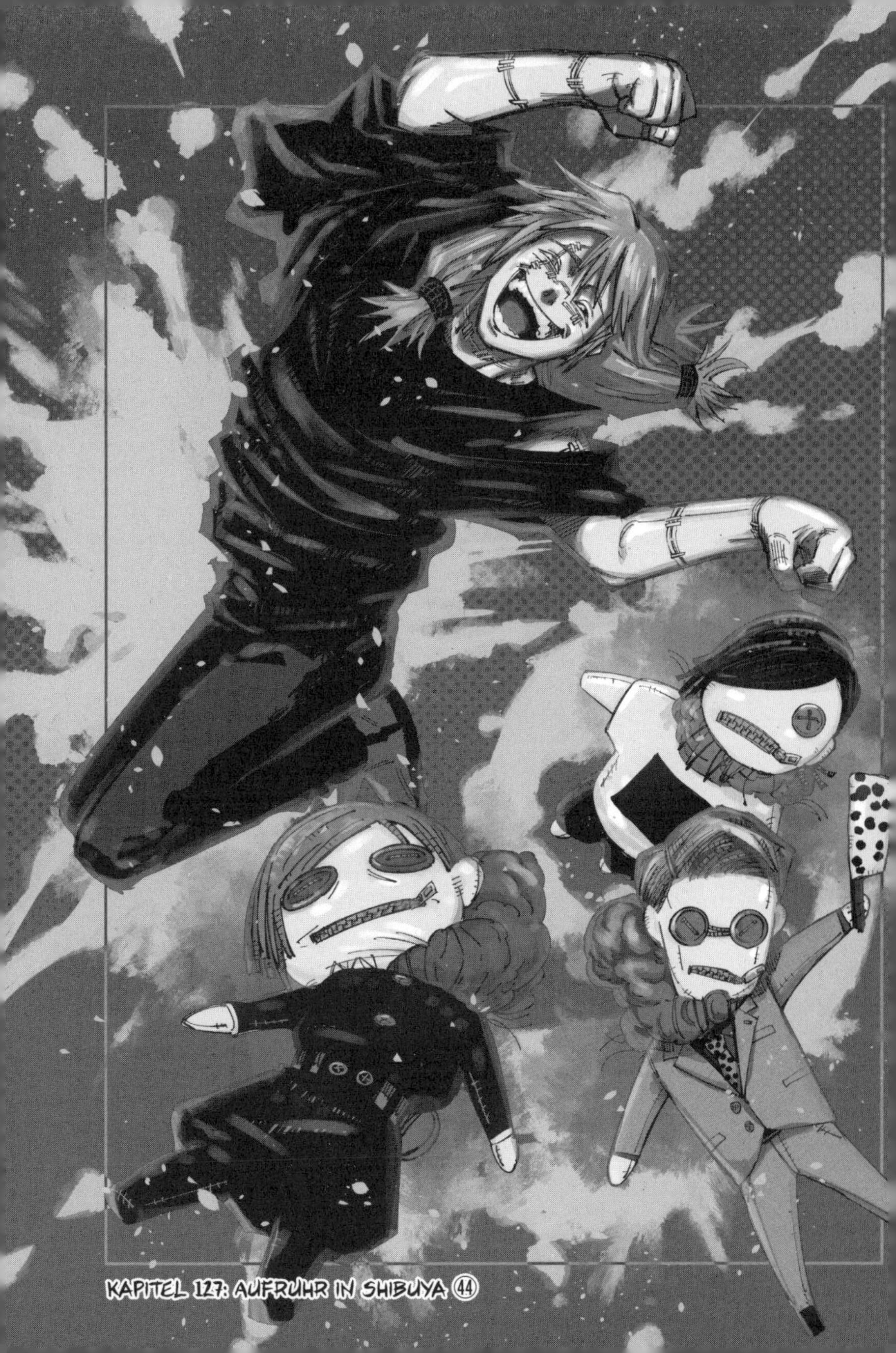

KAPITEL 127: AUFRUHR IN SHIBUYA ㊹

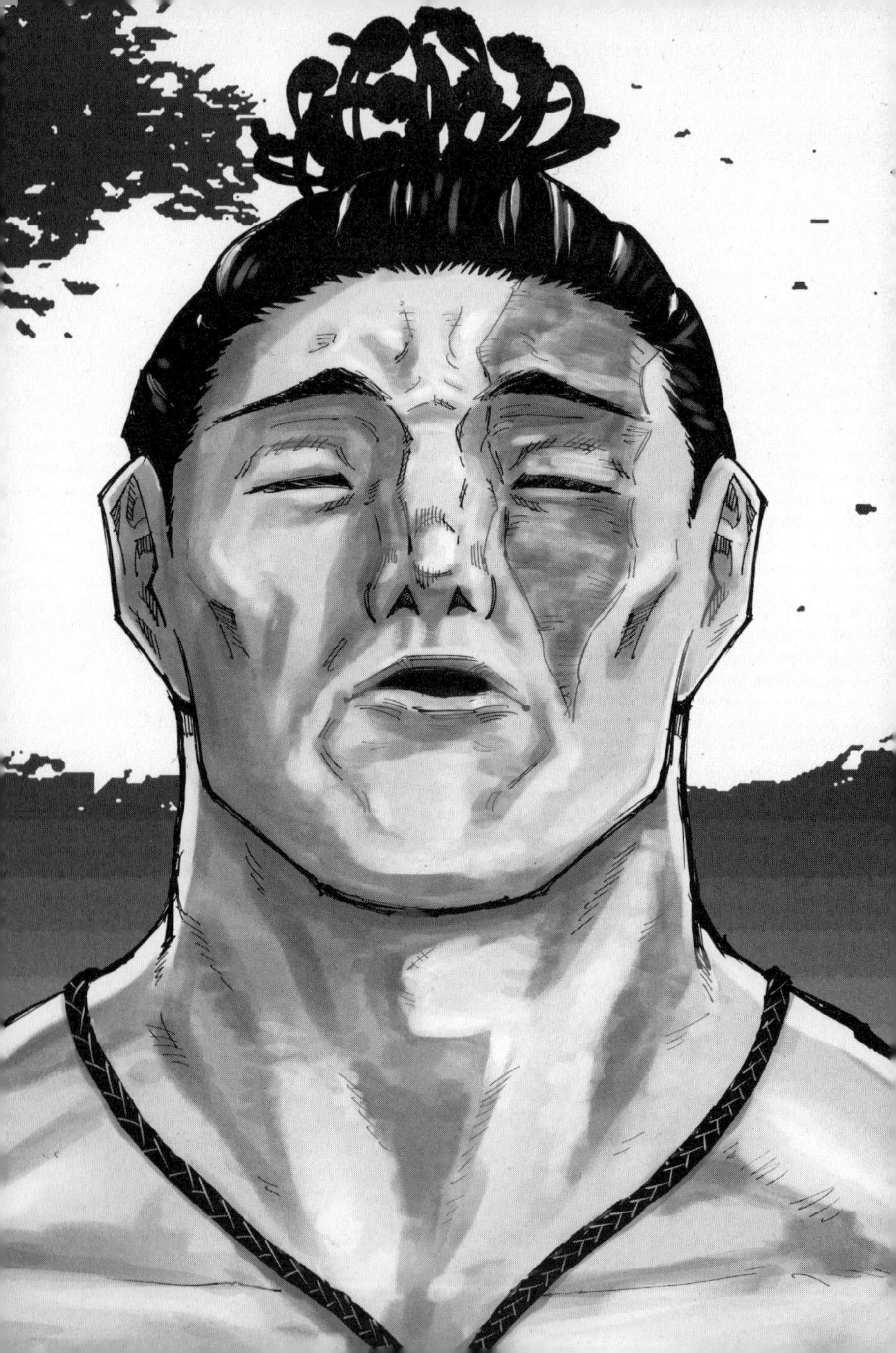

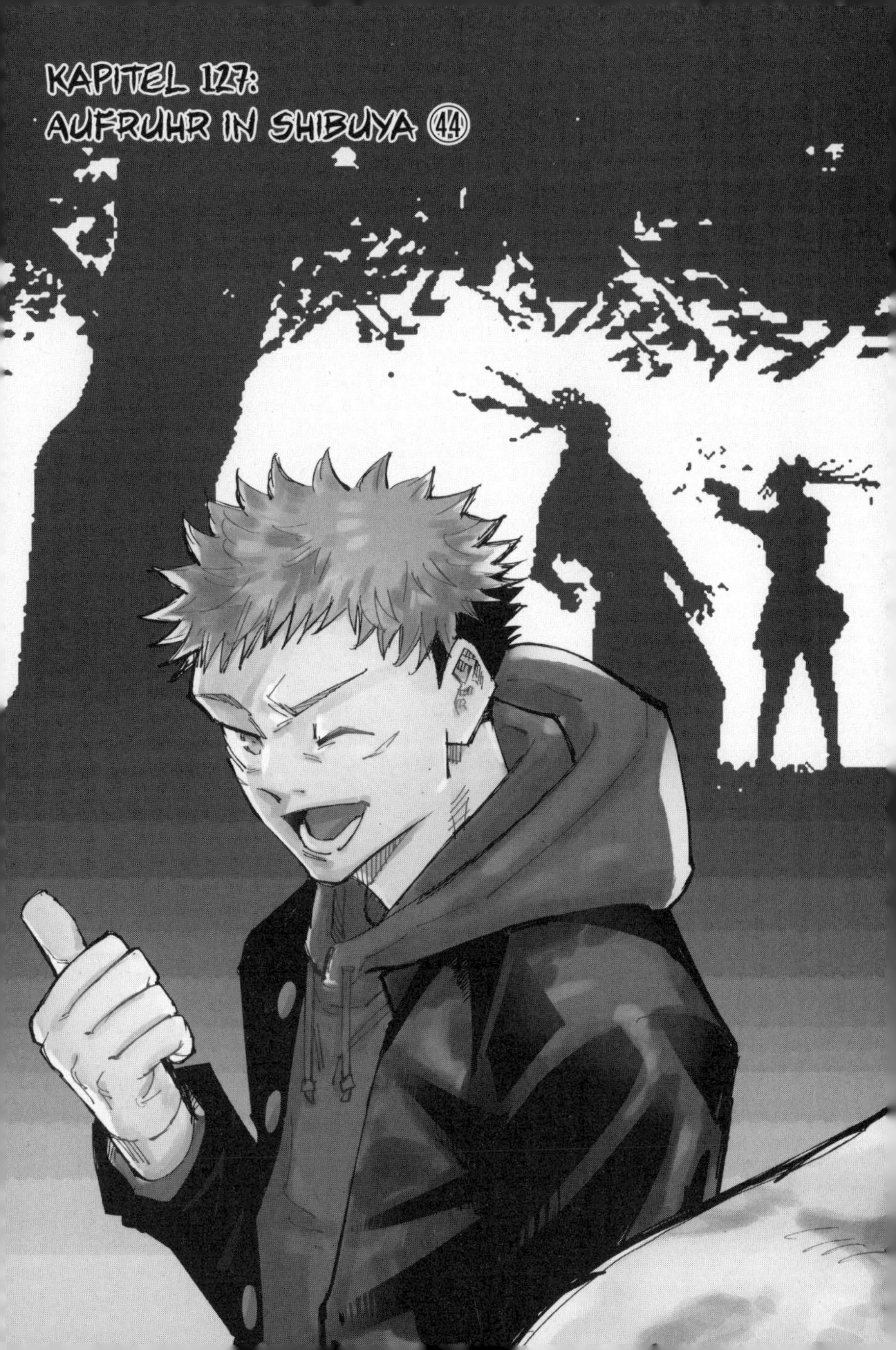
KAPITEL 127:
AUFRUHR IN SHIBUYA ㊹

JUJUTSU KAISEN

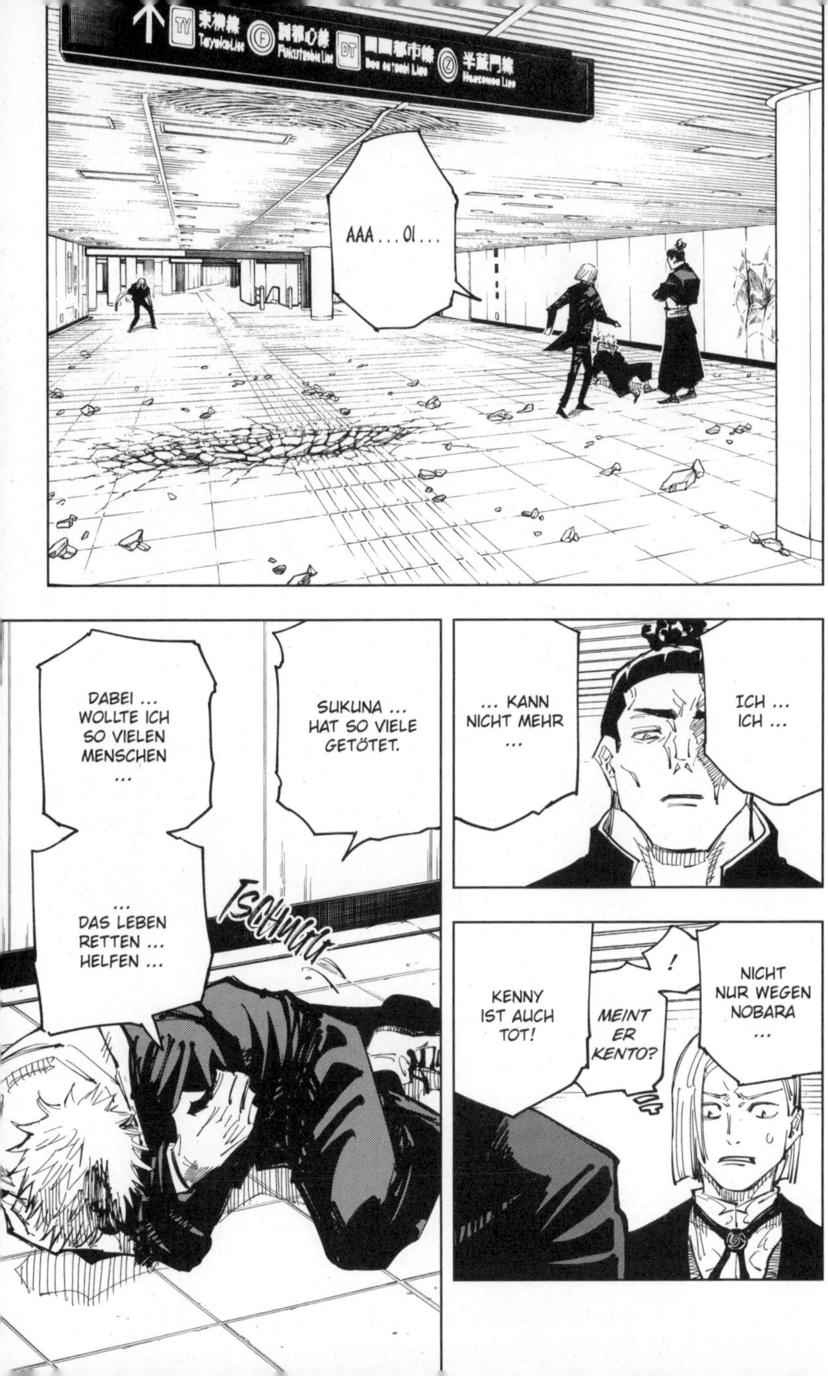
東横線
副都心線
田園都市線
半蔵門線
AAA ... OI ...
ICH ...
ICH ...
... KANN NICHT MEHR ...
SUKUNA ... HAT SO VIELE GETÖTET.
DABEI ... WOLLTE ICH SO VIELEN MENSCHEN ...
... DAS LEBEN RETTEN ... HELFEN ...
TSCHUUU
NICHT NUR WEGEN NOBARA ...
!
MEINT ER KENTO?
KENNY IST AUCH TOT!

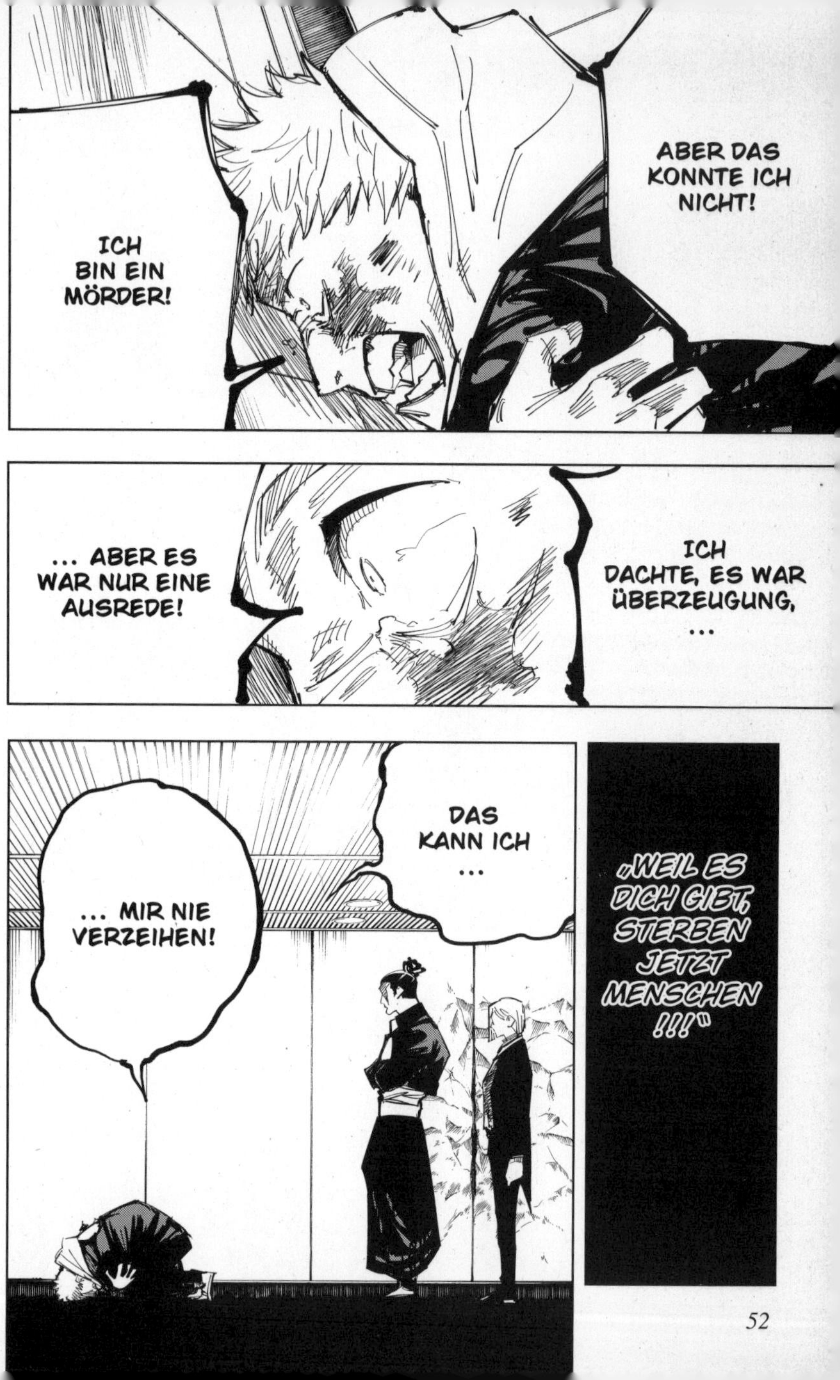
ABER DAS KONNTE ICH NICHT!
ICH BIN EIN MÖRDER!
ICH DACHTE, ES WAR ÜBERZEUGUNG, ...
... ABER ES WAR NUR EINE AUSREDE!
„WEIL ES DICH GIBT, STERBEN JETZT MENSCHEN!!!“
DAS KANN ICH ...
... MIR NIE VERZEIHEN!

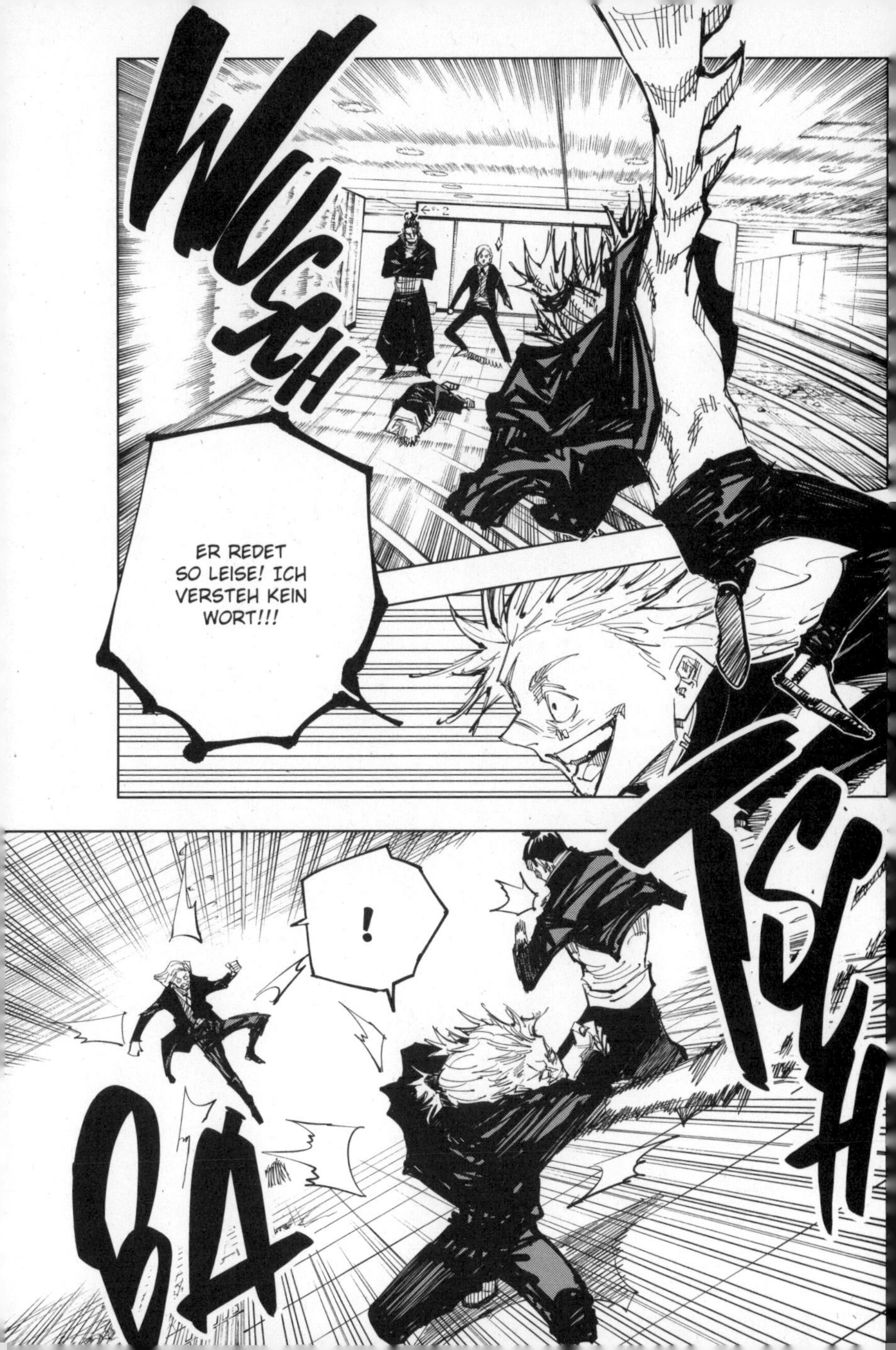
WUSCH
ER REDET SO LEISE! ICH VERSTEH KEIN WORT!!!
TSCH
!
BA

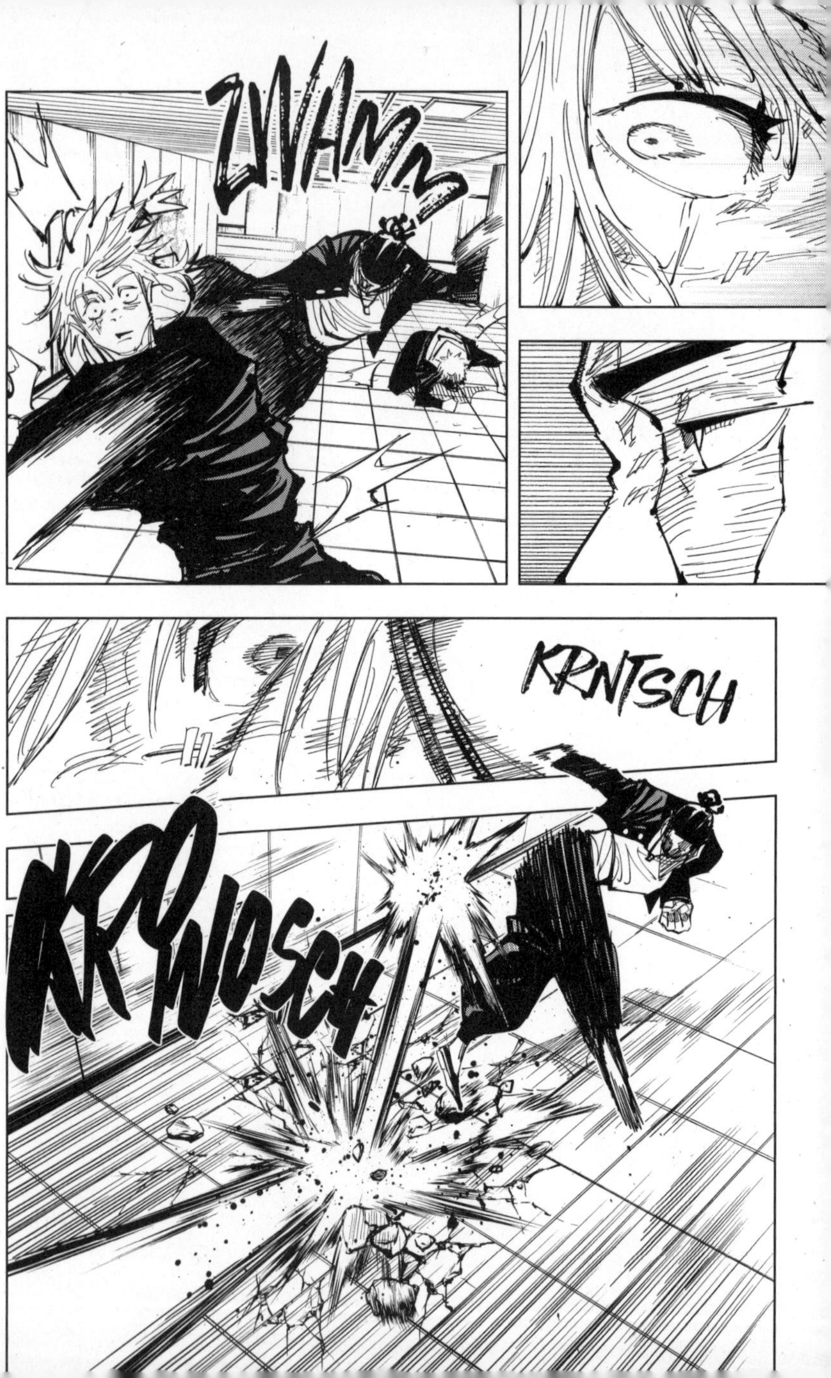
ZWAMM
KRNTSCH
KRAWOSCH

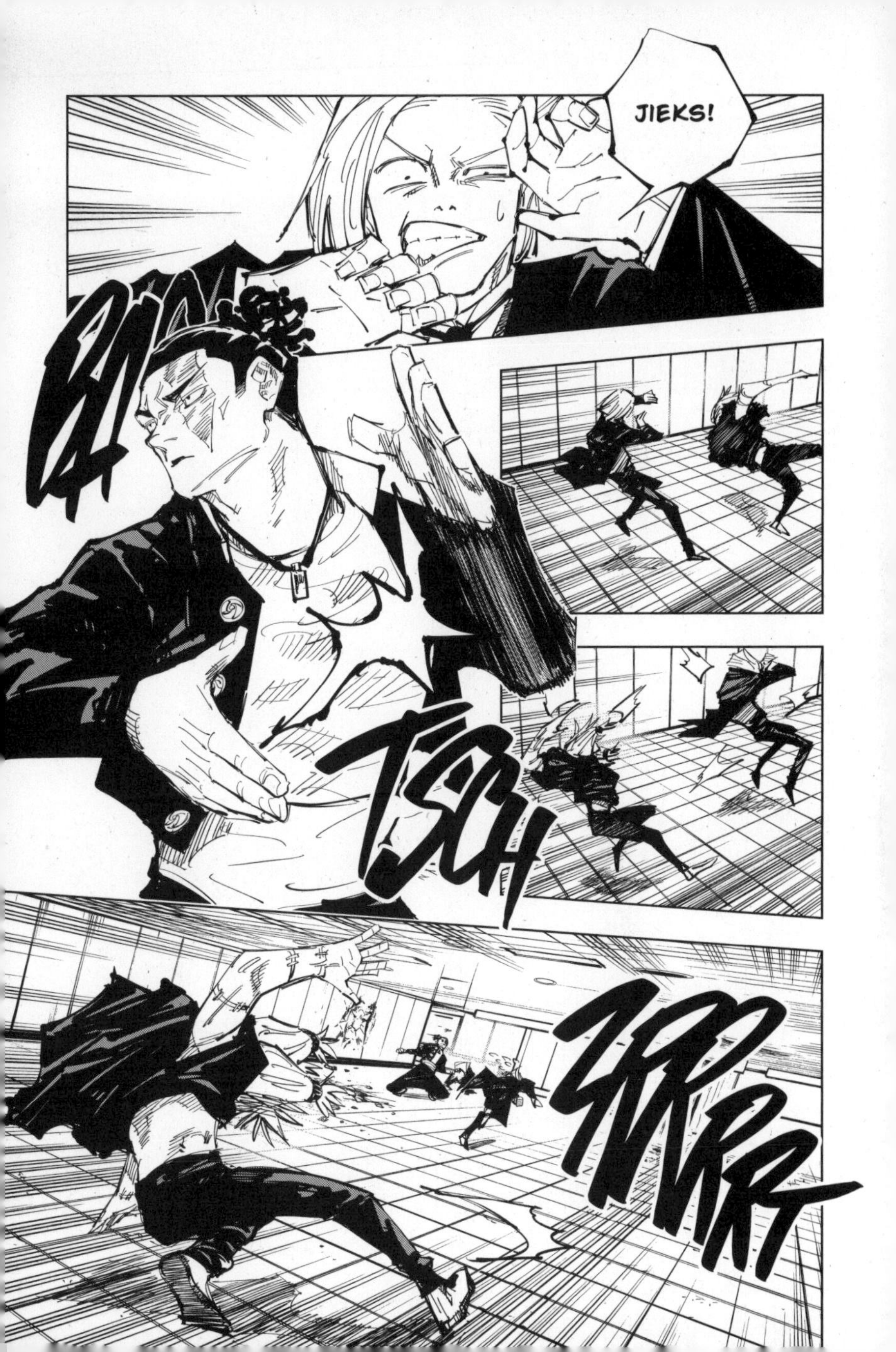
JIEKS!
TSCH

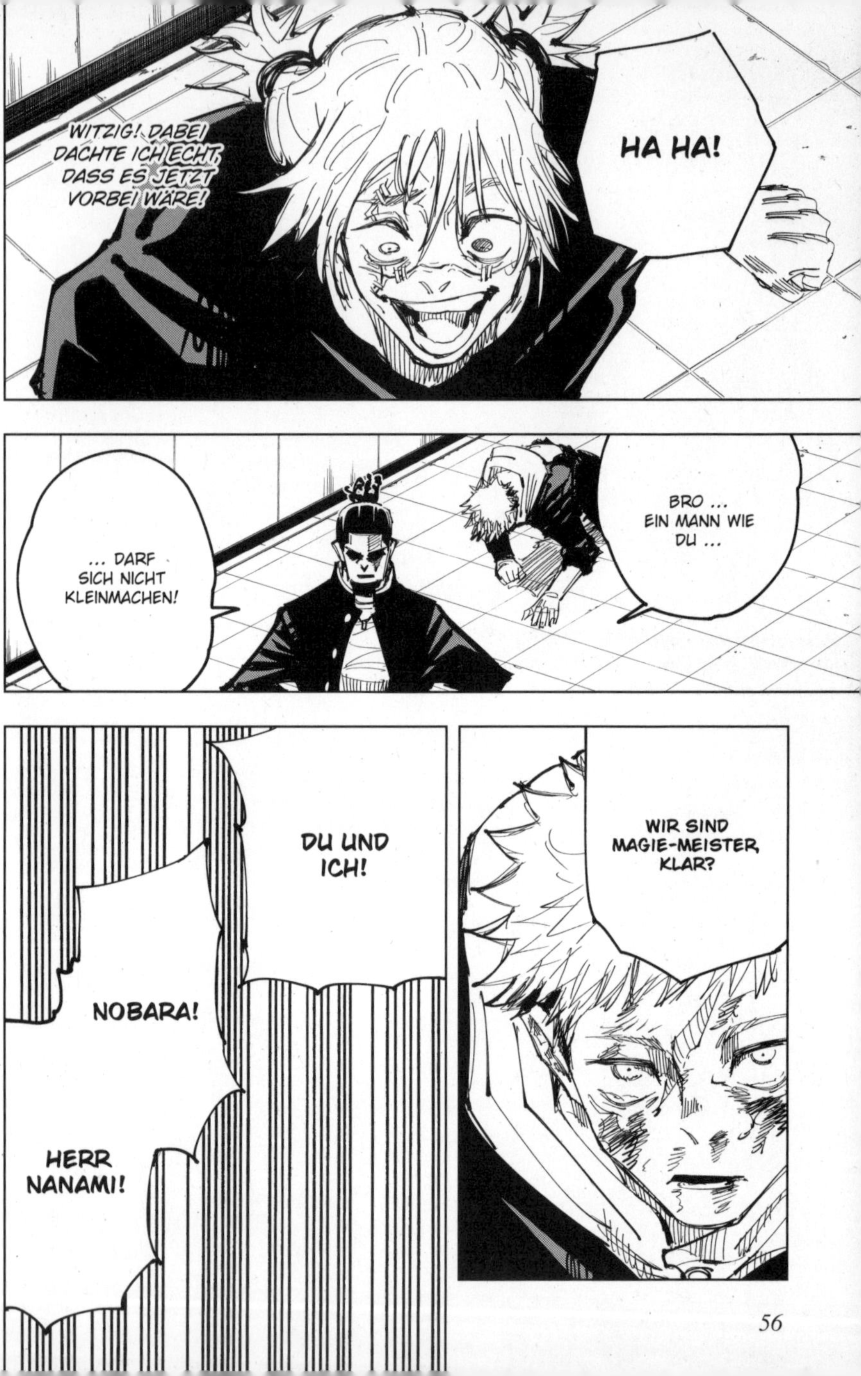
HA HA!
WITZIG! DABEI DACHTE ICH ECHT, DASS ES JETZT VORBEI WÄRE!
BRO ... EIN MANN WIE DU ...
... DARF SICH NICHT KLEINMACHEN!
WIR SIND MAGIE-MEISTER, KLAR?
DU UND ICH!
NOBARA!
HERR NANAMI!

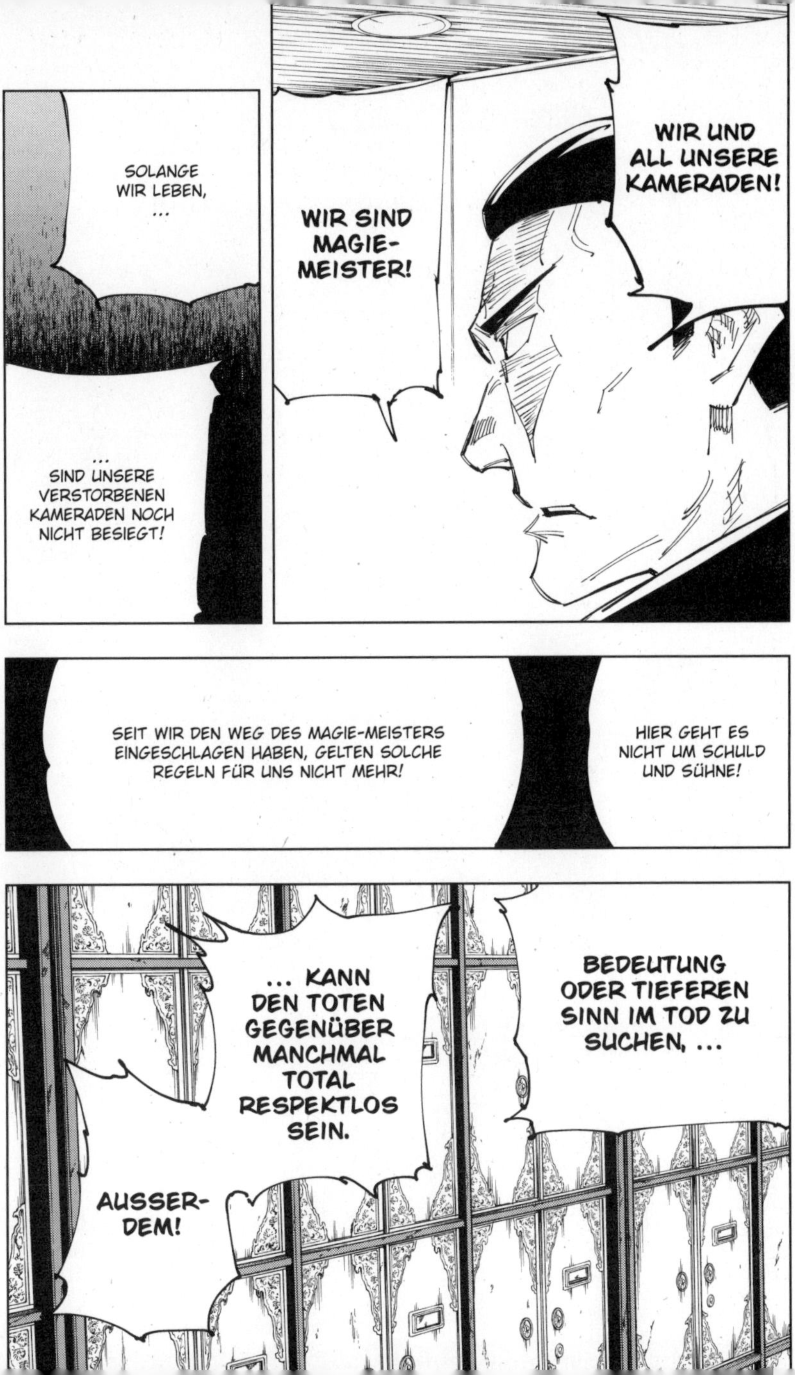
WIR UND ALL UNSERE KAMERADEN!
WIR SIND MAGIE-MEISTER!
SOLANGE WIR LEBEN, ...
... SIND UNSERE VERSTORBENEN KAMERADEN NOCH NICHT BESIEGT!
HIER GEHT ES NICHT UM SCHULD UND SÜHNE!
SEIT WIR DEN WEG DES MAGIE-MEISTERS EINGESCHLAGEN HABEN, GELTEN SOLCHE REGELN FÜR UNS NICHT MEHR!
BEDEUTUNG ODER TIEFEREN SINN IM TOD ZU SUCHEN, ...
... KANN DEN TOTEN GEGENÜBER MANCHMAL TOTAL RESPEKTLOS SEIN.
AUSSER-DEM!

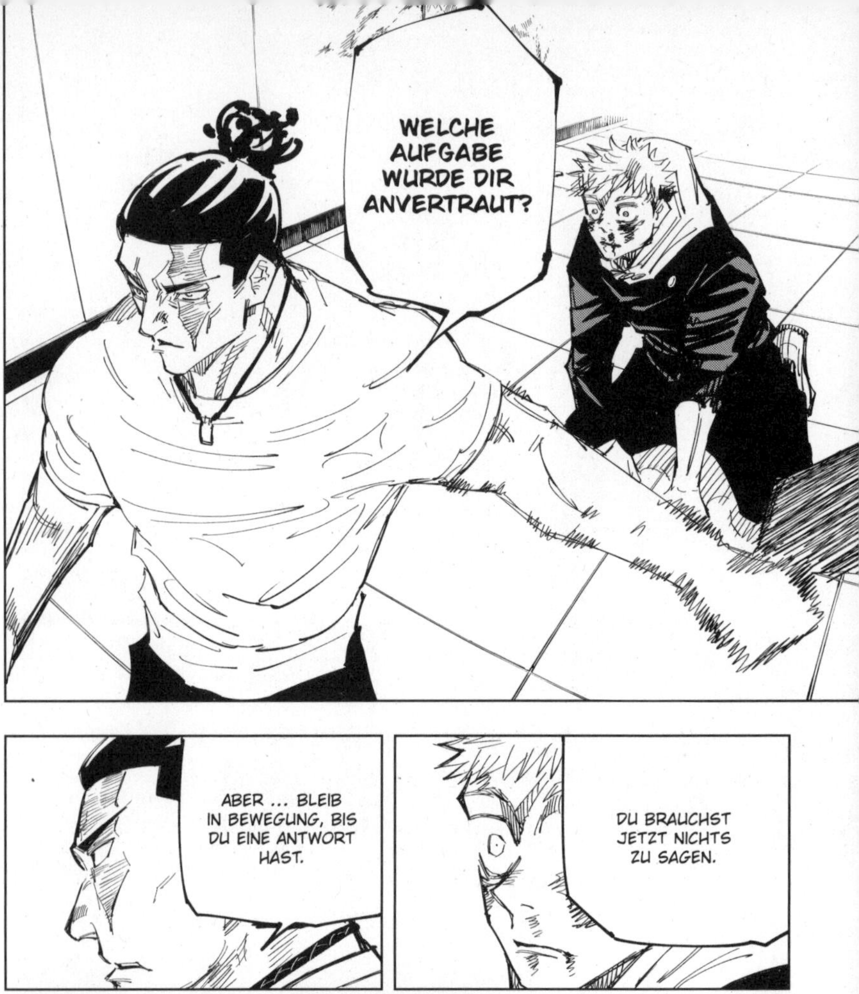
WELCHE AUFGABE WURDE DIR ANVERTRAUT?
DU BRAUCHST JETZT NICHTS ZU SAGEN.
ABER ... BLEIB IN BEWEGUNG, BIS DU EINE ANTWORT HAST.
FÜR UNS, DIE ALS MAGIE-MEISTER IHR LEBEN FRISTEN, ...
... IST DAS NOCH DIE GERINGSTE STRAFE!

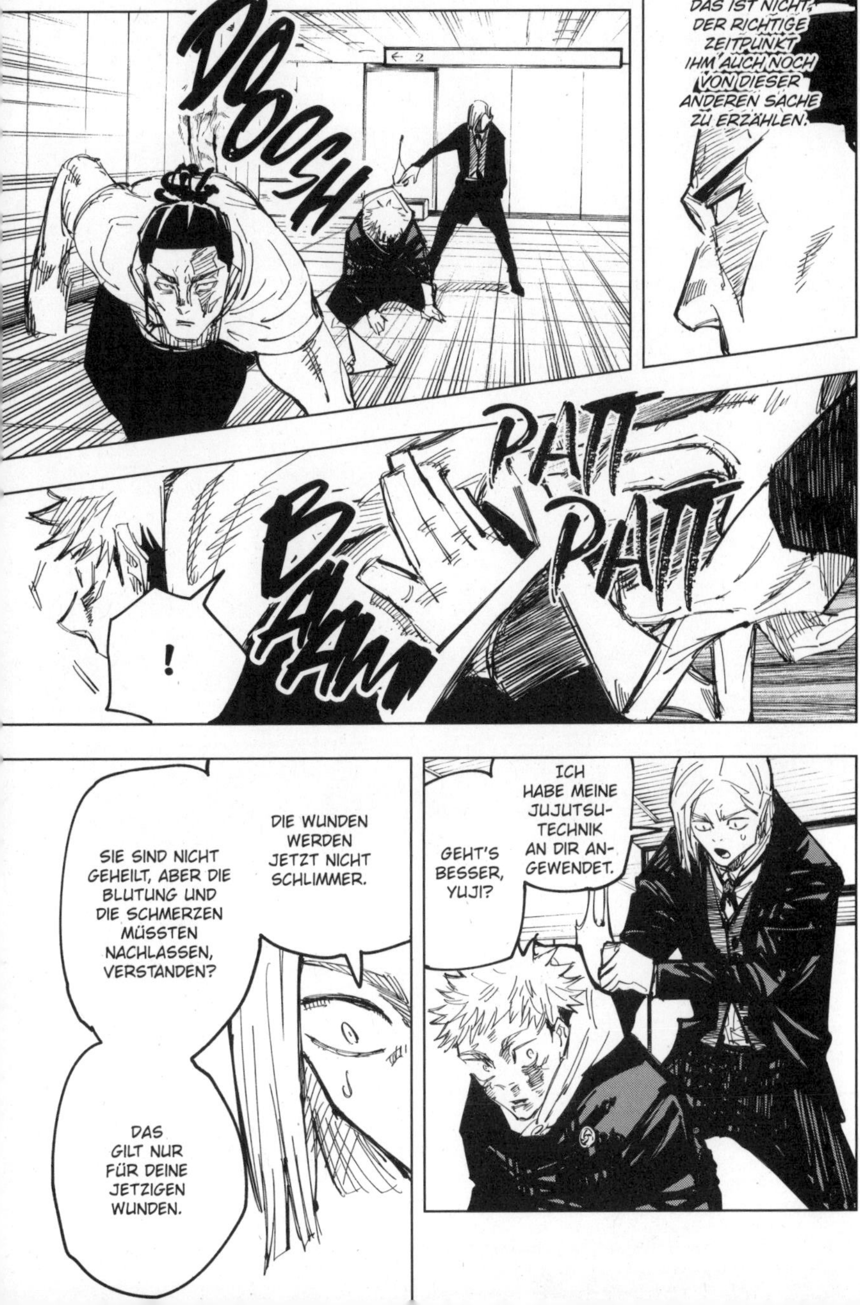
DAS IST NICHT DER RICHTIGE ZEITPUNKT IHM AUCH NOCH VON DIESER ANDEREN SACHE ZU ERZÄHLEN.
DOOOSH
PATT PATT
BAAM
!
ICH HABE MEINE JUJUTSU-TECHNIK AN DIR ANGEWENDET.
GEHT'S BESSER, YUJI?
DIE WUNDEN WERDEN JETZT NICHT SCHLIMMER.
SIE SIND NICHT GEHEILT, ABER DIE BLUTUNG UND DIE SCHMERZEN MÜSSTEN NACHLASSEN, VERSTANDEN?
DAS GILT NUR FÜR DEINE JETZIGEN WUNDEN.

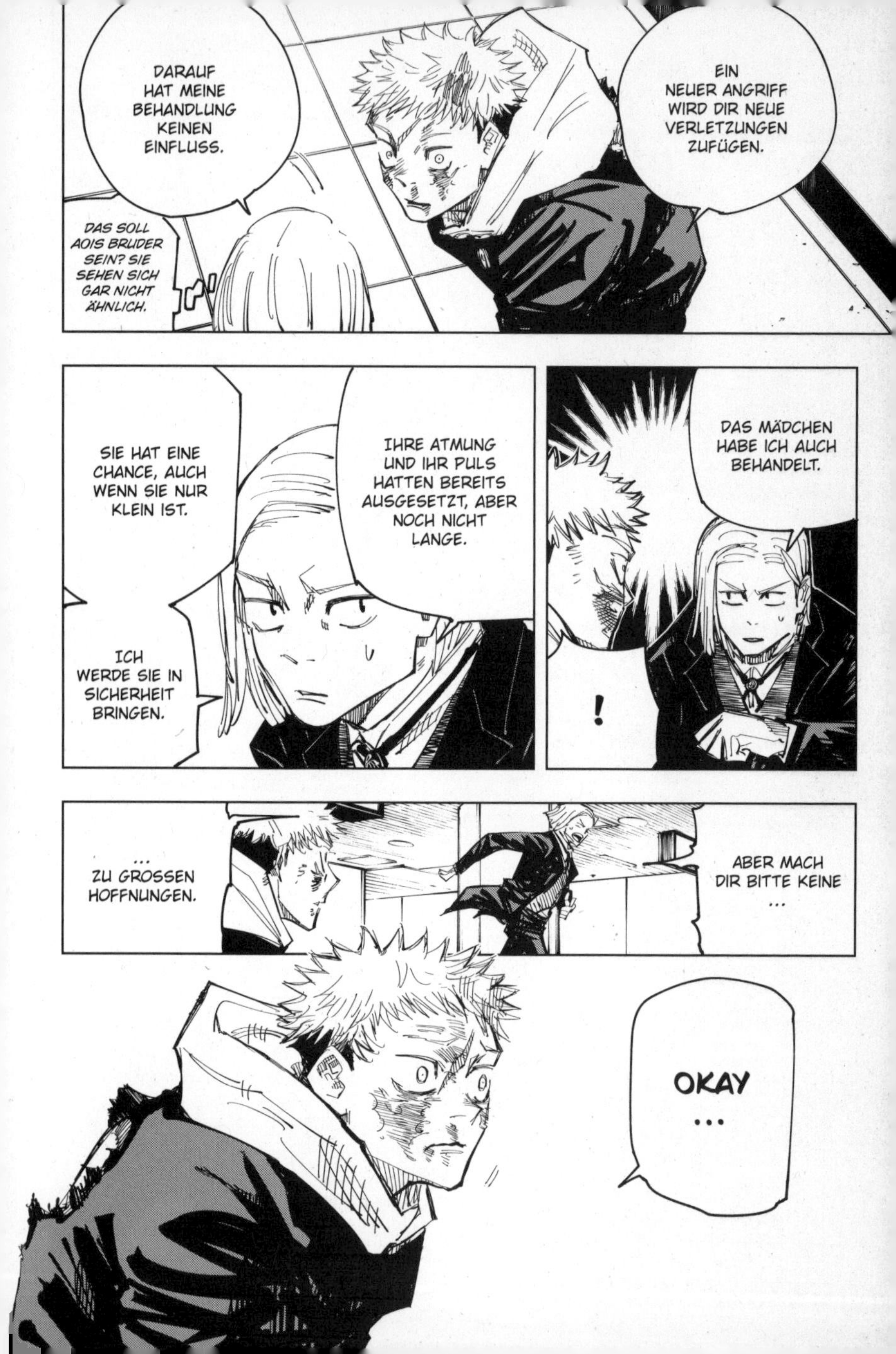
EIN NEUER ANGRIFF WIRD DIR NEUE VERLETZUNGEN ZUFÜGEN.
DARAUF HAT MEINE BEHANDLUNG KEINEN EINFLUSS.
DAS SOLL AOIS BRUDER SEIN? SIE SEHEN SICH GAR NICHT ÄHNLICH.
DAS MÄDCHEN HABE ICH AUCH BEHANDELT.
!
IHRE ATMUNG UND IHR PULS HATTEN BEREITS AUSGESETZT, ABER NOCH NICHT LANGE.
SIE HAT EINE CHANCE, AUCH WENN SIE NUR KLEIN IST.
ICH WERDE SIE IN SICHERHEIT BRINGEN.
ABER MACH DIR BITTE KEINE ...
... ZU GROSSEN HOFFNUNGEN.
OKAY ...

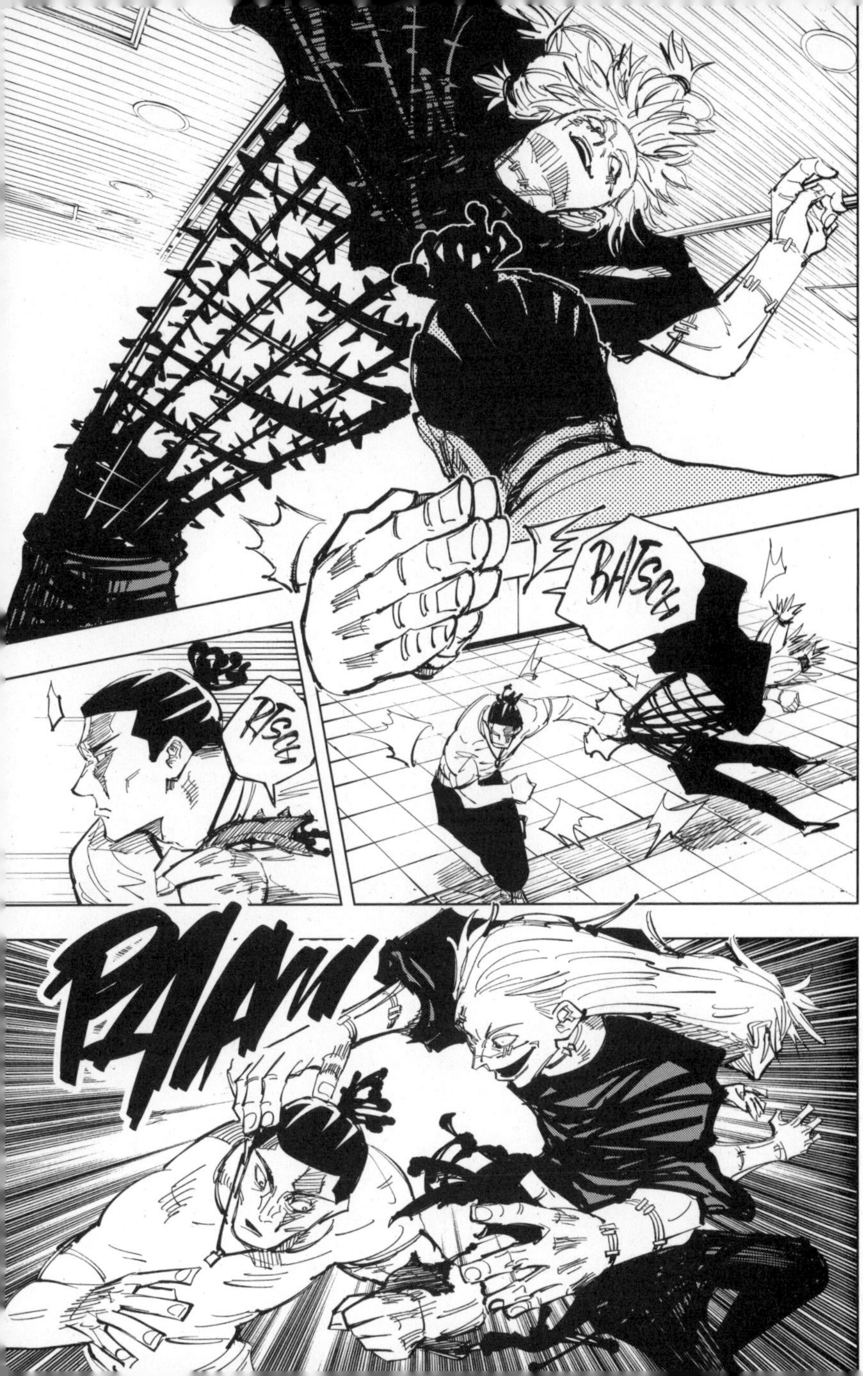
BATSCH
PATSCH

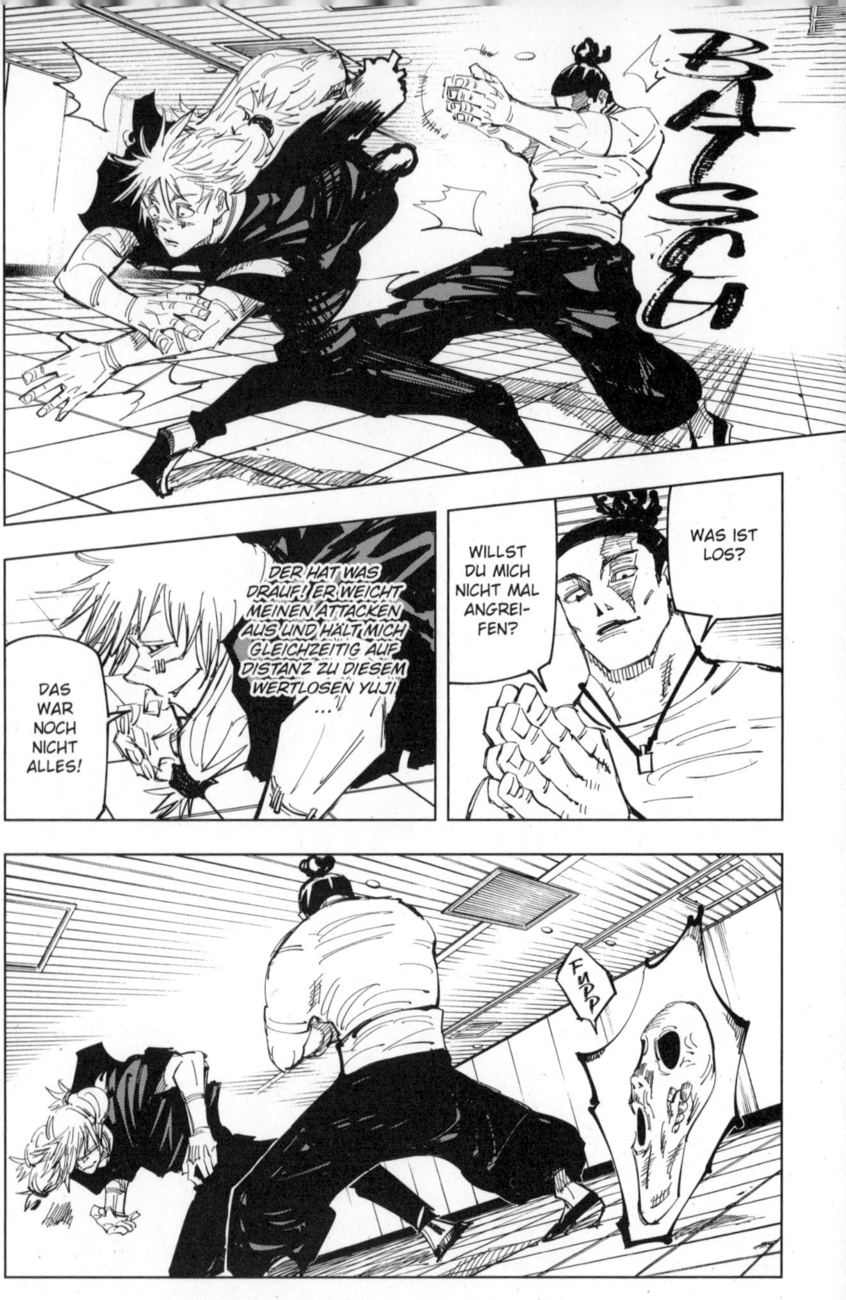

WAS IST LOS?
WILLST DU MICH NICHT MAL ANGREI-FEN?
DER HAT WAS DRAUF! ER WEICHT MEINEN ATTACKEN AUS UND HÄLT MICH GLEICHZEITIG AUF DISTANZ ZU DIESEM WERTLOSEN YUJI ...
DAS WAR NOCH NICHT ALLES!
FUPP

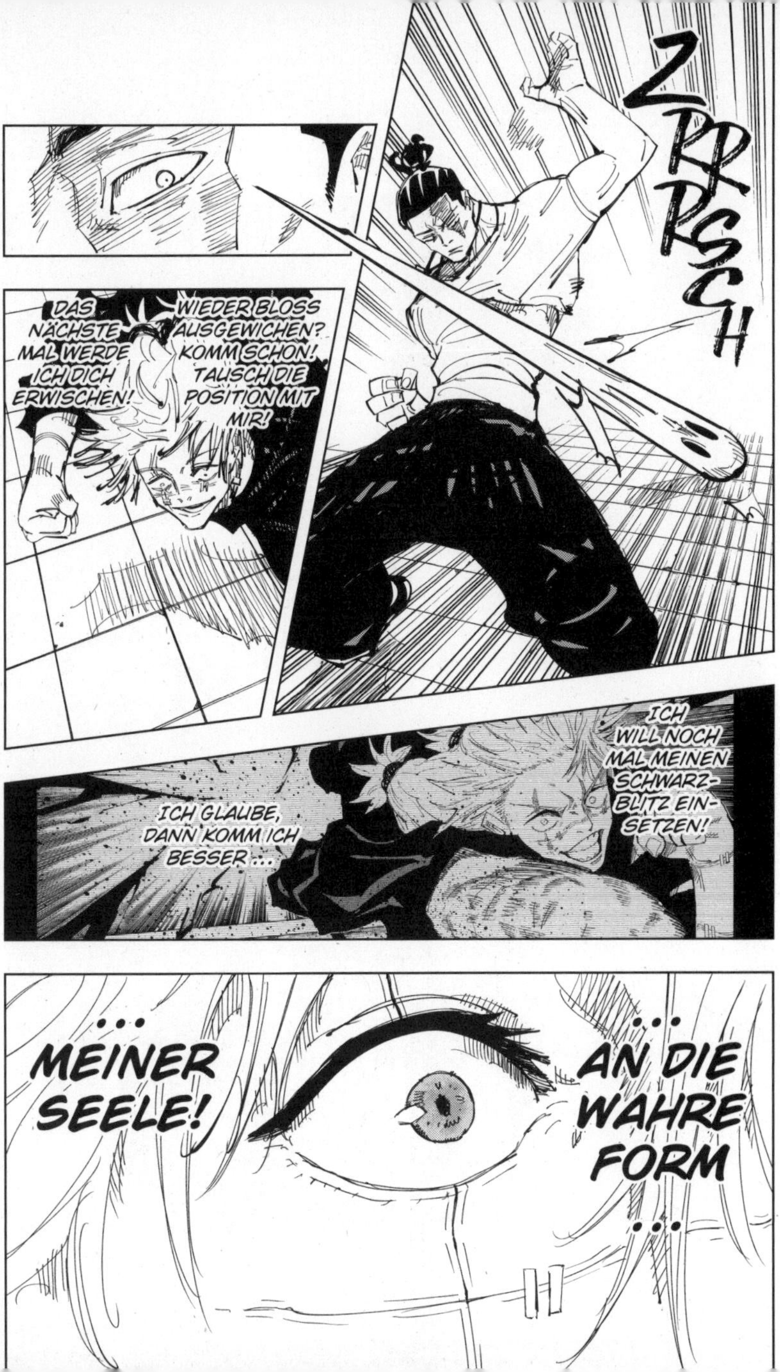
ZRRRSCH
WIEDER BLOSS AUSGEWICHEN? KOMM SCHON! TAUSCH DIE POSITION MIT MIR!
DAS NÄCHSTE MAL WERDE ICH DICH ERWISCHEN!
ICH WILL NOCH MAL MEINEN SCHWARZ-BLITZ EIN-SETZEN!
ICH GLAUBE, DANN KOMM ICH BESSER …
… AN DIE WAHRE FORM …
… MEINER SEELE!

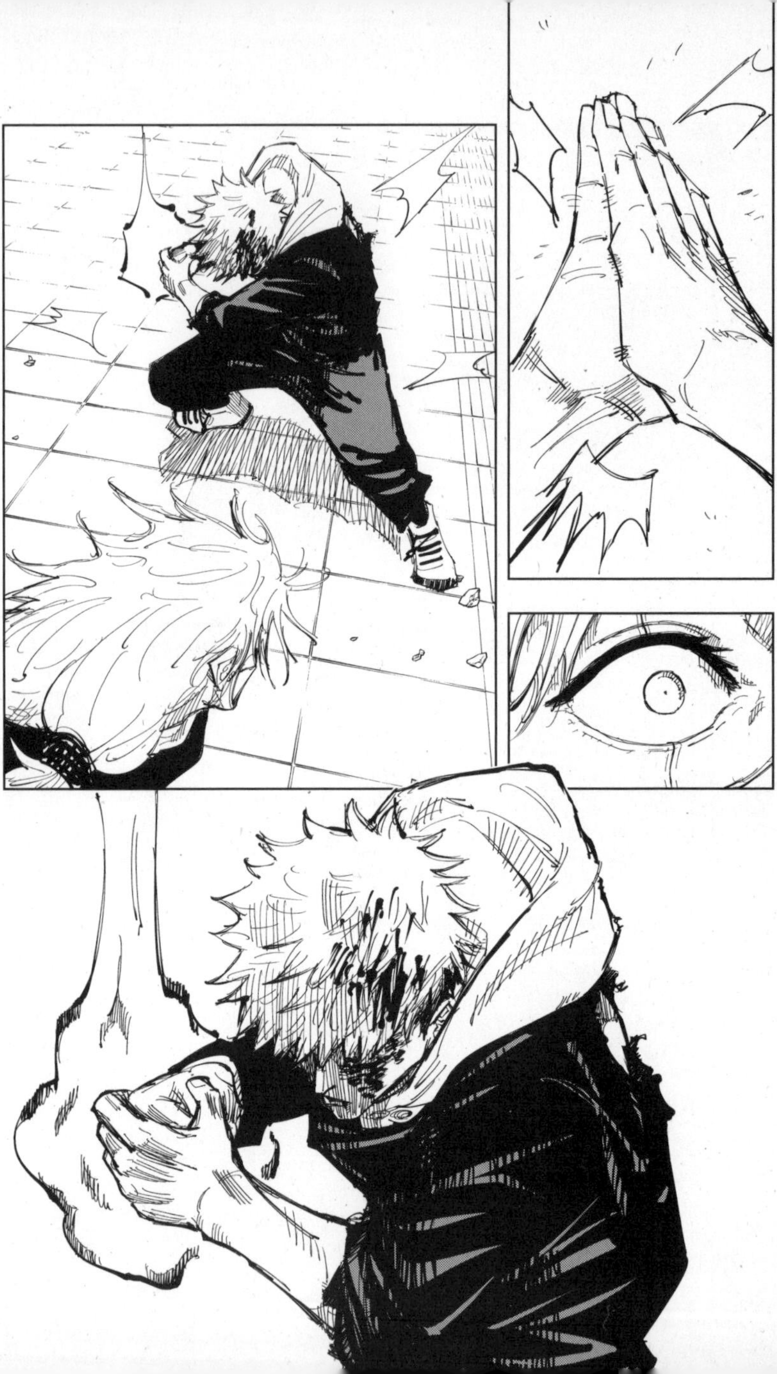

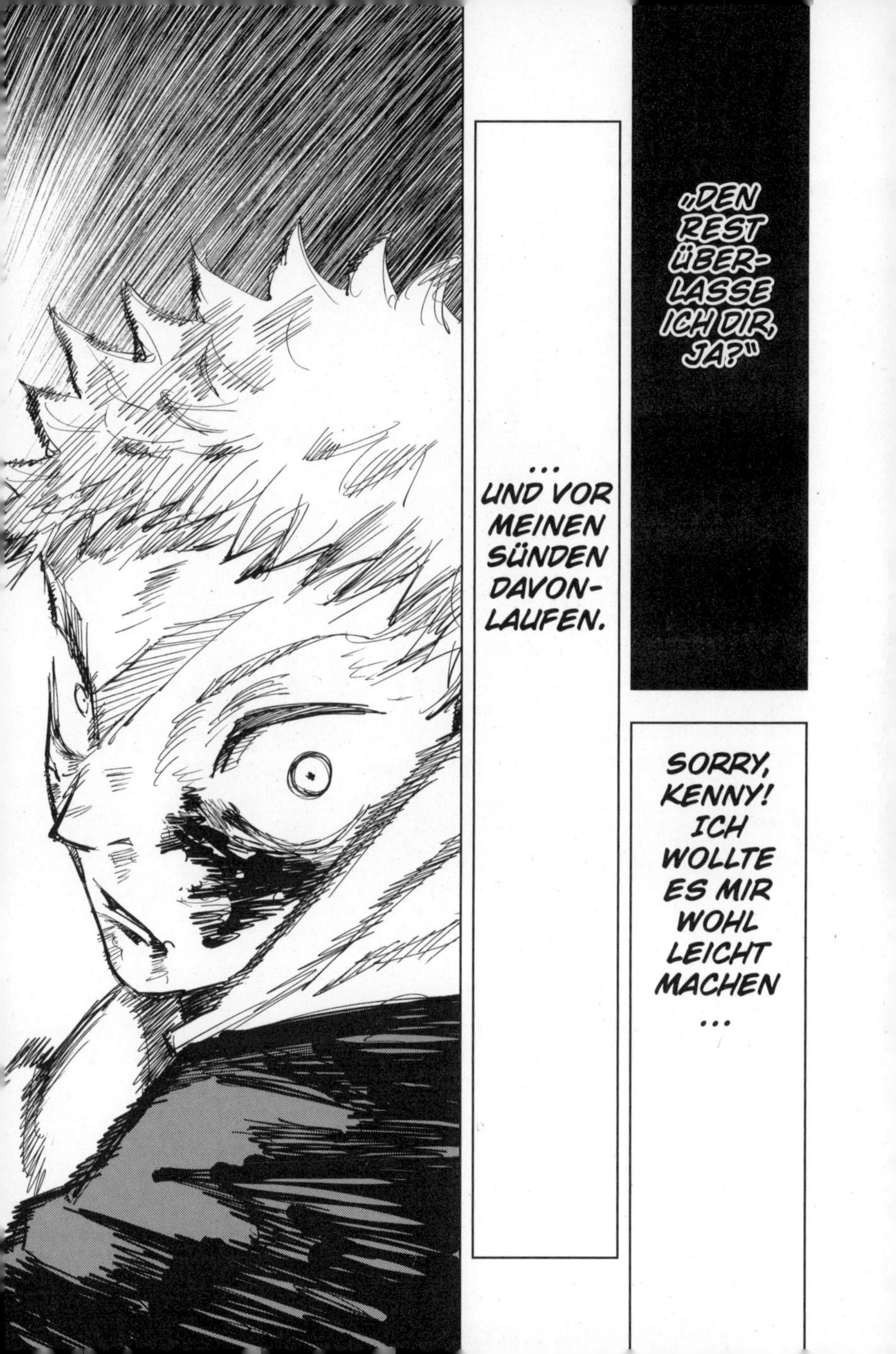
„DEN REST ÜBER-LASSE ICH DIR, JA?“
SORRY, KENNY! ICH WOLLTE ES MIR WOHL LEICHT MACHEN …
… UND VOR MEINEN SÜNDEN DAVON-LAUFEN.

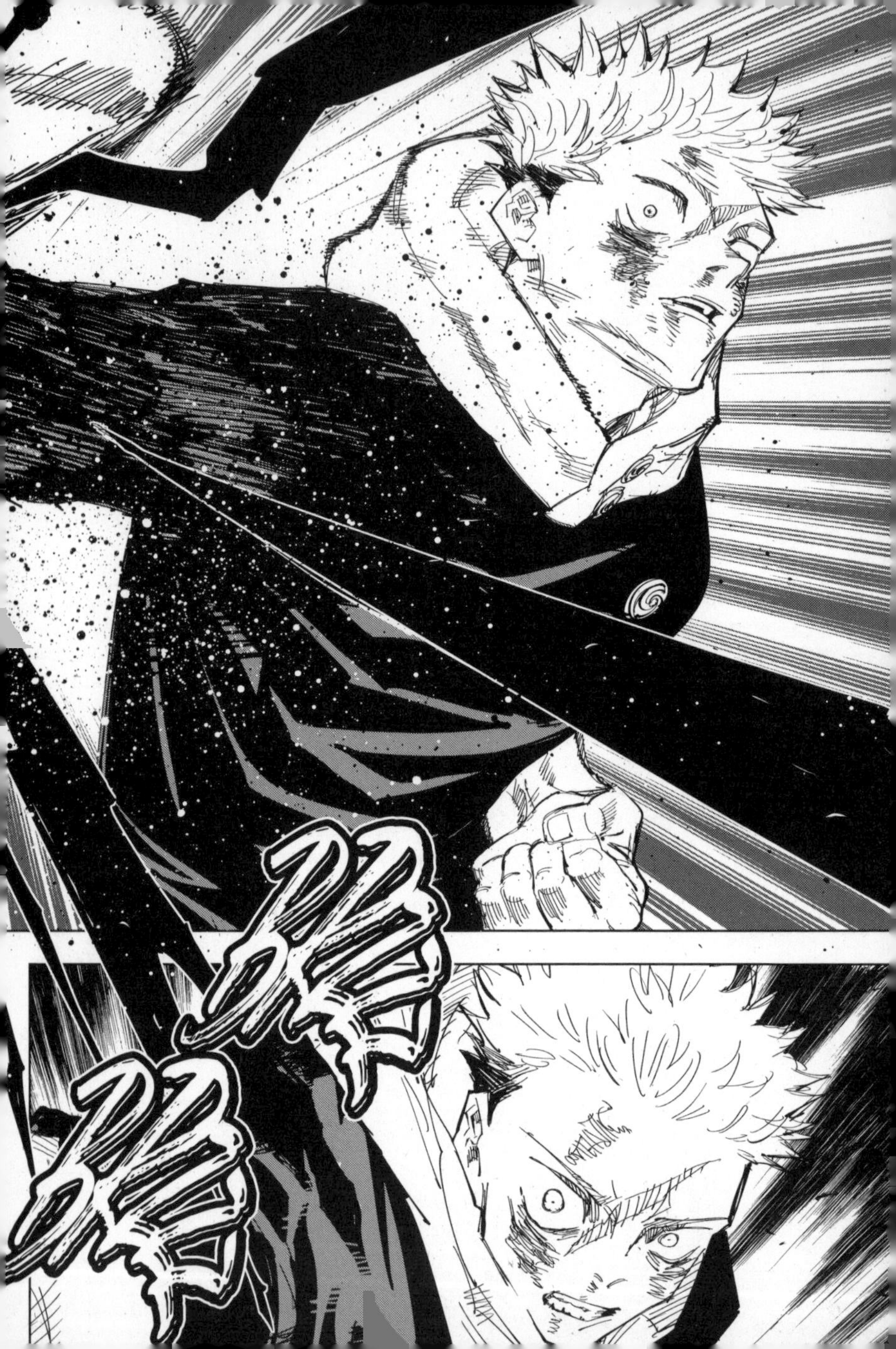

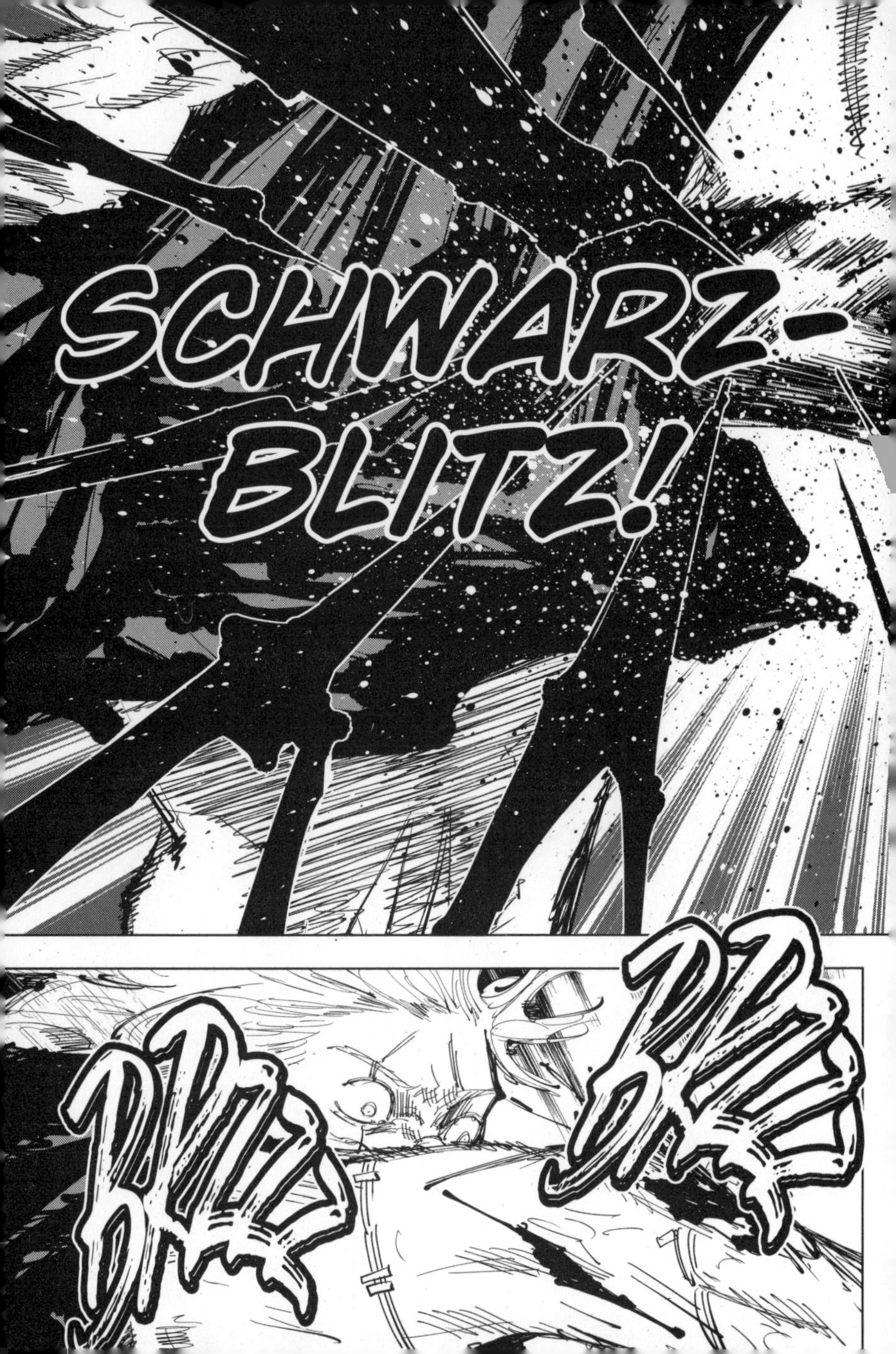
SCHWARZ-
BLITZ!

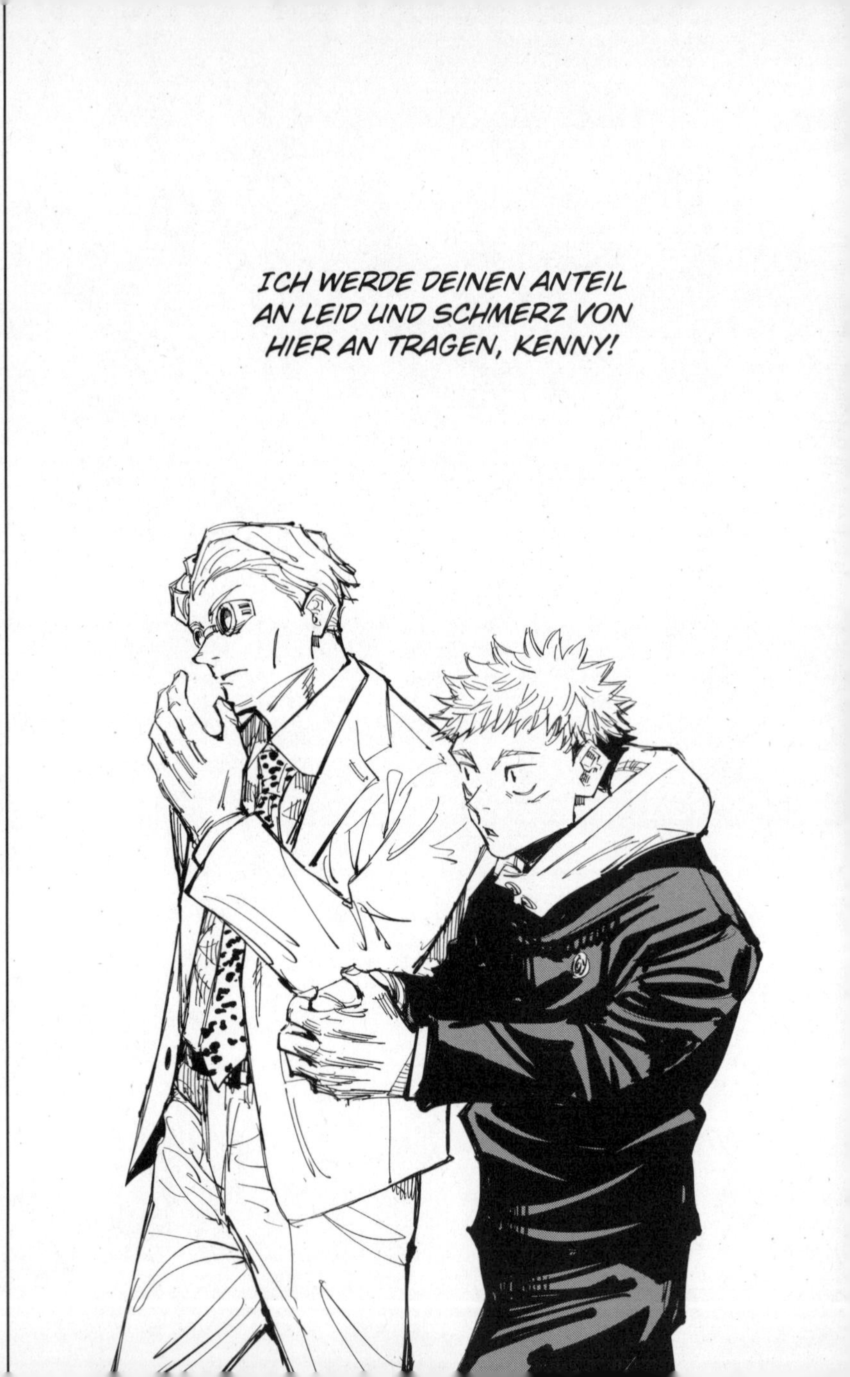
ICH WERDE DEINEN ANTEIL AN LEID UND SCHMERZ VON HIER AN TRAGEN, KENNY!

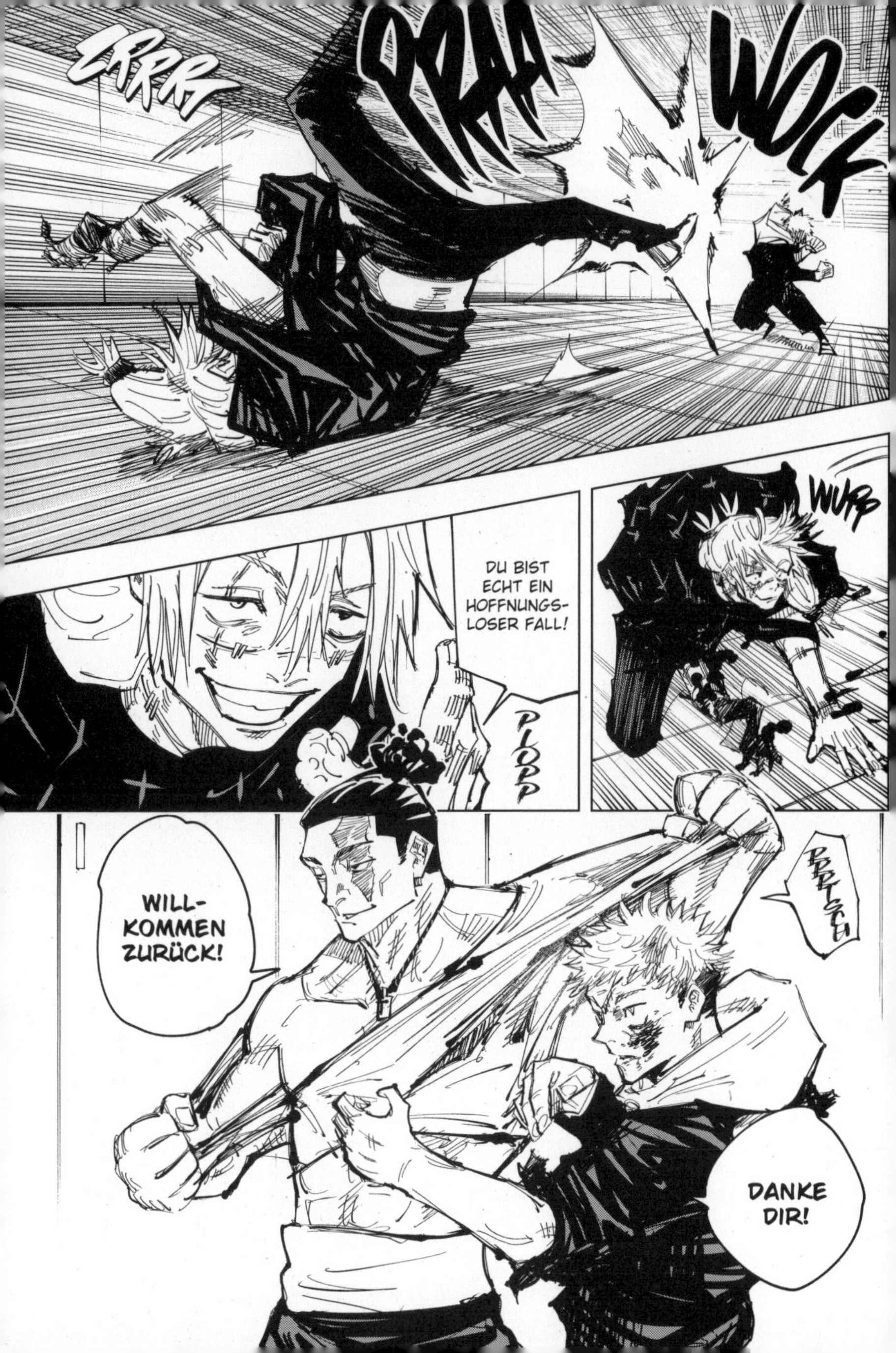

WOCK
DRAA
ZRRR
WUPP
DU BIST ECHT EIN HOFFNUNGSLOSER FALL!
PLOPP
RRRITSCH
WILLKOMMEN ZURÜCK!
DANKE DIR!

Es ist entschieden! Die magische Technik „Non-Infimum" ③

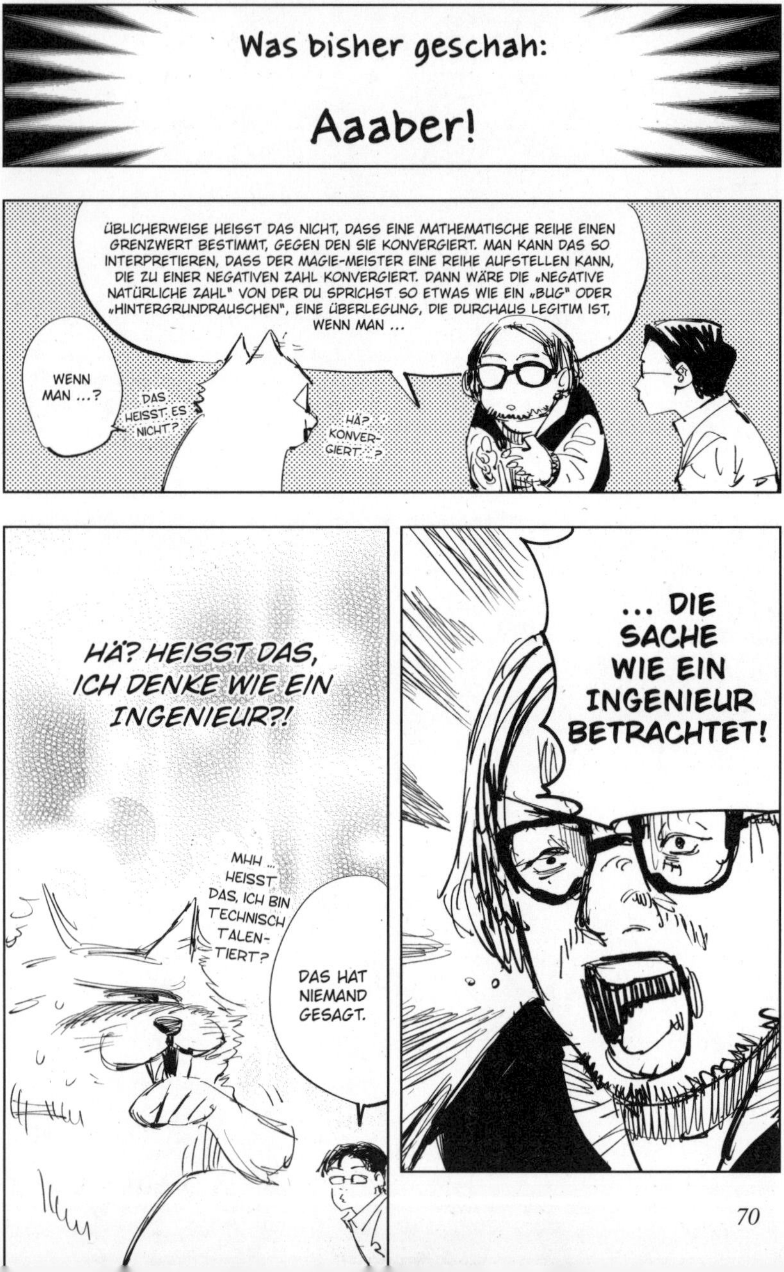

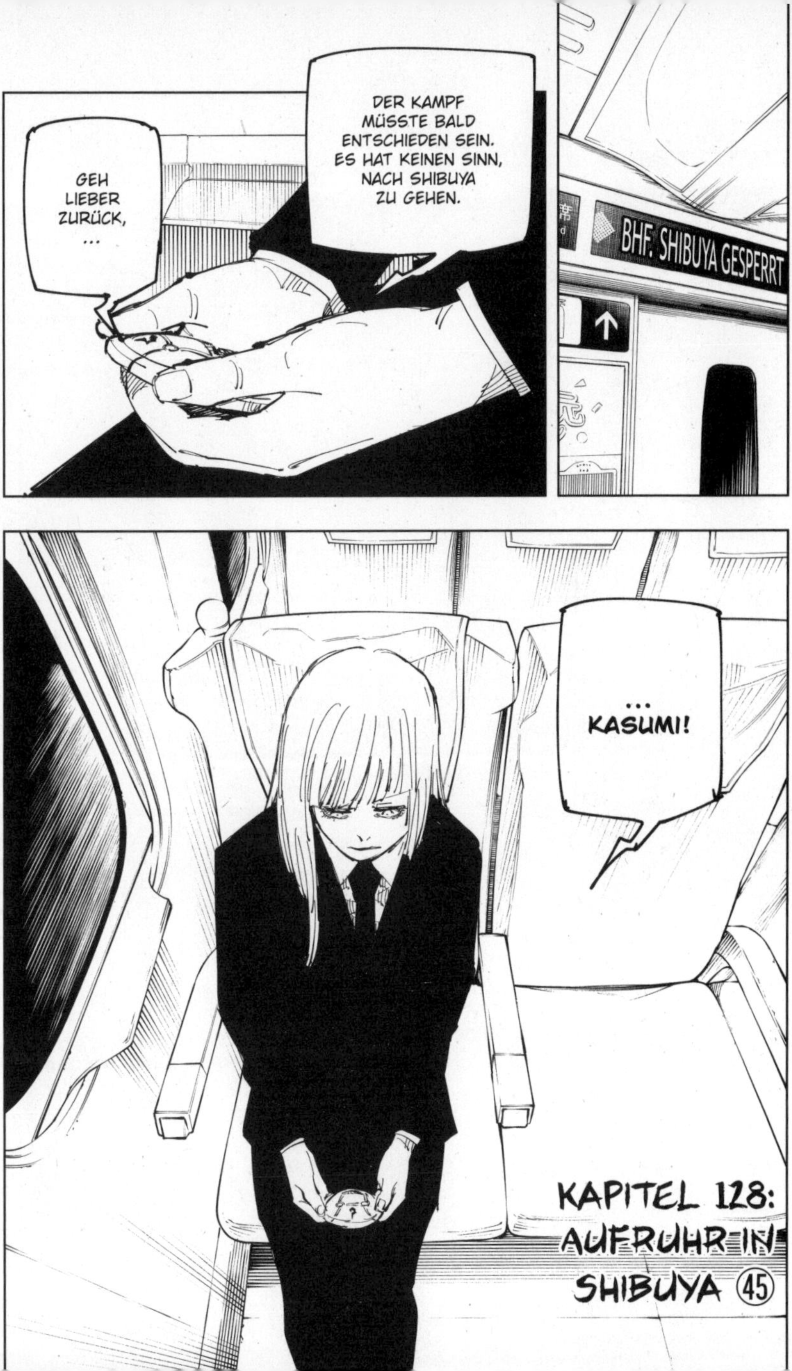
BHF. SHIBUYA GESPERRT
DER KAMPF MÜSSTE BALD ENTSCHIEDEN SEIN. ES HAT KEINEN SINN, NACH SHIBUYA ZU GEHEN.
GEH LIEBER ZURÜCK, ...
... KASUMI!
KAPITEL 128: AUFRUHR IN SHIBUYA 45

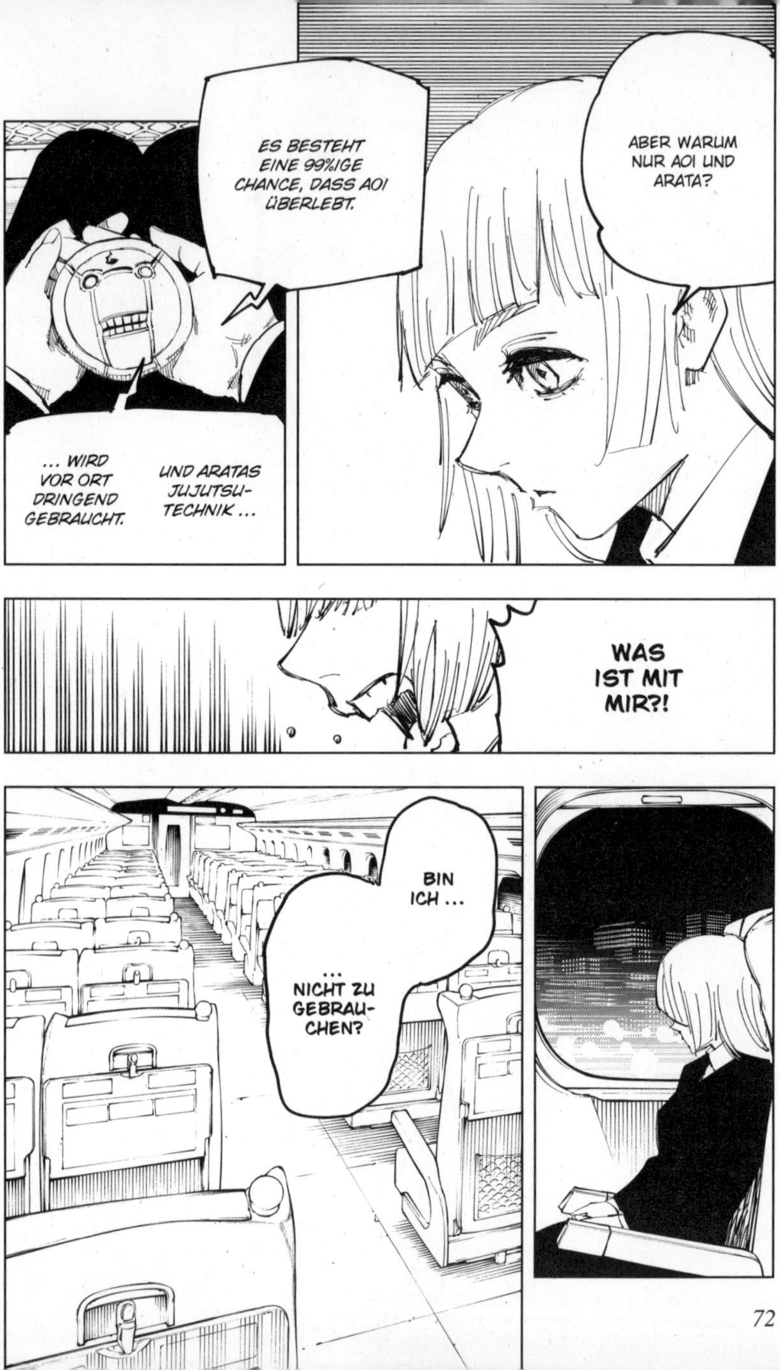
ABER WARUM NUR AOI UND ARATA?
ES BESTEHT EINE 99%IGE CHANCE, DASS AOI ÜBERLEBT.
UND ARATAS JUJUTSU-TECHNIK ...
... WIRD VOR ORT DRINGEND GEBRAUCHT.
WAS IST MIT MIR?!
BIN ICH ...
... NICHT ZU GEBRAU-CHEN?

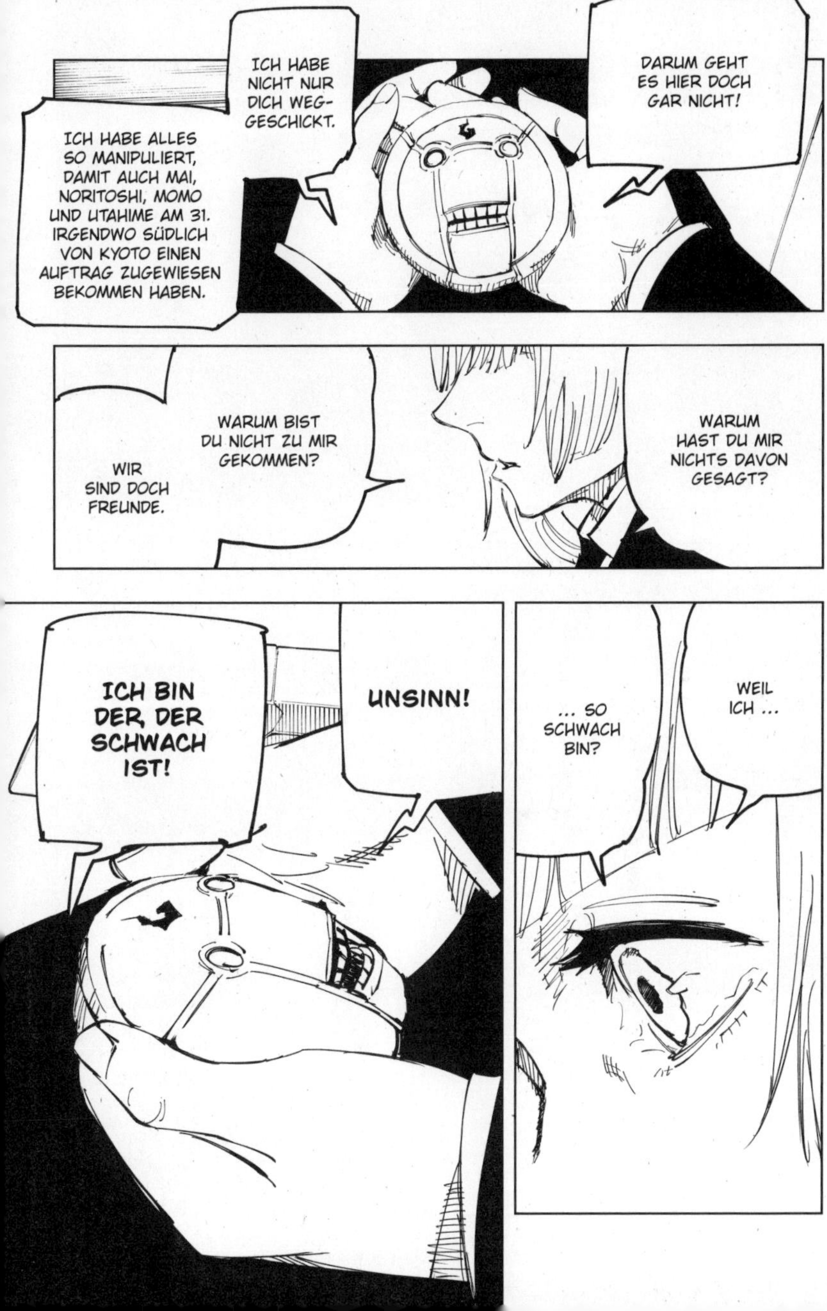
DARUM GEHT ES HIER DOCH GAR NICHT!
ICH HABE NICHT NUR DICH WEG-GESCHICKT.
ICH HABE ALLES SO MANIPULIERT, DAMIT AUCH MAI, NORITOSHI, MOMO UND UTAHIME AM 31. IRGENDWO SÜDLICH VON KYOTO EINEN AUFTRAG ZUGEWIESEN BEKOMMEN HABEN.
WARUM HAST DU MIR NICHTS DAVON GESAGT?
WARUM BIST DU NICHT ZU MIR GEKOMMEN?
WIR SIND DOCH FREUNDE.
WEIL ICH ...
... SO SCHWACH BIN?
UNSINN!
ICH BIN DER, DER SCHWACH IST!

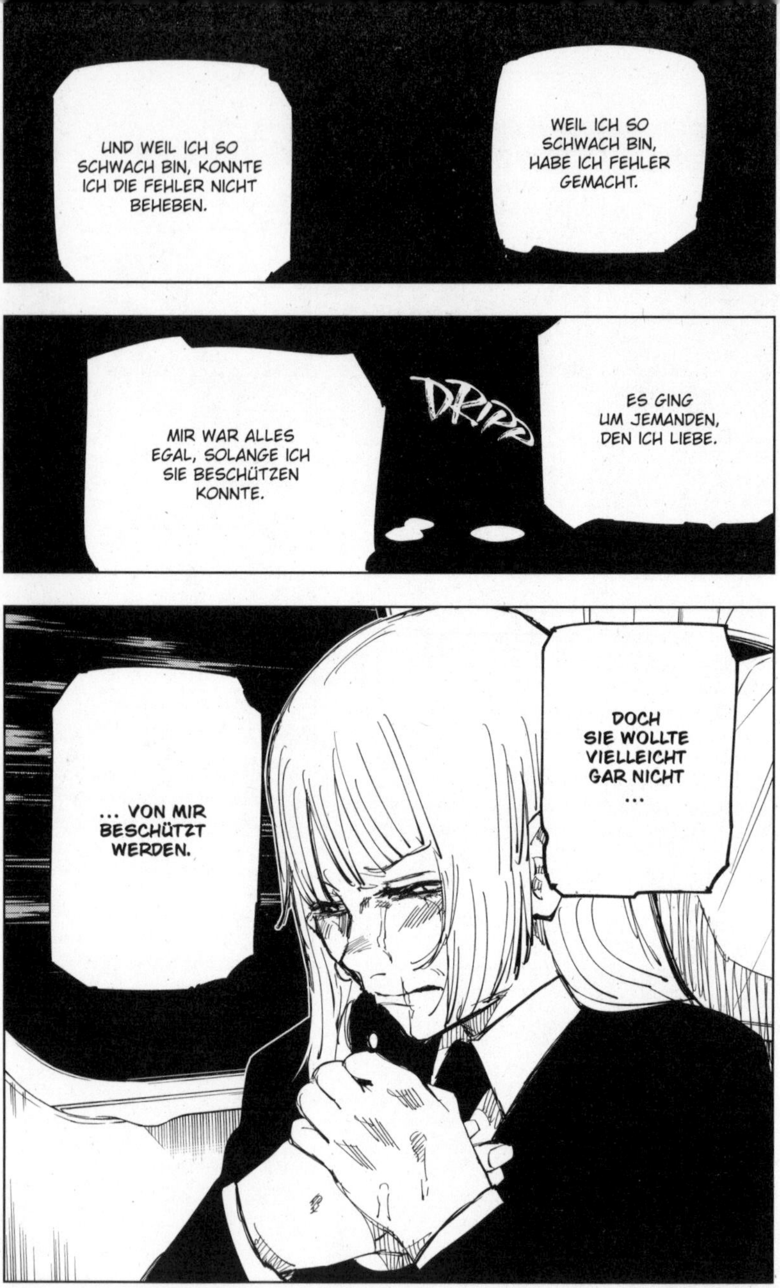
WEIL ICH SO SCHWACH BIN, HABE ICH FEHLER GEMACHT.
UND WEIL ICH SO SCHWACH BIN, KONNTE ICH DIE FEHLER NICHT BEHEBEN.
ES GING UM JEMANDEN, DEN ICH LIEBE.
DRIPP
MIR WAR ALLES EGAL, SOLANGE ICH SIE BESCHÜTZEN KONNTE.
DOCH SIE WOLLTE VIELLEICHT GAR NICHT ...
... VON MIR BESCHÜTZT WERDEN.

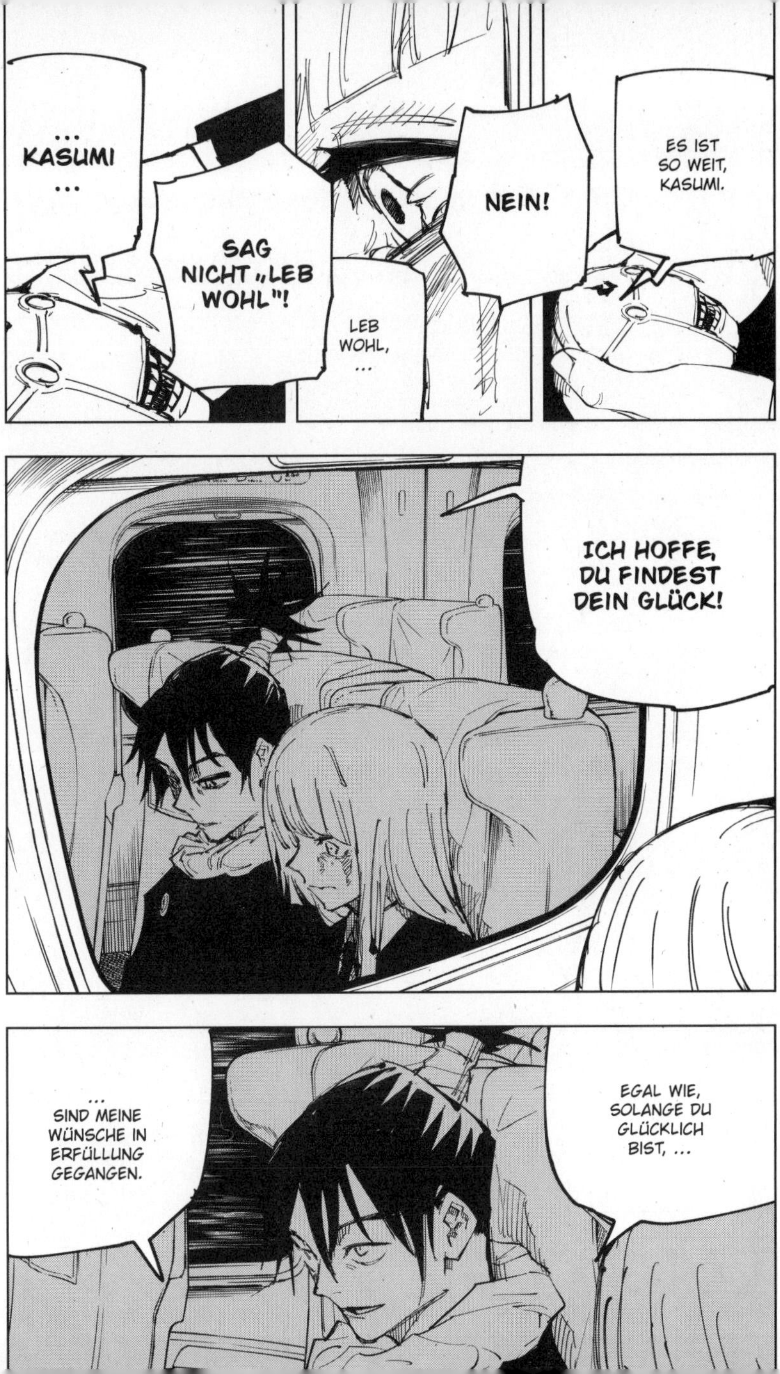
ES IST SO WEIT, KASUMI.
LEB WOHL, ...
NEIN!
SAG NICHT „LEB WOHL"!
... KASUMI ...
ICH HOFFE, DU FINDEST DEIN GLÜCK!
EGAL WIE, SOLANGE DU GLÜCKLICH BIST, ...
... SIND MEINE WÜNSCHE IN ERFÜLLUNG GEGANGEN.

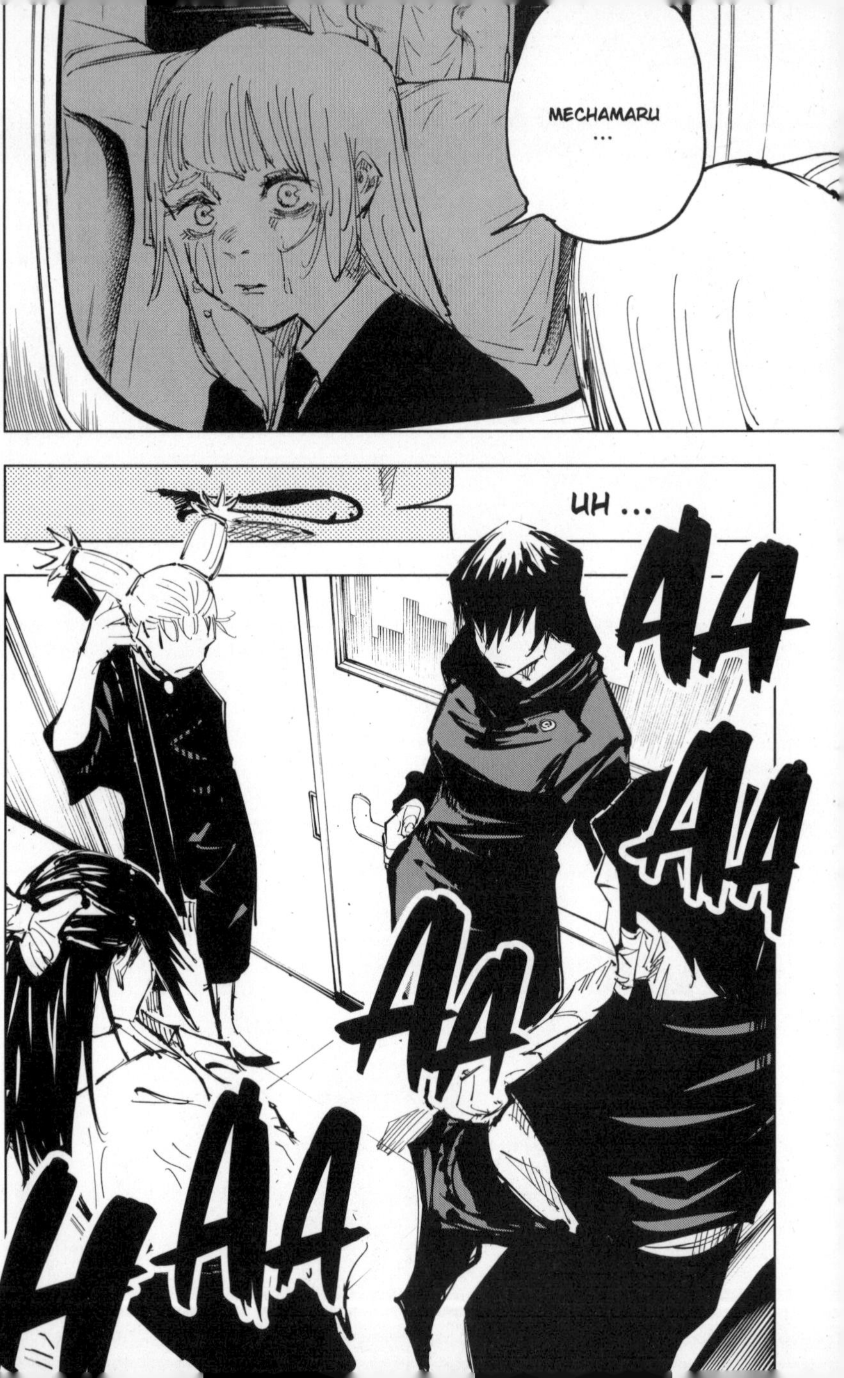
MECHAMARU
...
UH ...
AAAAAAAAHAA

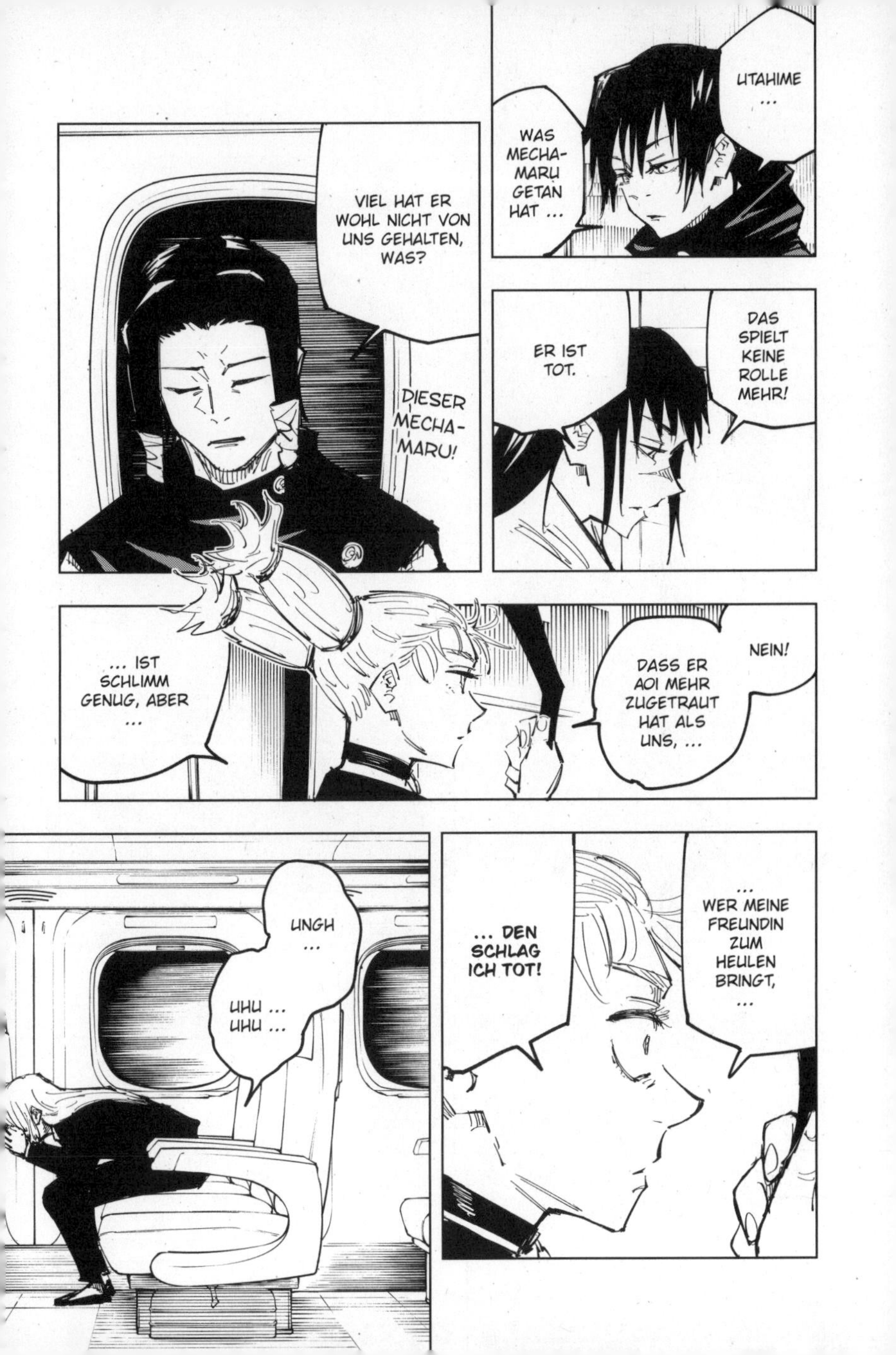
UTAHIME …
WAS MECHAMARU GETAN HAT …
DAS SPIELT KEINE ROLLE MEHR!
ER IST TOT.
VIEL HAT ER WOHL NICHT VON UNS GEHALTEN, WAS?
DIESER MECHAMARU!
NEIN!
DASS ER AOI MEHR ZUGETRAUT HAT ALS UNS, …
… IST SCHLIMM GENUG, ABER …
… WER MEINE FREUNDIN ZUM HEULEN BRINGT, …
… DEN SCHLAG ICH TOT!
UNGH …
UHU … UHU …

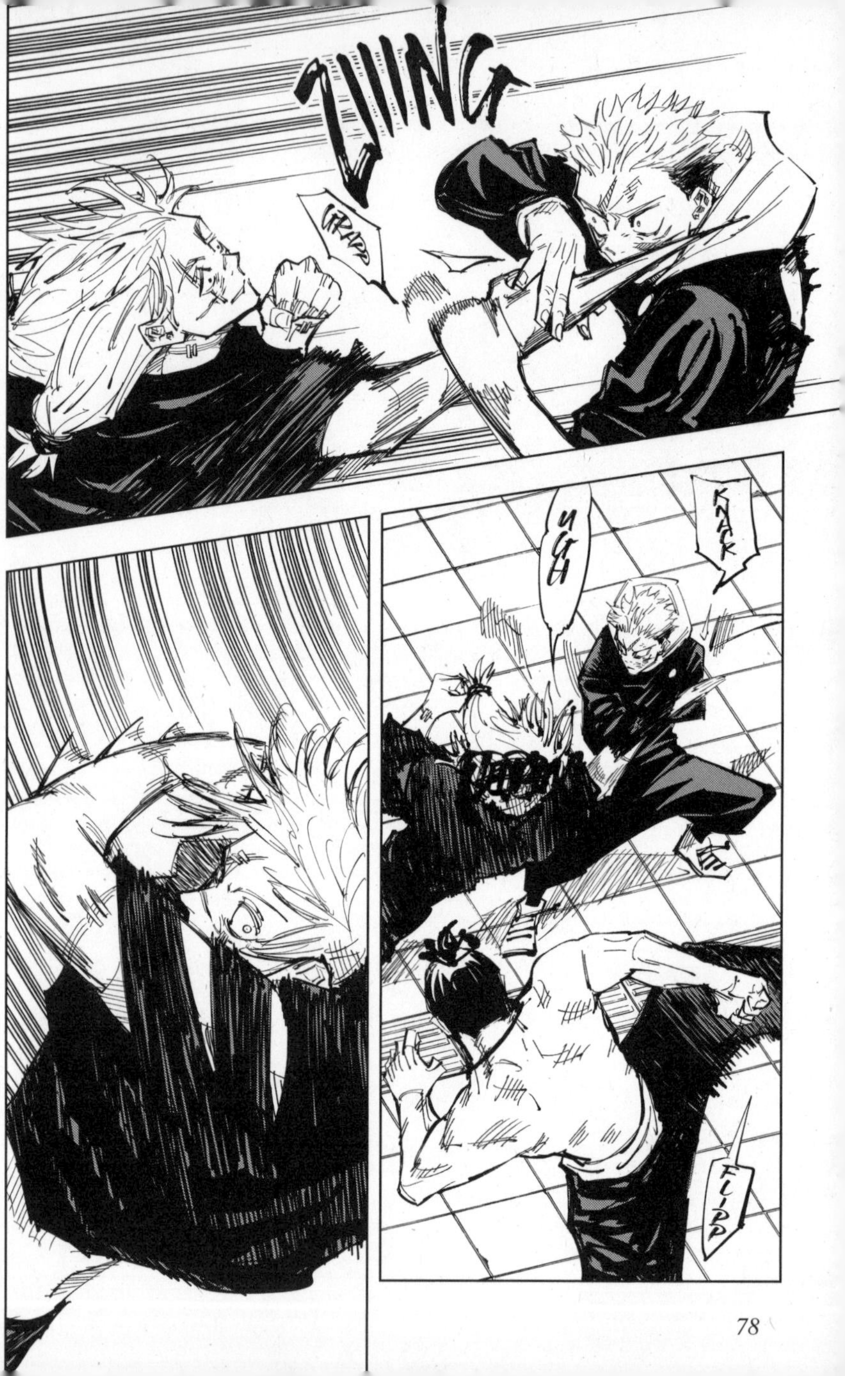
ZIIING
GRABB
KNACK
UGH
FLIPP

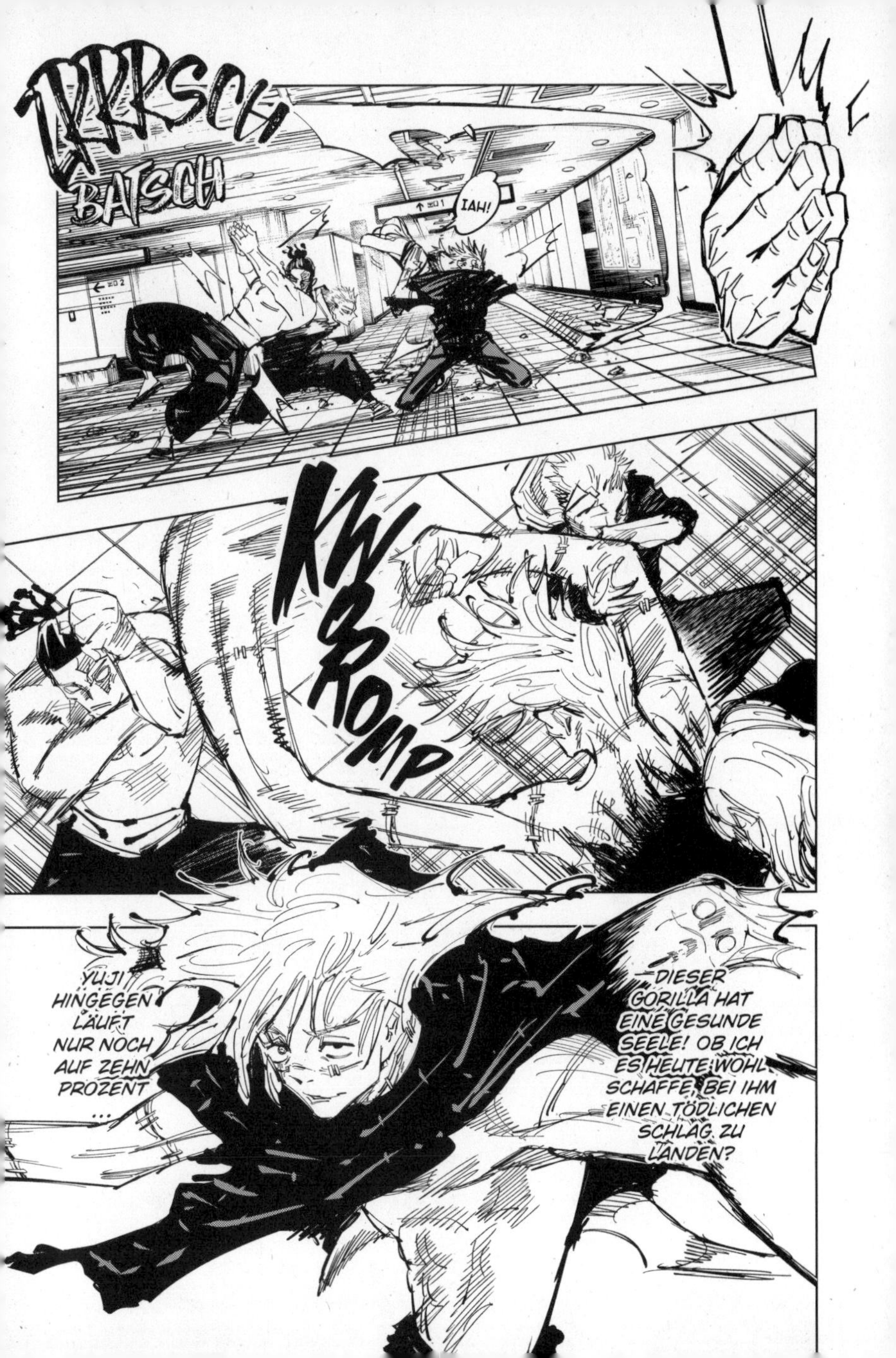
RRRSCH
BATSCH
IAH!
KWSROMP
DIESER GORILLA HAT EINE GESUNDE SEELE! OB ICH ES HEUTE WOHL SCHAFFE, BEI IHM EINEN TÖDLICHEN SCHLAG ZU LANDEN?
YUJI HINGEGEN LÄUFT NUR NOCH AUF ZEHN PROZENT …

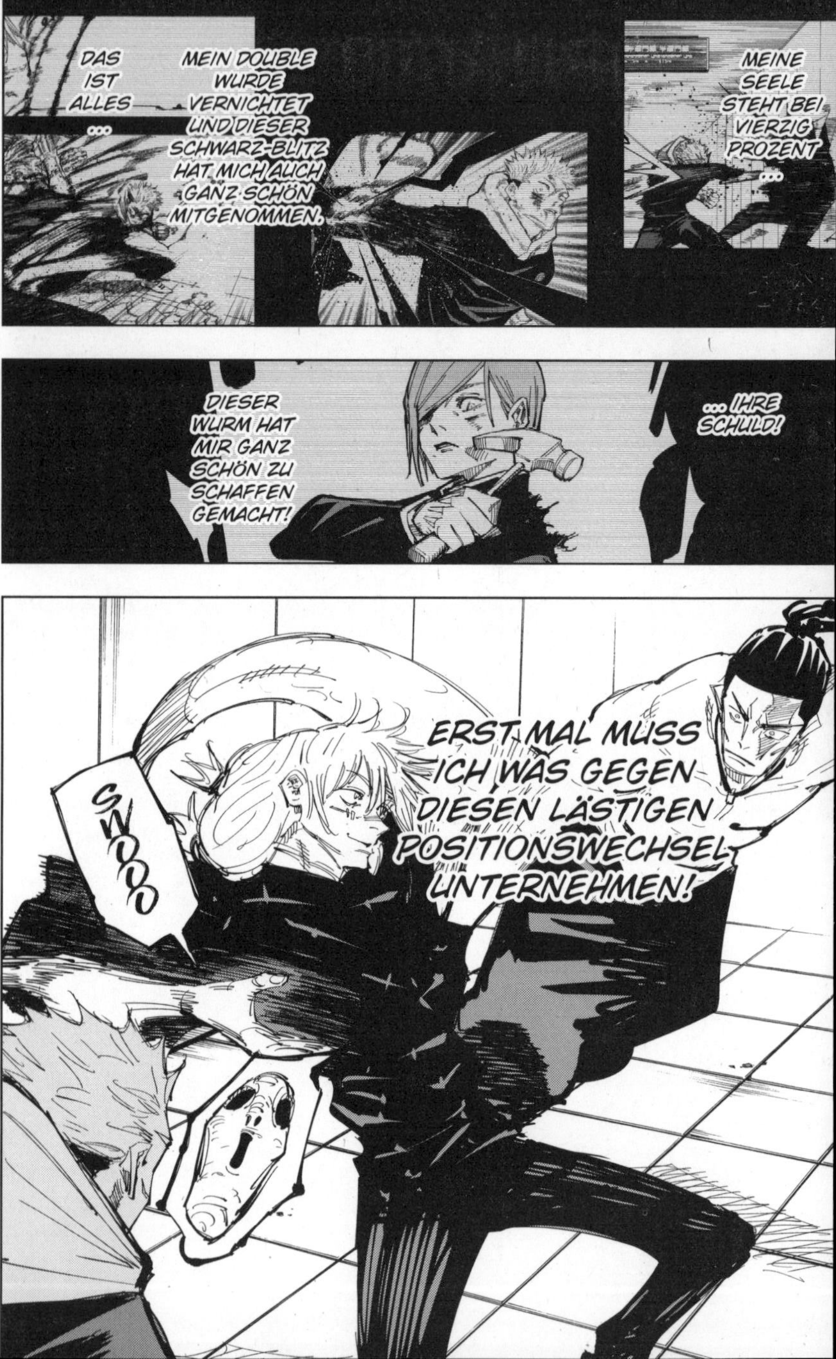
MEINE SEELE STEHT BEI VIERZIG PROZENT ...
MEIN DOUBLE WURDE VERNICHTET UND DIESER SCHWARZ-BLITZ HAT MICH AUCH GANZ SCHÖN MITGENOMMEN.
DAS IST ALLES ...
... IHRE SCHULD!
DIESER WURM HAT MIR GANZ SCHÖN ZU SCHAFFEN GEMACHT!
ERST MAL MUSS ICH WAS GEGEN DIESEN LÄSTIGEN POSITIONSWECHSEL UNTERNEHMEN!
SWOOO

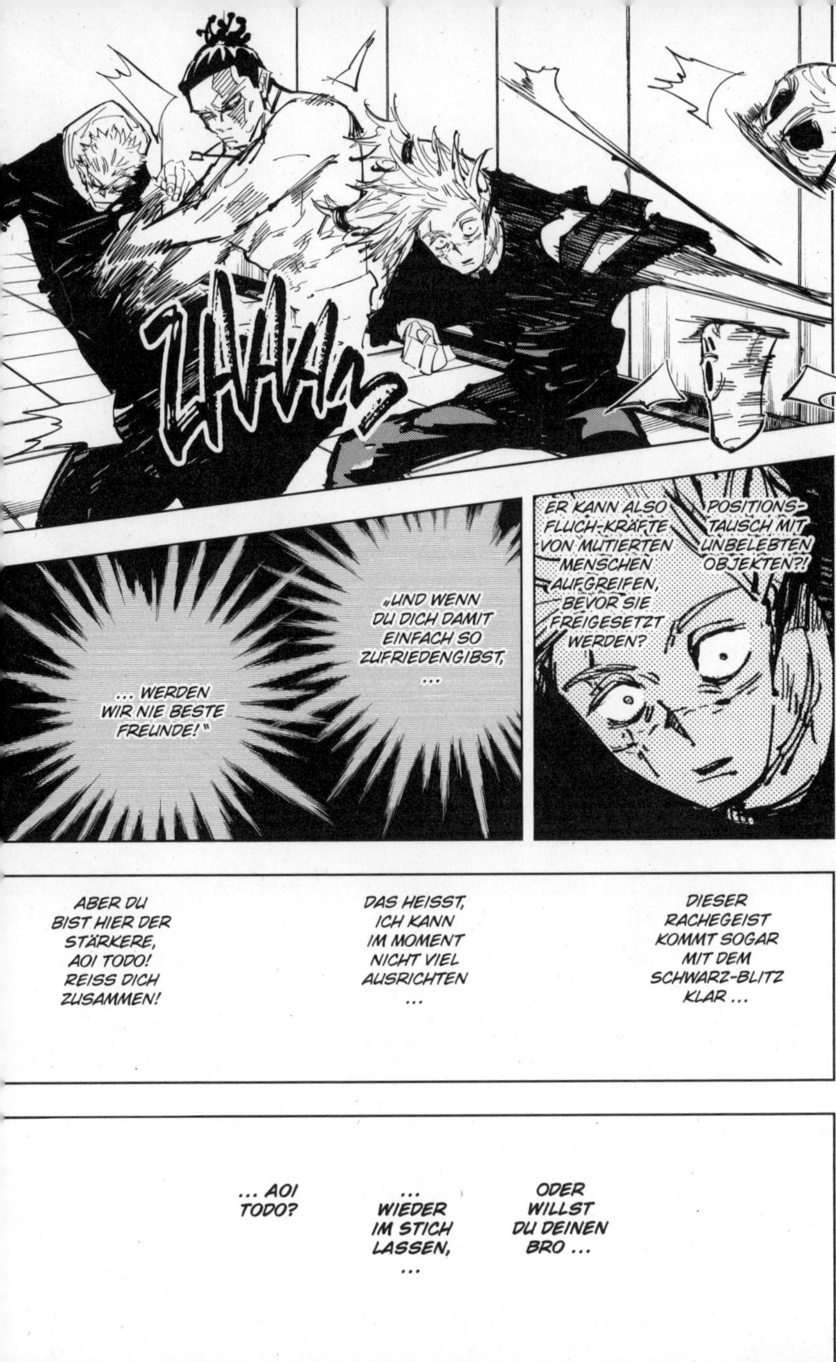
POSITIONS-TAUSCH MIT UNBELEBTEN OBJEKTEN?!
ER KANN ALSO FLUCH-KRÄFTE VON MUTIERTEN MENSCHEN AUFGREIFEN, BEVOR SIE FREIGESETZT WERDEN?
„UND WENN DU DICH DAMIT EINFACH SO ZUFRIEDENGIBST, …
… WERDEN WIR NIE BESTE FREUNDE!“
DIESER RACHEGEIST KOMMT SOGAR MIT DEM SCHWARZ-BLITZ KLAR …
DAS HEISST, ICH KANN IM MOMENT NICHT VIEL AUSRICHTEN …
ABER DU BIST HIER DER STÄRKERE, AOI TODO! REISS DICH ZUSAMMEN!
ODER WILLST DU DEINEN BRO …
… WIEDER IM STICH LASSEN, …
… AOI TODO?

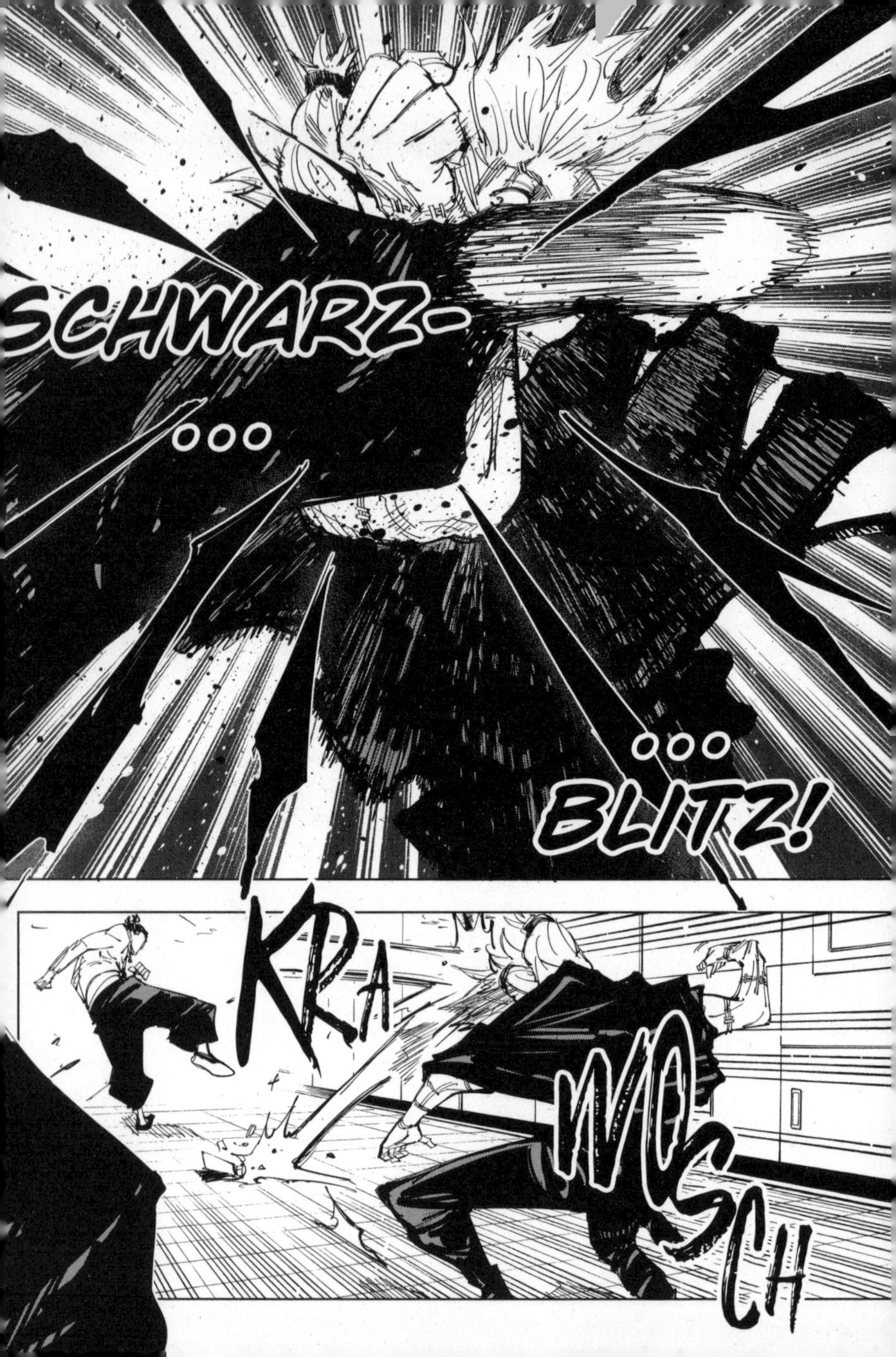
SCHWARZ-
...
... BLITZ!
KRA
WOSCH

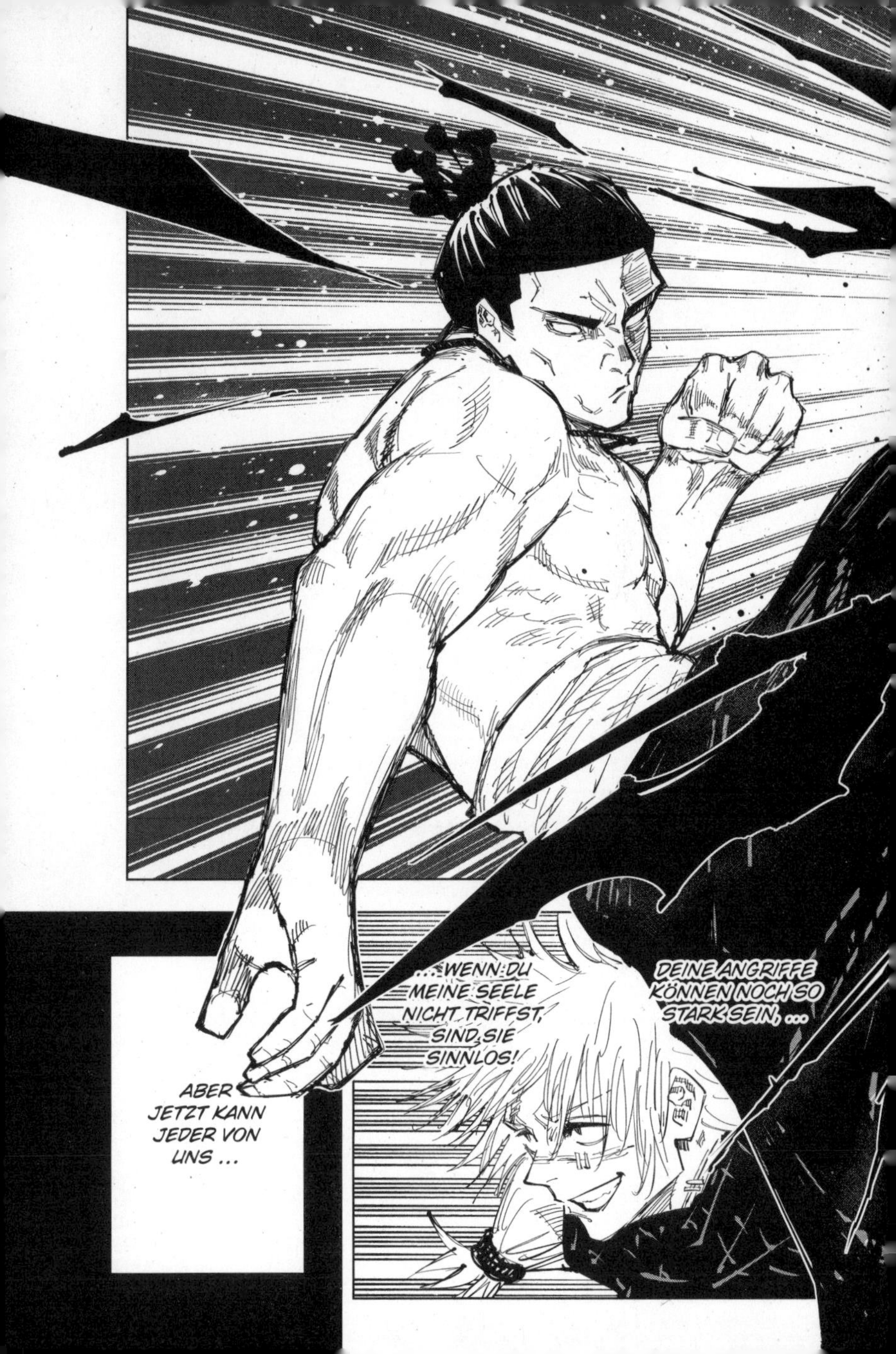
DEINE ANGRIFFE KÖNNEN NOCH SO STARK SEIN, ...
... WENN DU MEINE SEELE NICHT TRIFFST, SIND SIE SINNLOS!
ABER JETZT KANN JEDER VON UNS ...

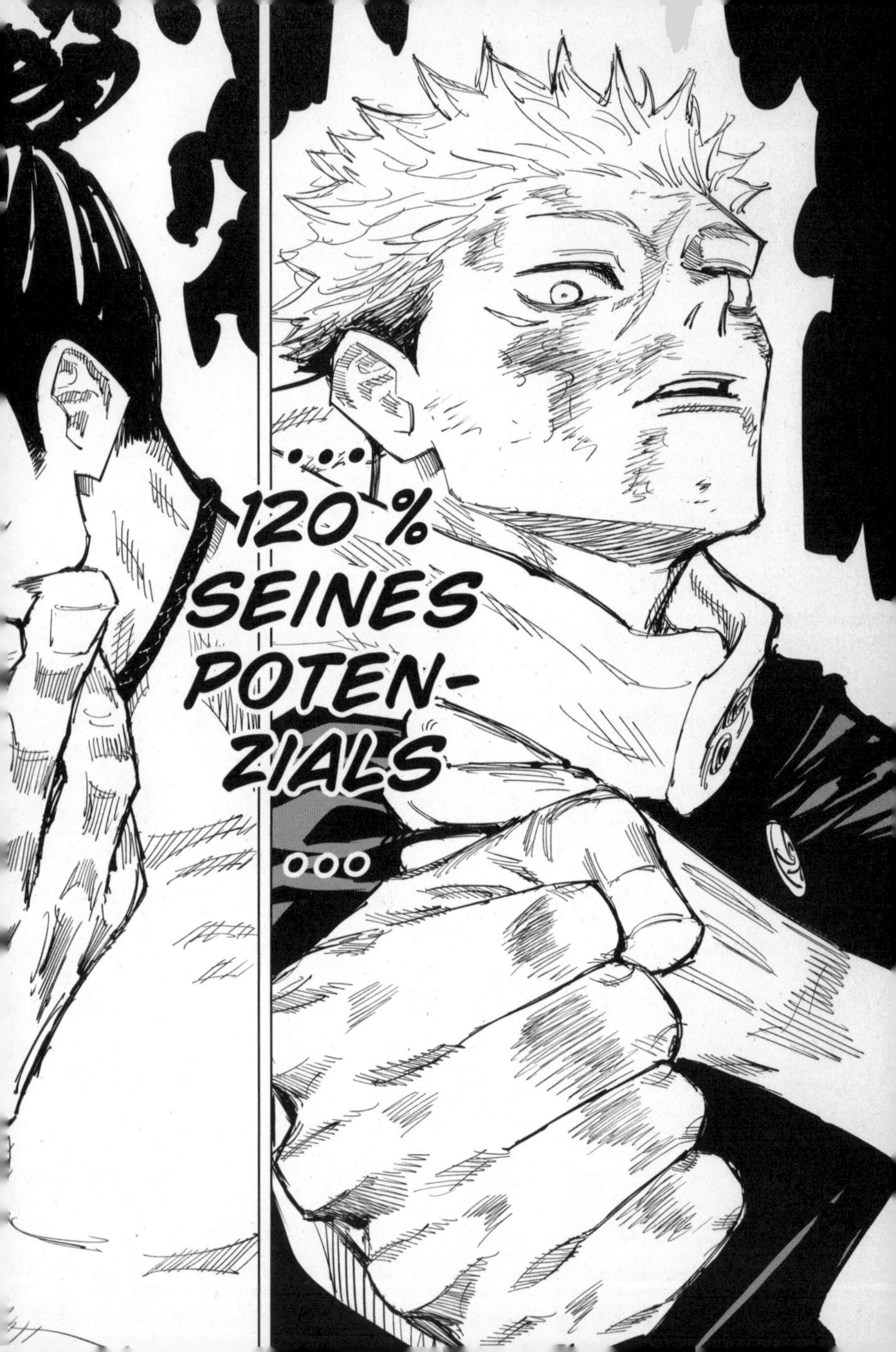
......
120 % SEINES POTEN-ZIALS
...

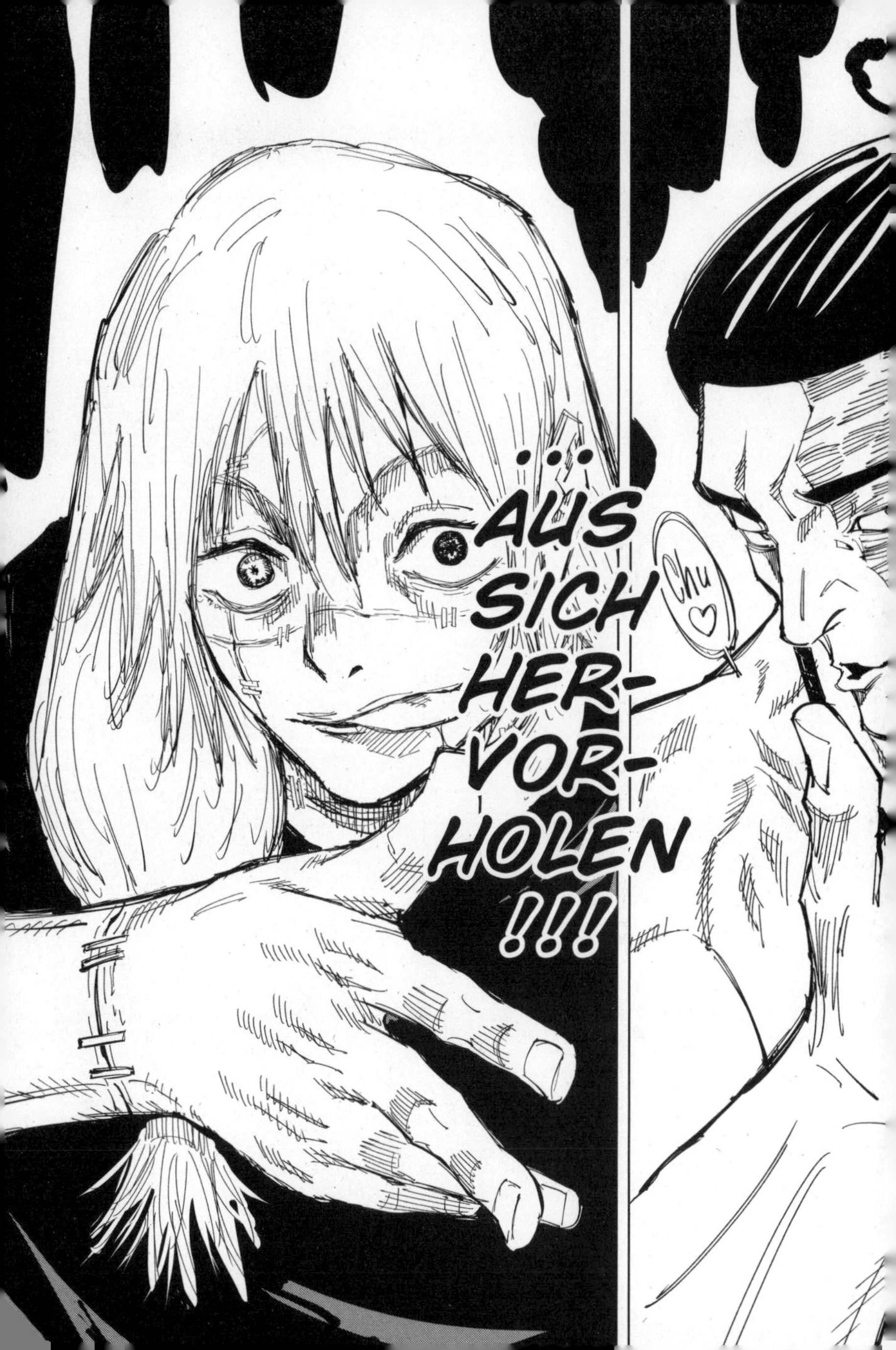
...AUS SICH HER-VOR-HOLEN!!!
Chu ♡

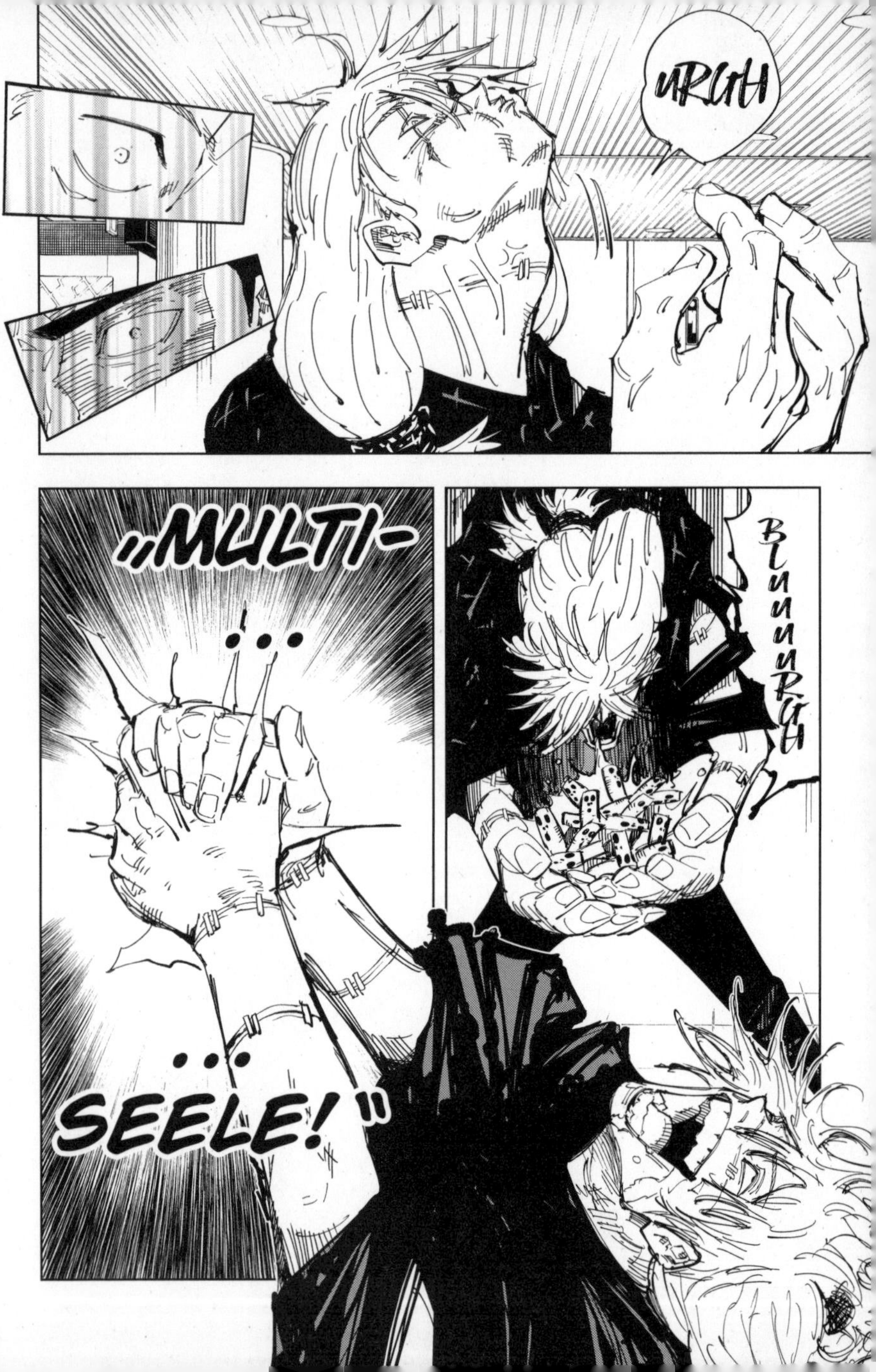
URGH
BLUUUUURGH
"MULTI-
...
...
SEELE!"

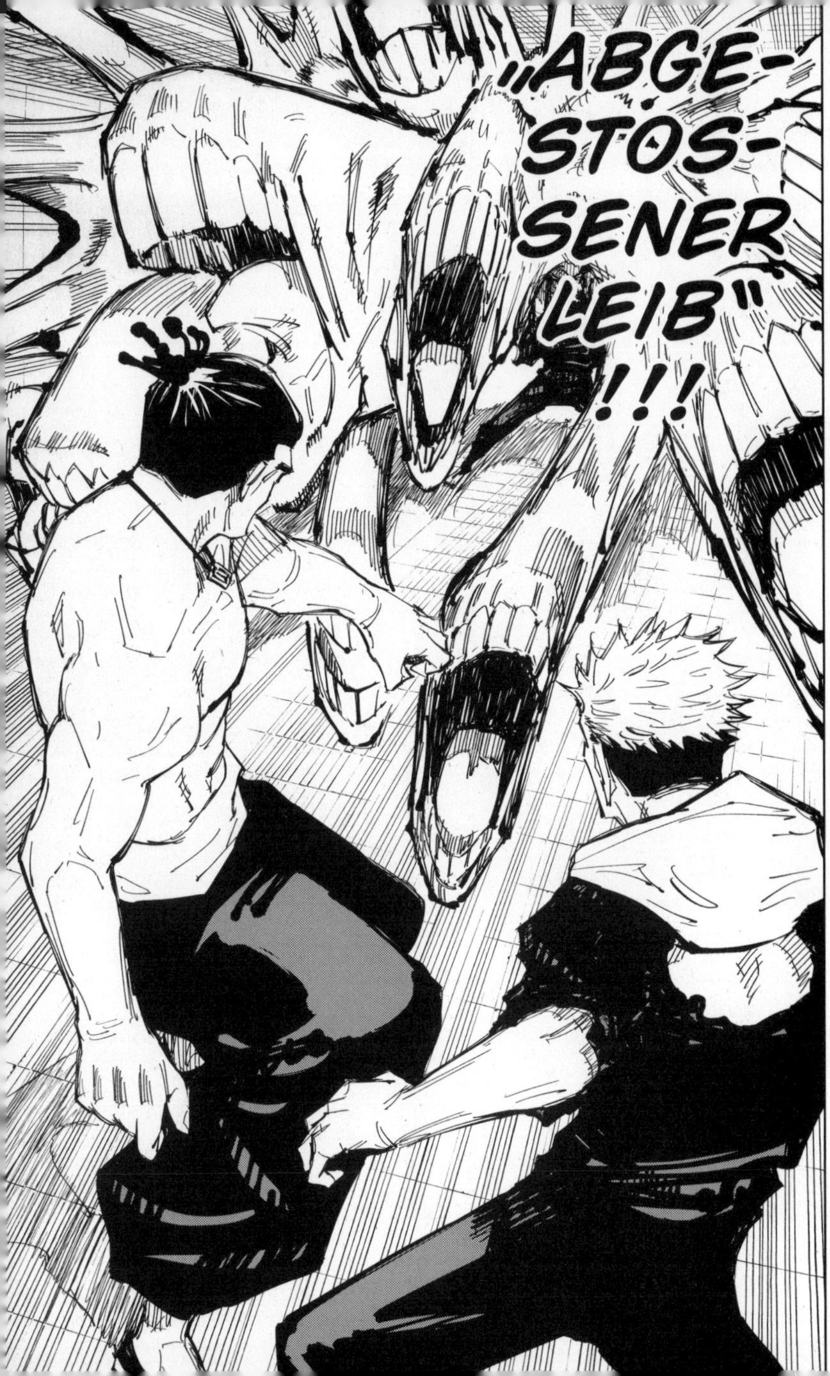
„ABGE-
STÖS-
SENER
LEIB"
!!!

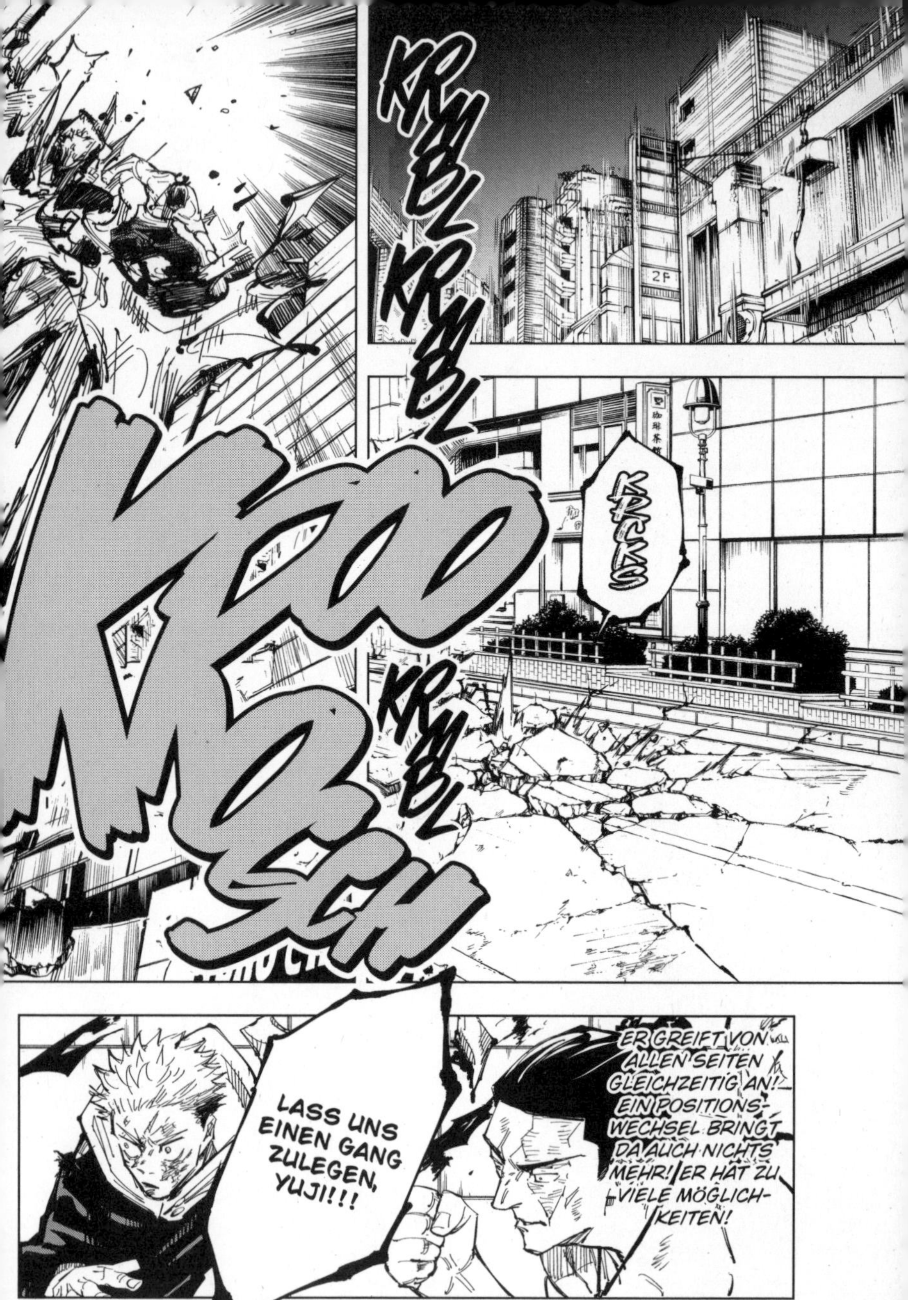

KRUMBL KRUMBL
KRACKS
KRACSCH
KRUMBL
LASS UNS EINEN GANG ZULEGEN, YUJI!!!
ER GREIFT VON ALLEN SEITEN GLEICHZEITIG AN! EIN POSITIONS-WECHSEL BRINGT DA AUCH NICHTS MEHR! ER HAT ZU VIELE MÖGLICH-KEITEN!

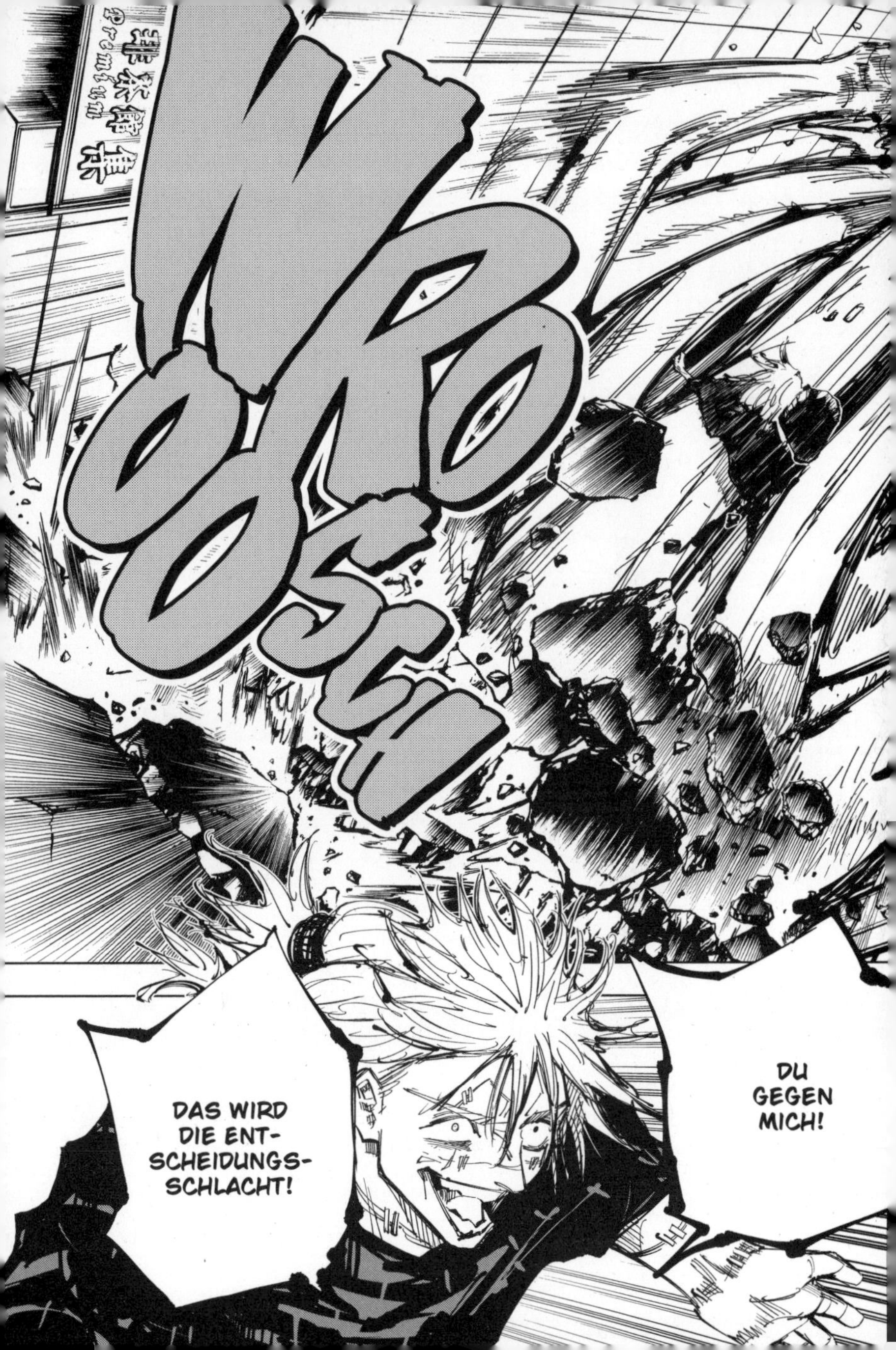
WOOSCH
DU GEGEN MICH!
DAS WIRD DIE ENT-SCHEIDUNGS-SCHLACHT!

Es ist entschieden! Die magische Technik „Non-Infimum“ ④

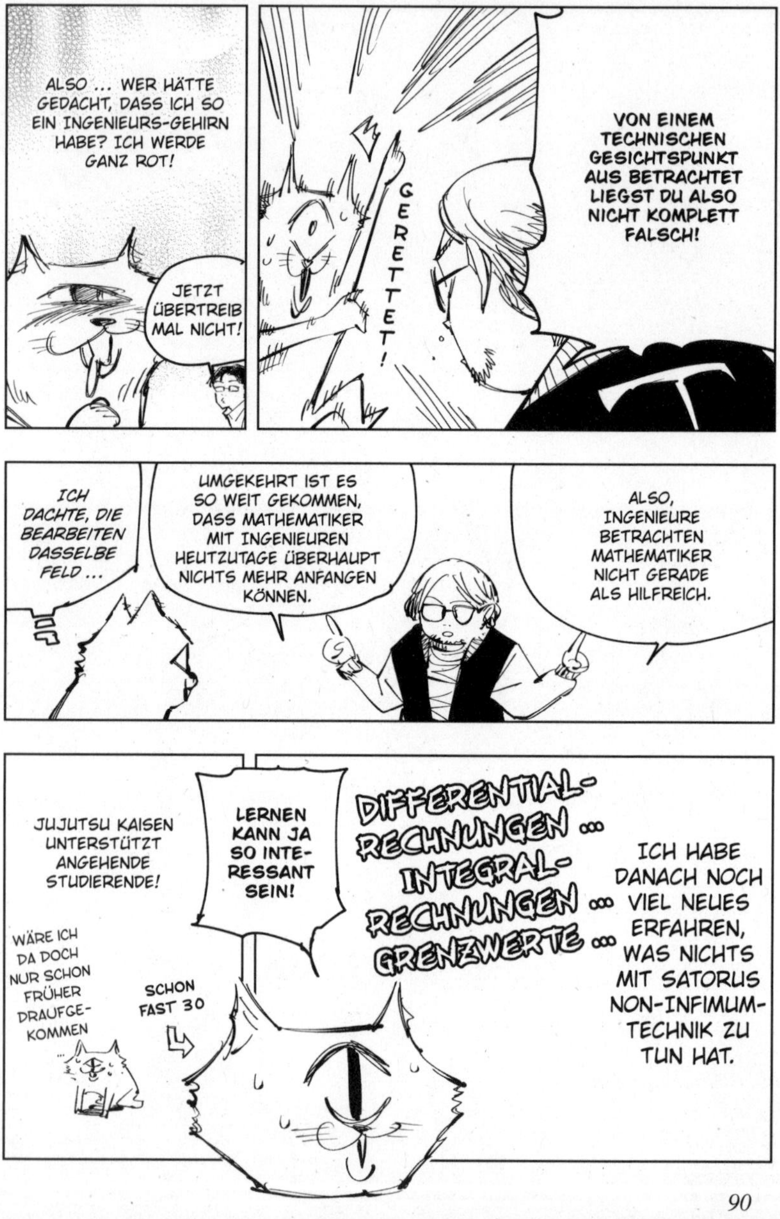

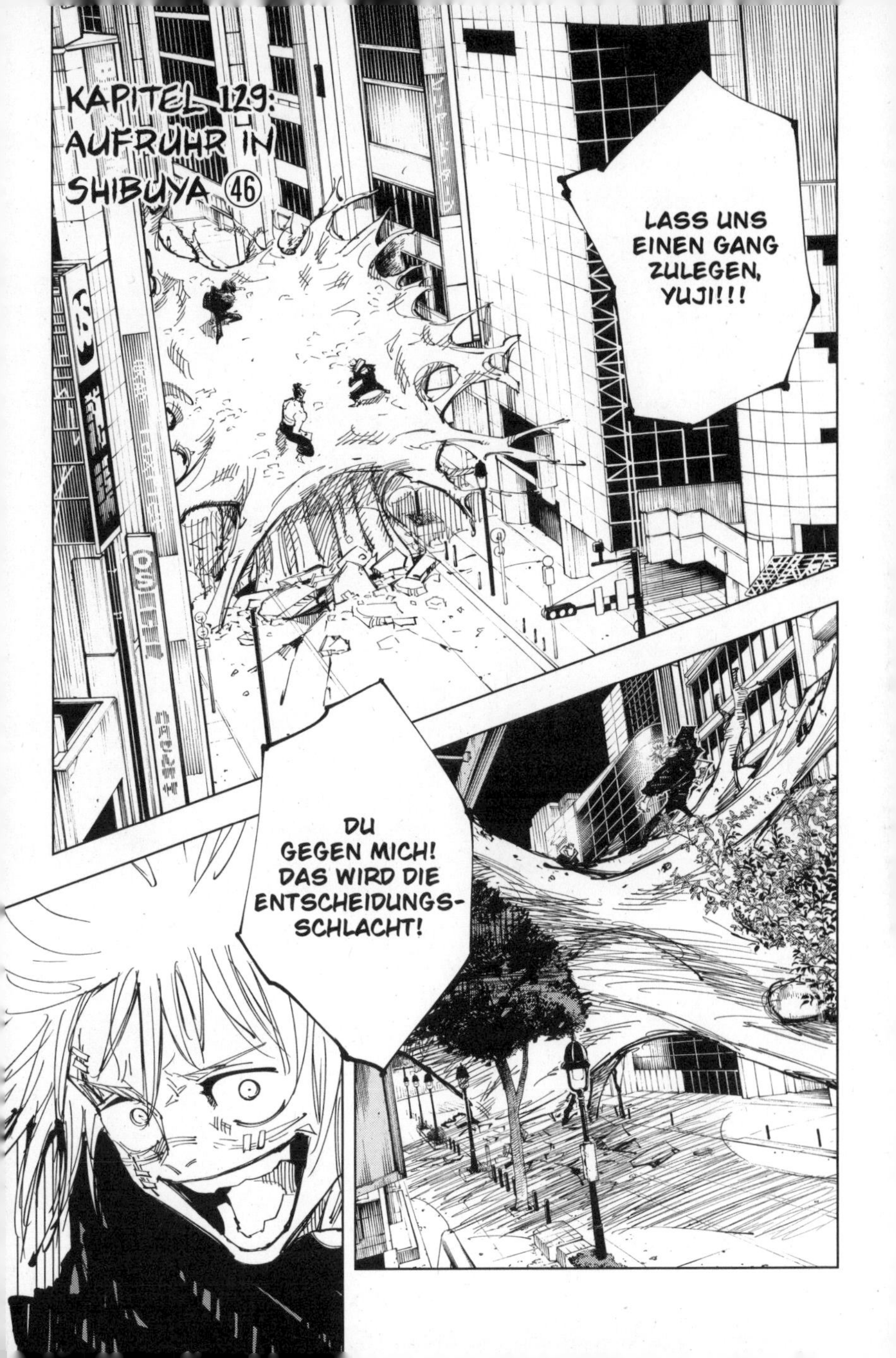
KAPITEL 129: AUFRUHR IN SHIBUYA ㊻
LASS UNS EINEN GANG ZULEGEN, YUJI!!!
DU GEGEN MICH! DAS WIRD DIE ENTSCHEIDUNGS-SCHLACHT!

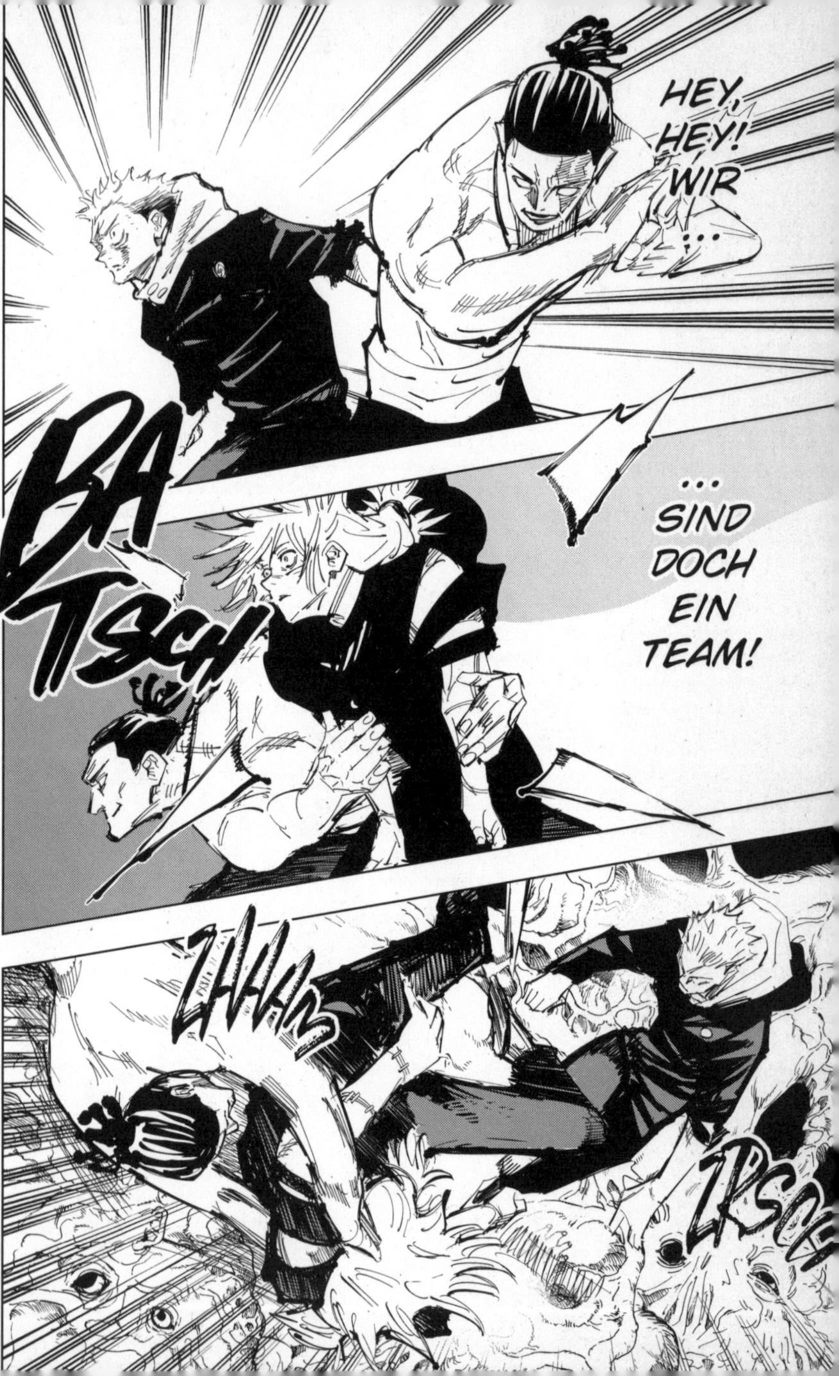
HEY, HEY! WIR ...
... SIND DOCH EIN TEAM!
BATSCH
ZHHM
ZRSCH

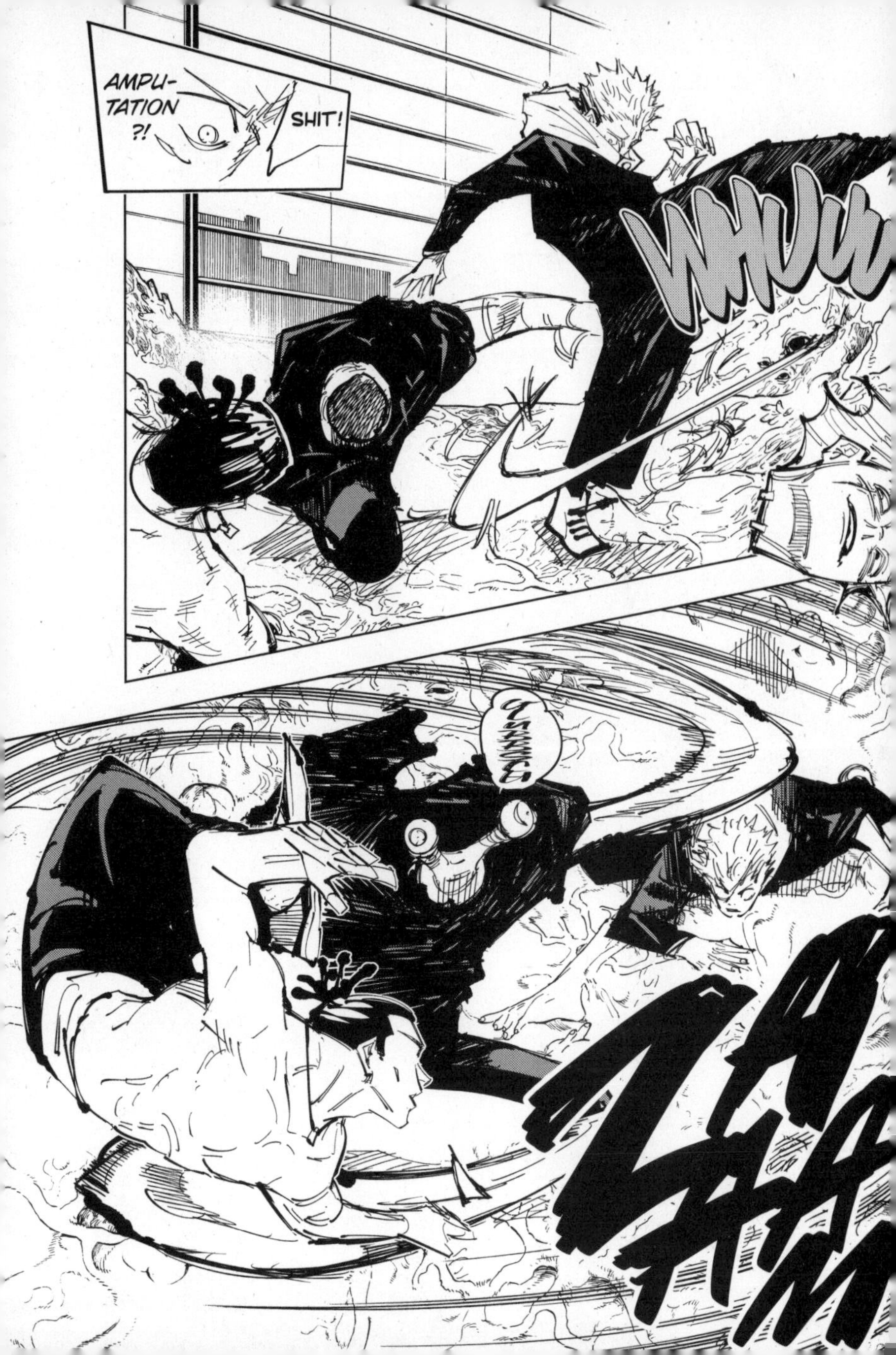

AMPU-
TATION
?!
SHIT!

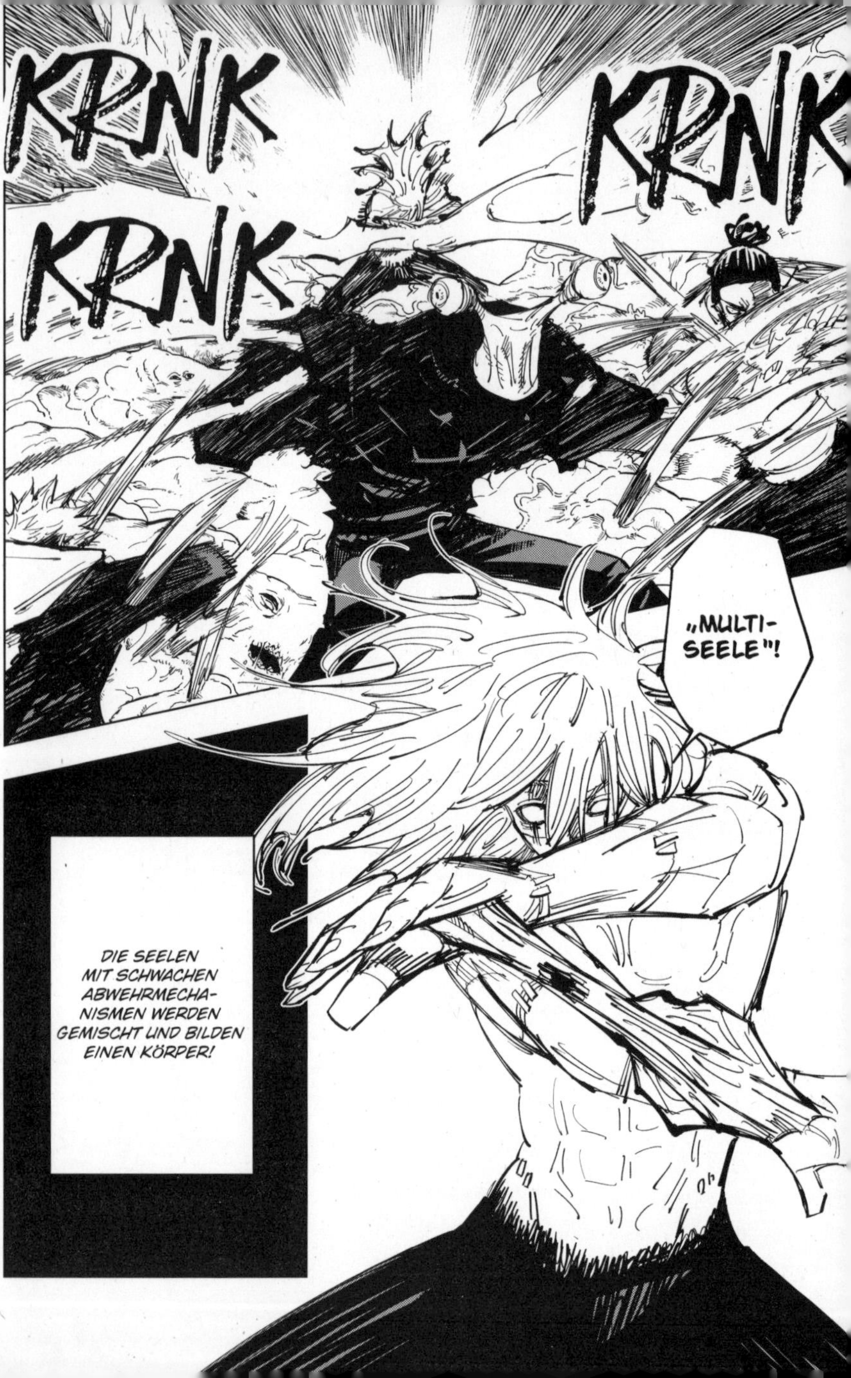
KRNK
KRNK
KRNK
„MULTI-SEELE"!
DIE SEELEN MIT SCHWACHEN ABWEHRMECHA-NISMEN WERDEN GEMISCHT UND BILDEN EINEN KÖRPER!

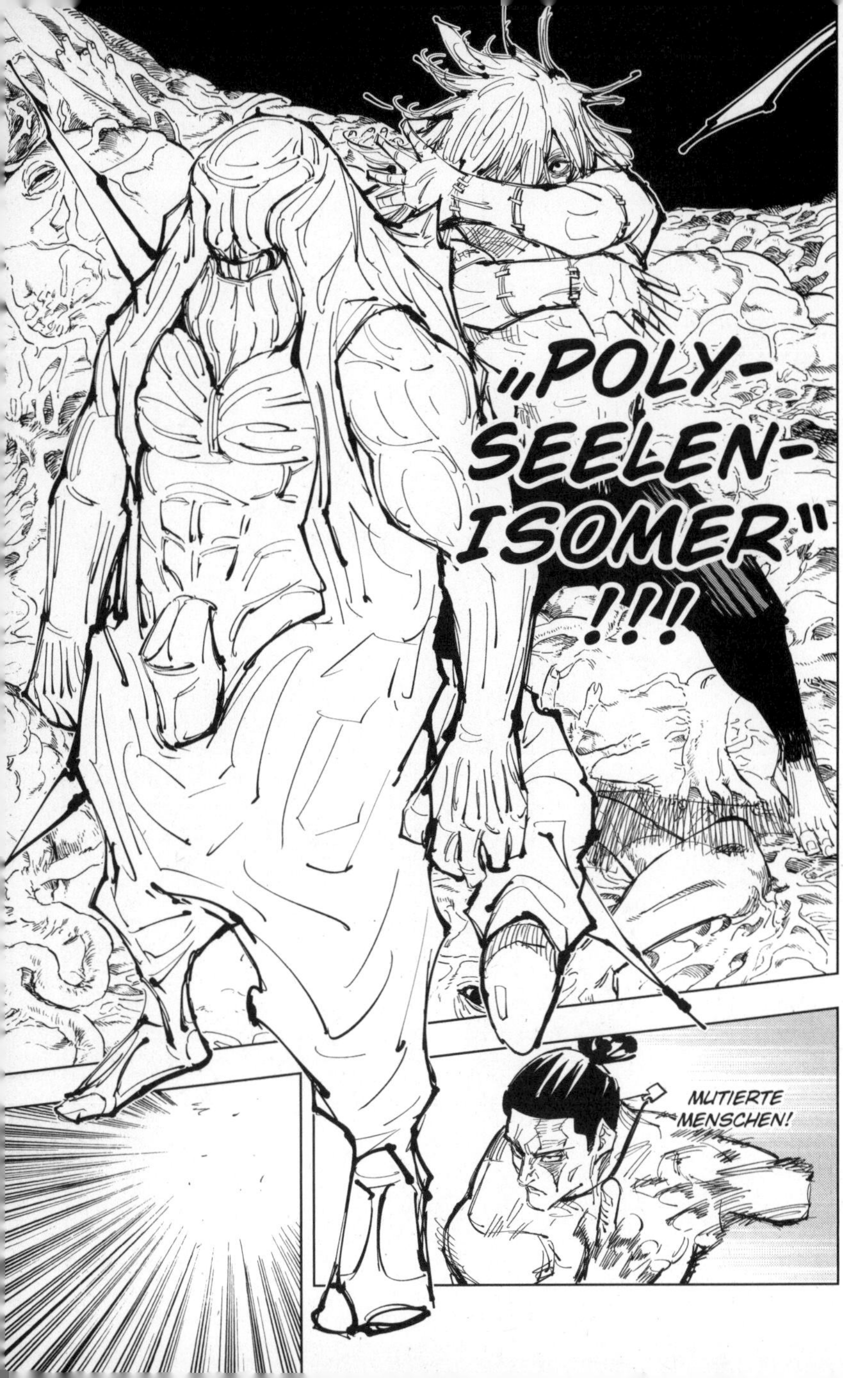
„POLY-SEELEN-ISOMER"!!!
MUTIERTE MENSCHEN!

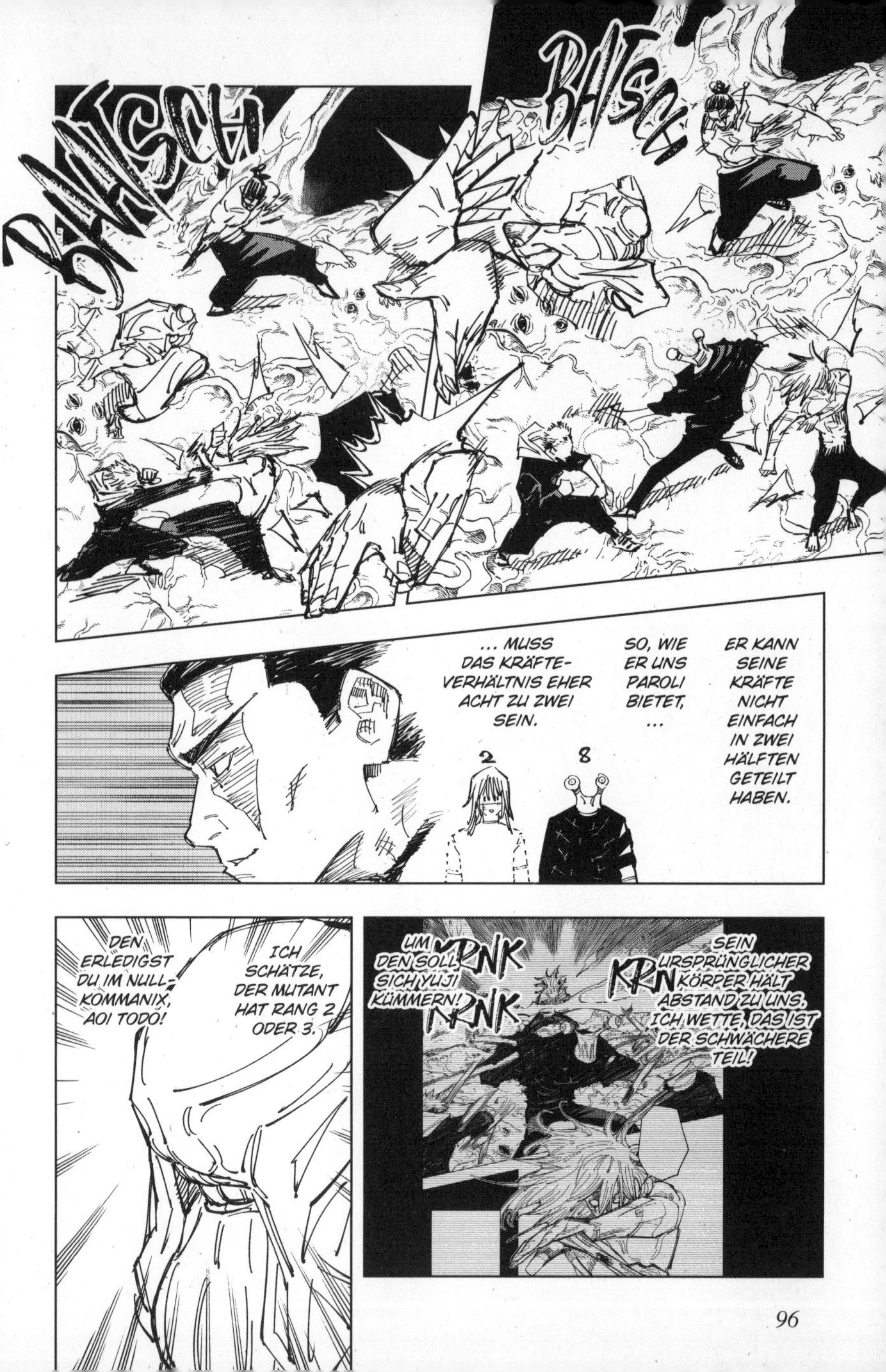
BATSCH
BATSCH
ER KANN SEINE KRÄFTE NICHT EINFACH IN ZWEI HÄLFTEN GETEILT HABEN.
SO, WIE ER UNS PAROLI BIETET, …
… MUSS DAS KRÄFTE-VERHÄLTNIS EHER ACHT ZU ZWEI SEIN.
8
2
SEIN URSPRÜNGLICHER KÖRPER HÄLT ABSTAND ZU UNS. ICH WETTE, DAS IST DER SCHWÄCHERE TEIL!
KRN
KRNK
UM DEN SOLL SICH YUJI KÜMMERN!
KRNK
ICH SCHÄTZE, DER MUTANT HAT RANG 2 ODER 3.
DEN ERLEDIGST DU IM NULL-KOMMANIX, AOI TODO!

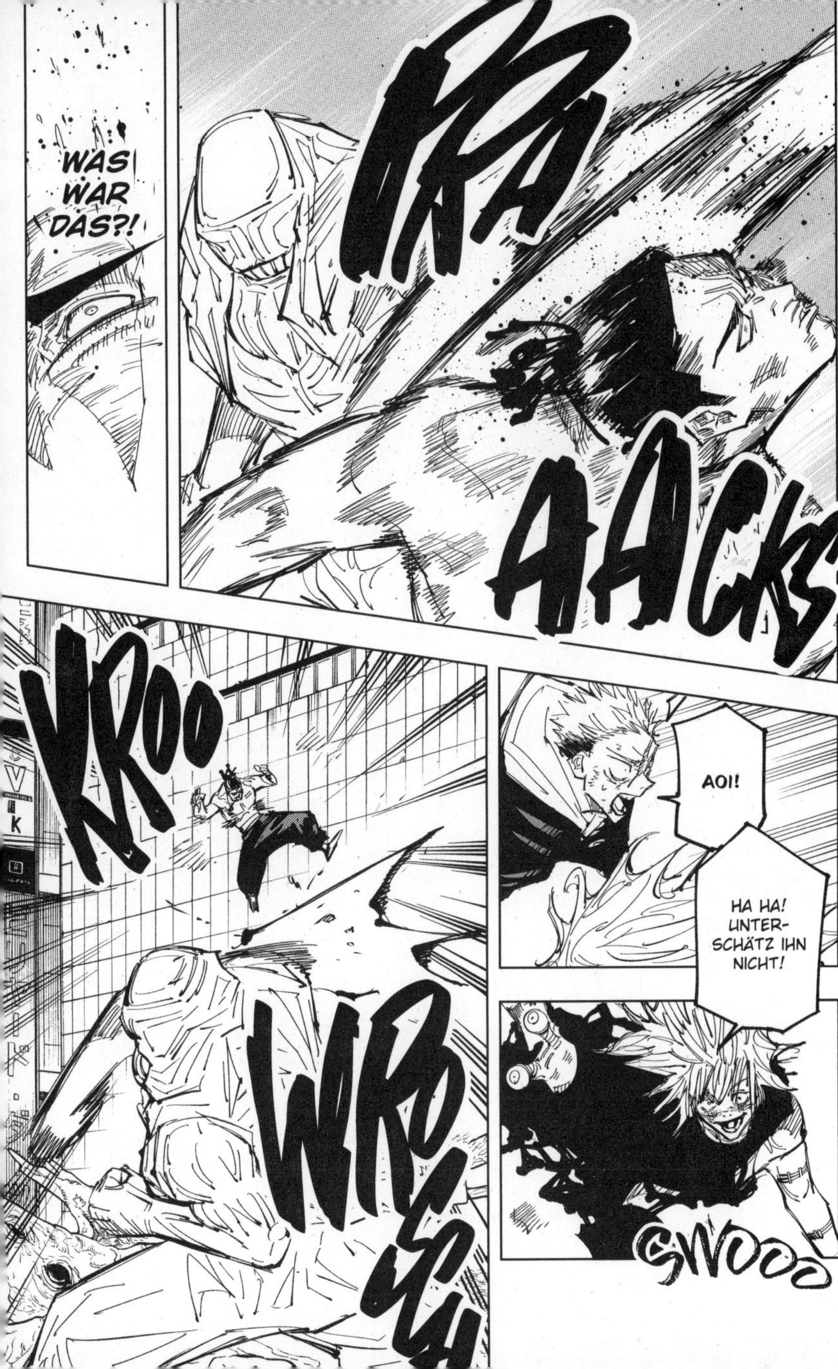
KRA
AACKS
WAS WAR DAS?!
AOI!
HA HA! UNTER-SCHÄTZ IHN NICHT!
SWOOO
KROO
WRO

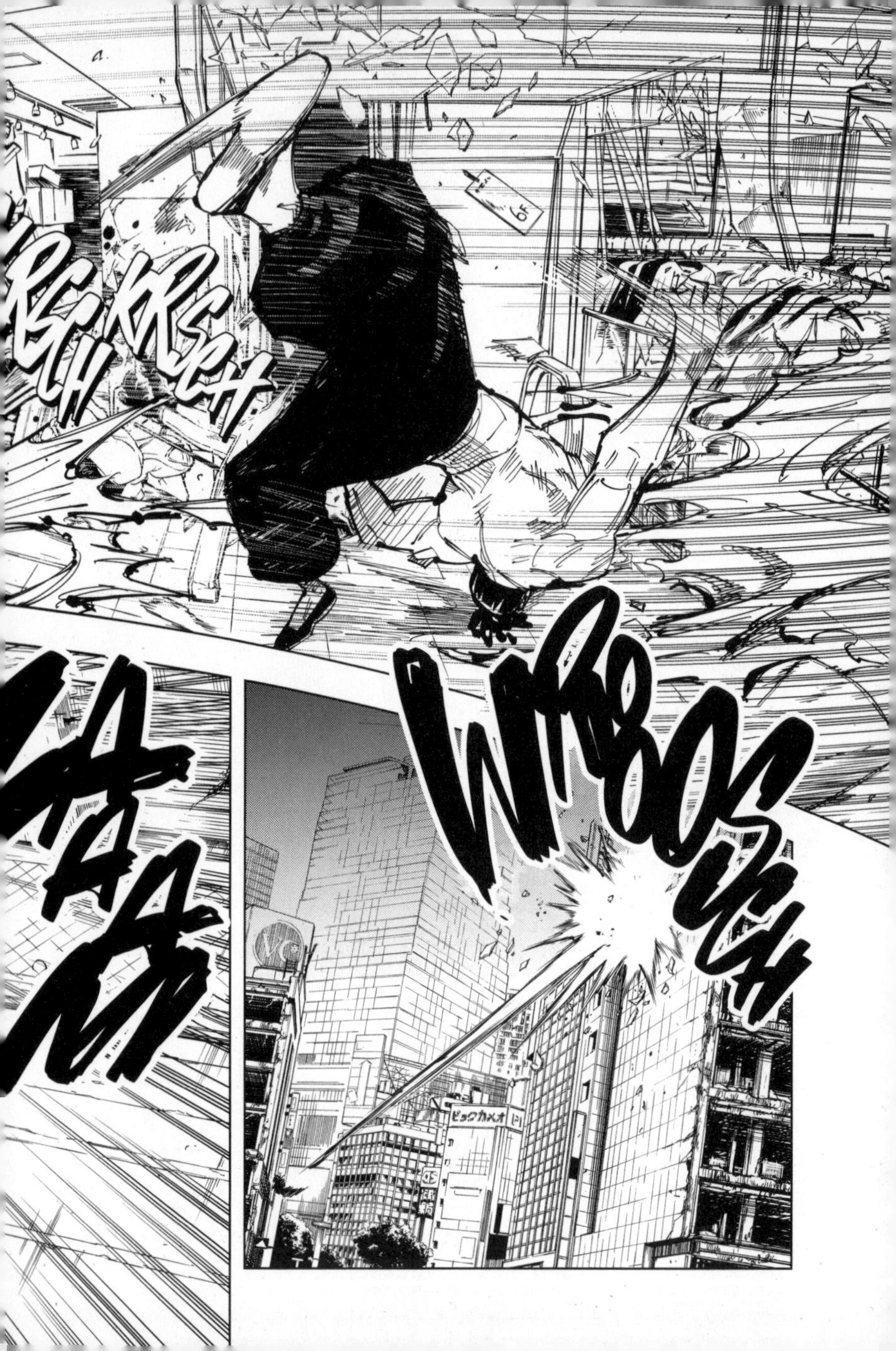

KRSCH
6F
ビックカメラ

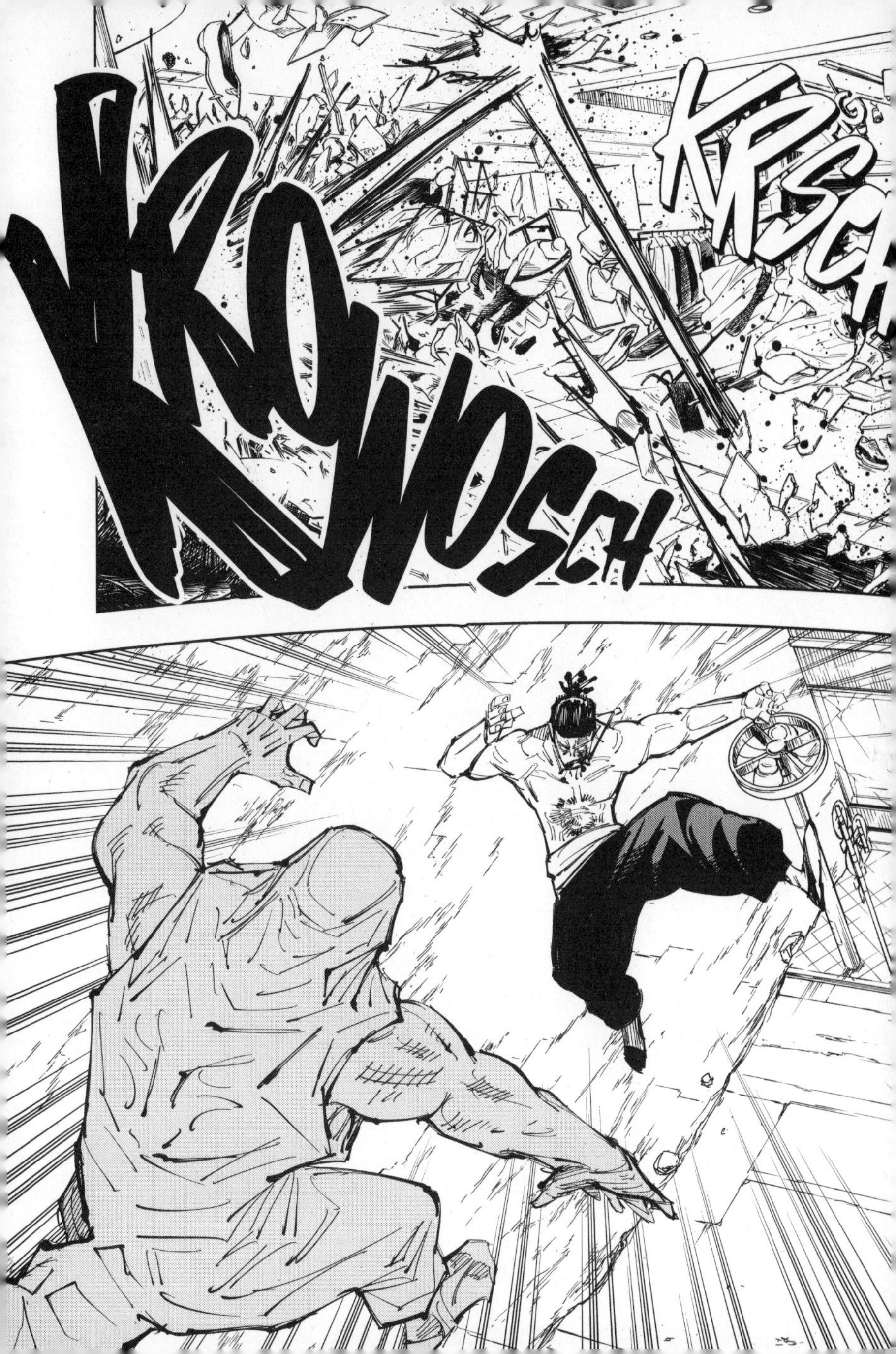

KRSCH
KRAWOSCH

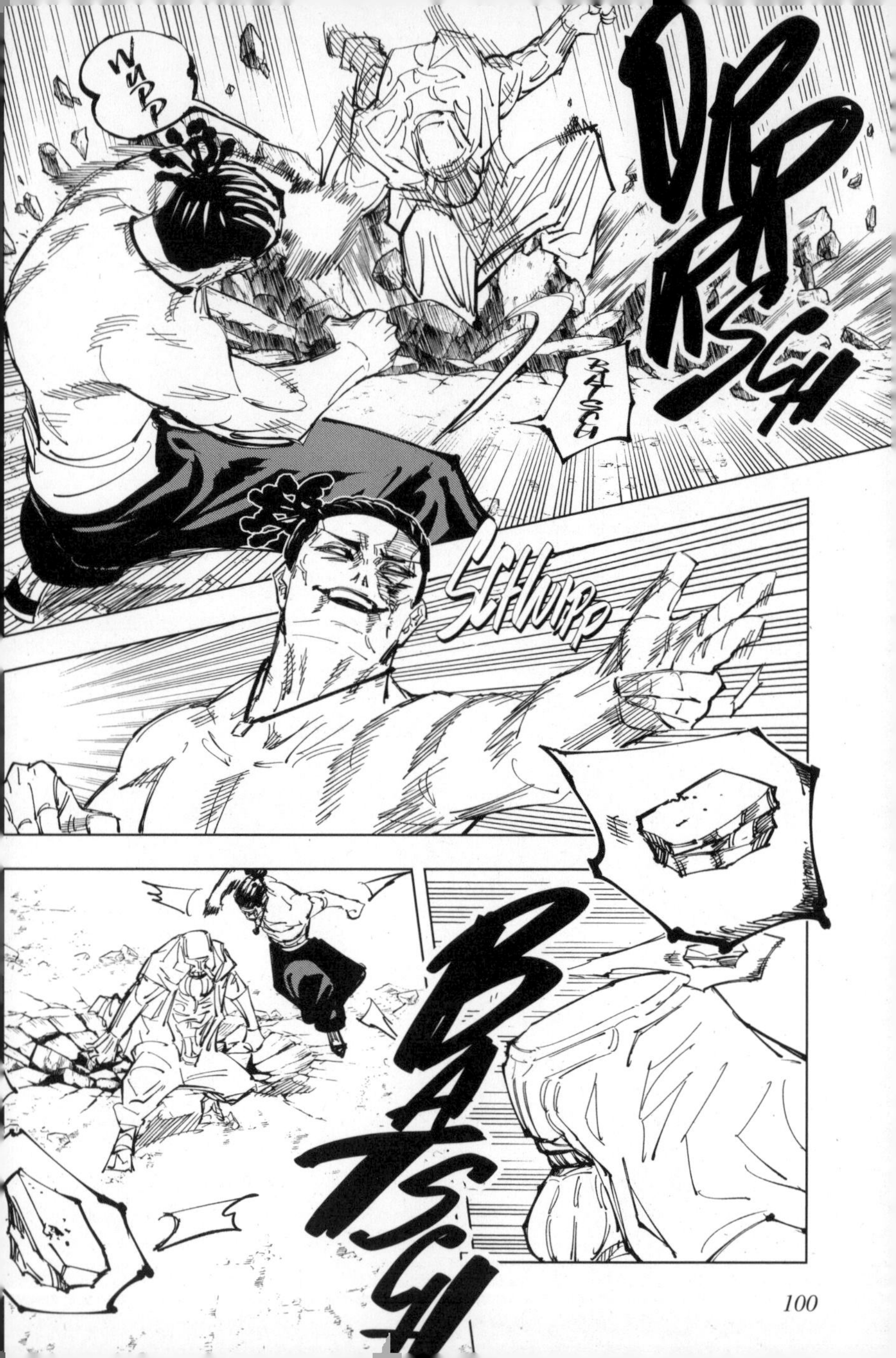
WUPP
RATSCH
SCHWUPP
BATSCH

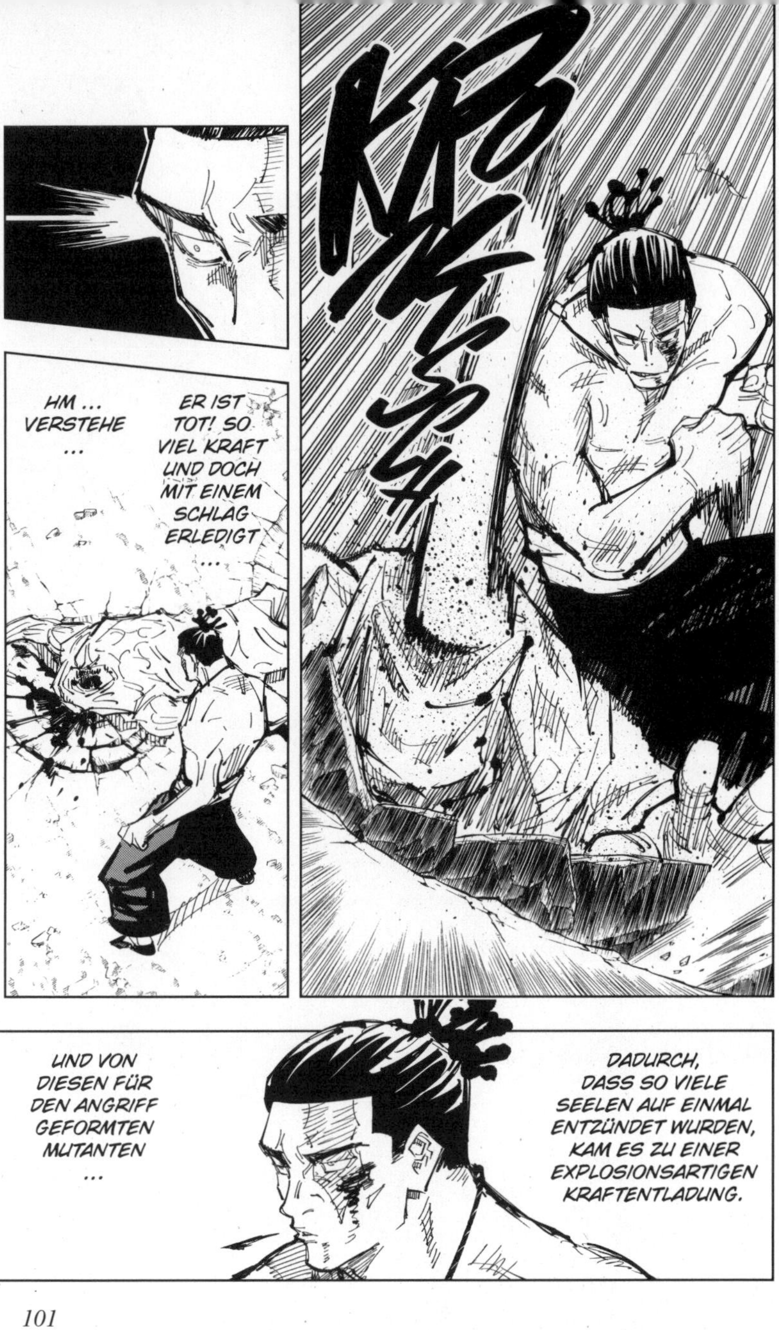

ER IST TOT! SO VIEL KRAFT UND DOCH MIT EINEM SCHLAG ERLEDIGT ...
HM ... VERSTEHE ...
DADURCH, DASS SO VIELE SEELEN AUF EINMAL ENTZÜNDET WURDEN, KAM ES ZU EINER EXPLOSIONSARTIGEN KRAFTENTLADUNG.
UND VON DIESEN FÜR DEN ANGRIFF GEFORMTEN MUTANTEN ...

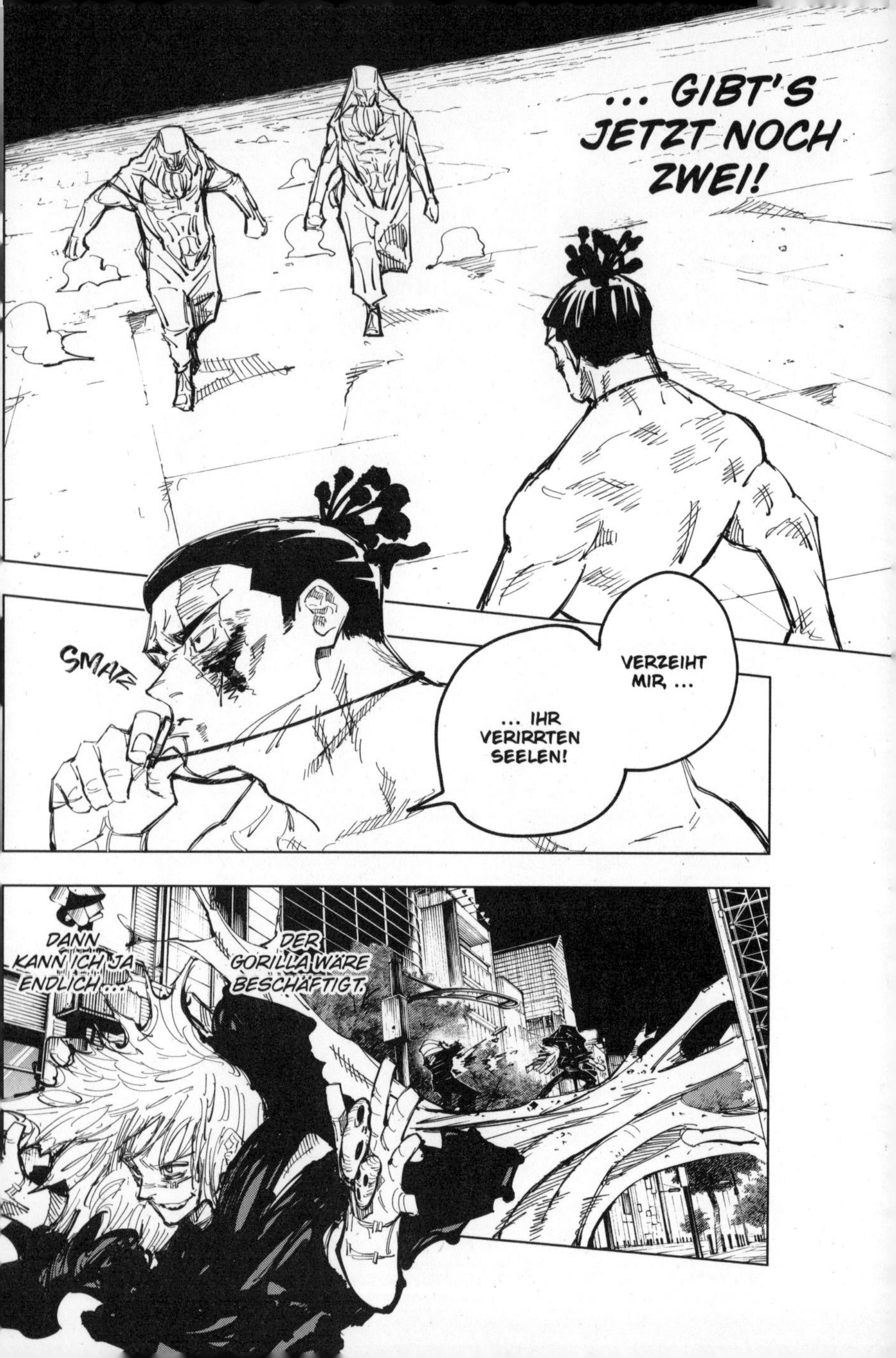
... GIBT'S JETZT NOCH ZWEI!
SMAZ
VERZEIHT MIR, ...
... IHR VERIRRTEN SEELEN!
DER GORILLA WÄRE BESCHÄFTIGT.
DANN KANN ICH JA ENDLICH ...

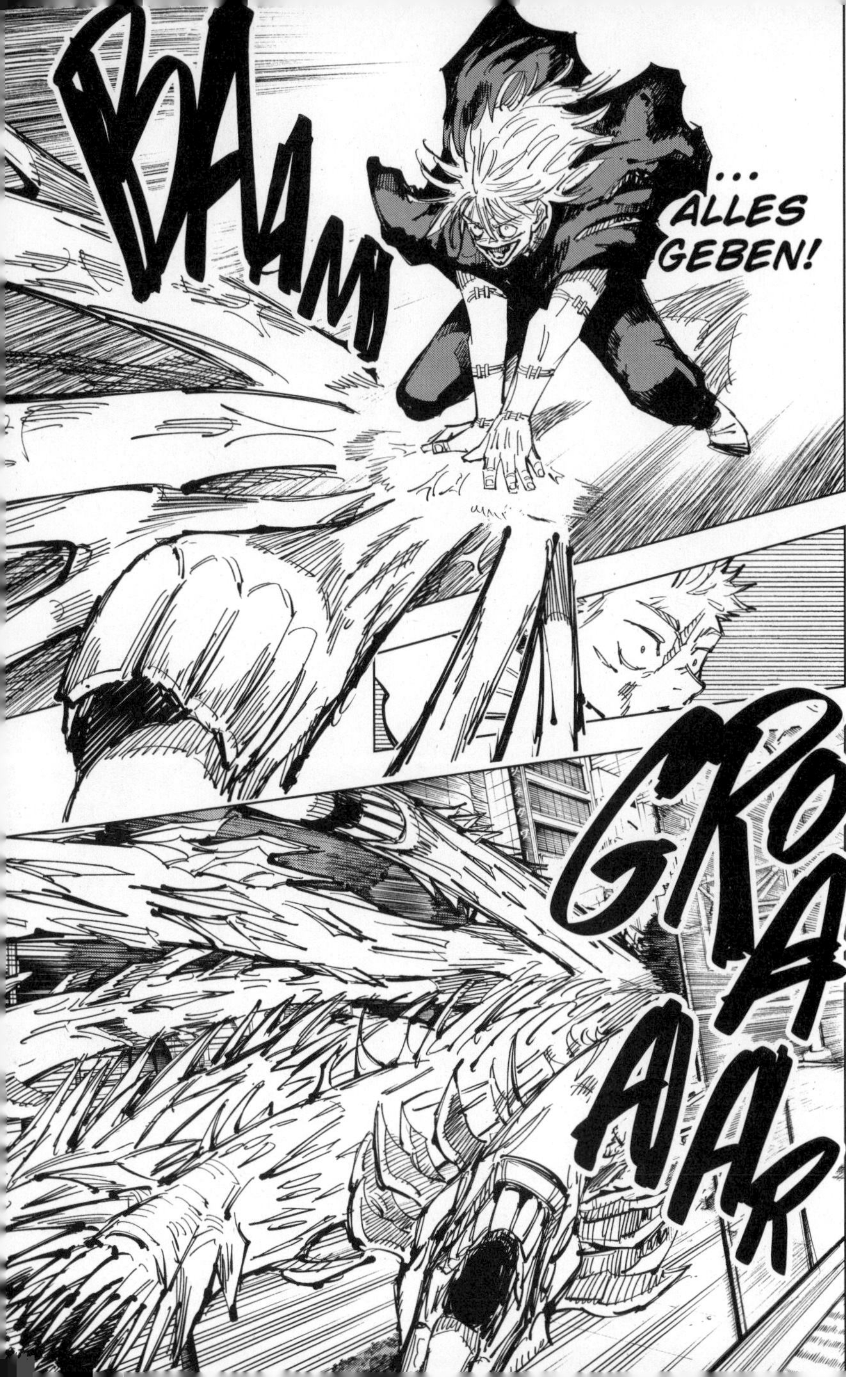
BAAM
... ALLES GEBEN!
GROOAAAAR

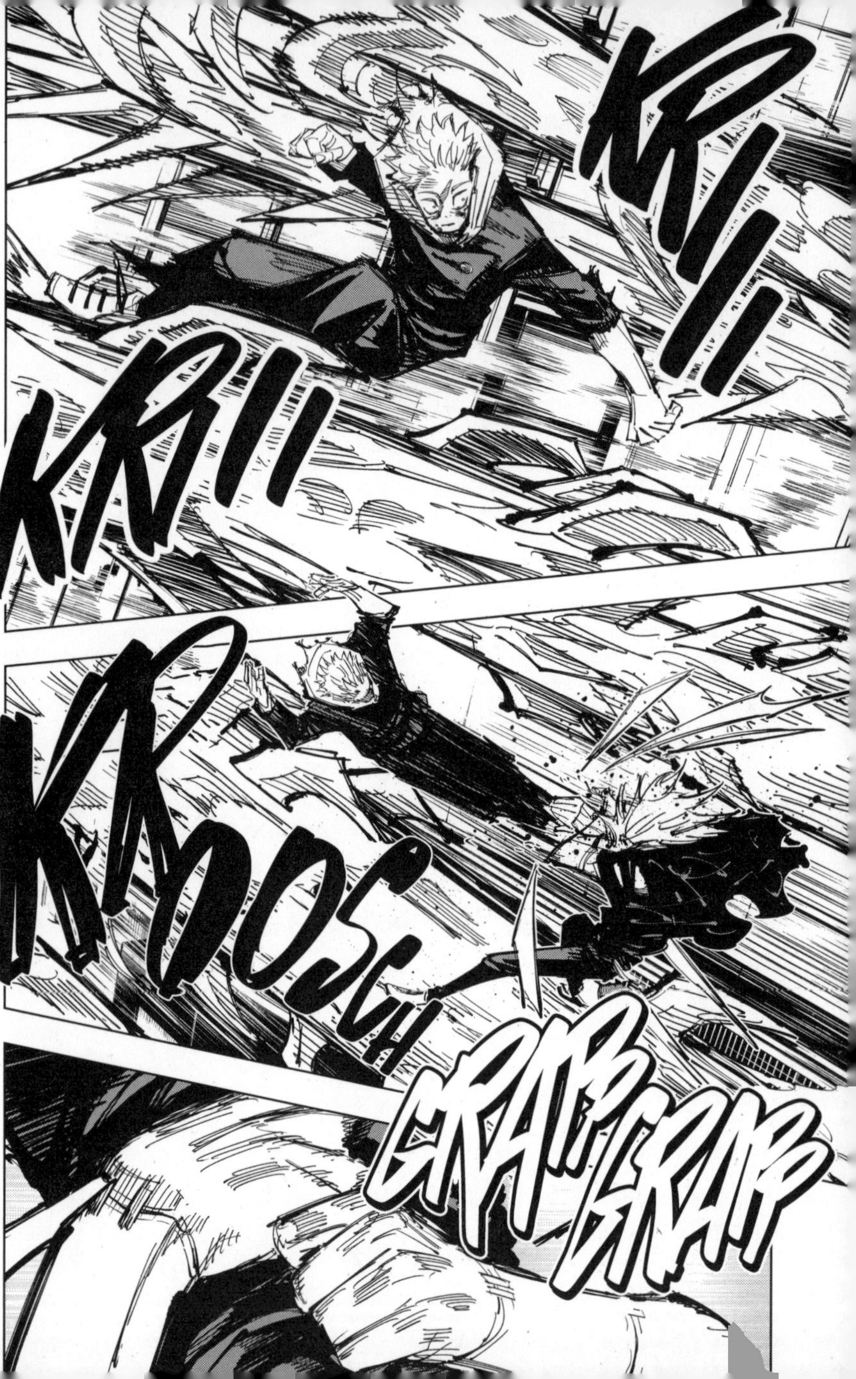
KRIII
KRII
GRAB
GRAB

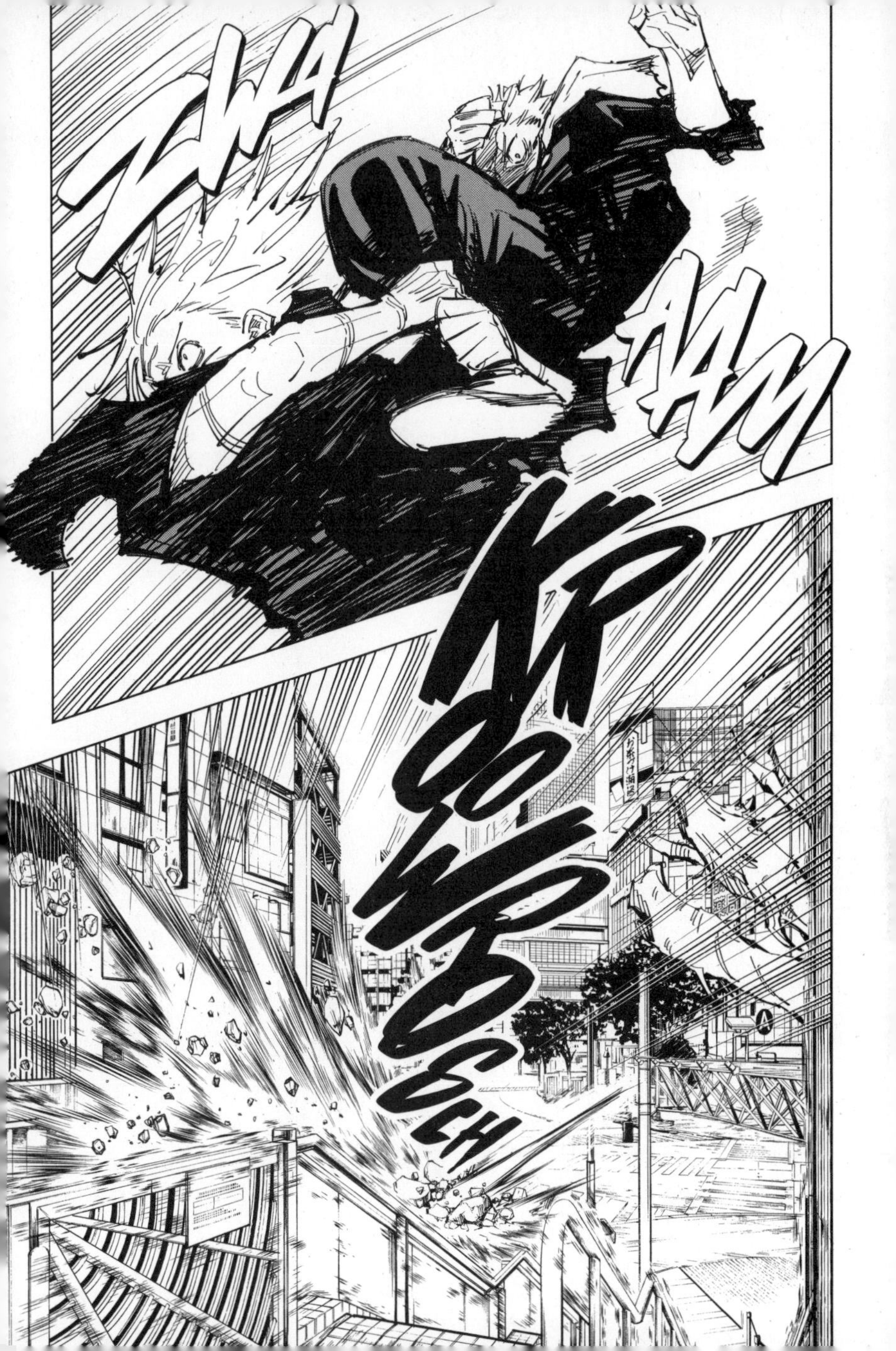
ZWAAAM

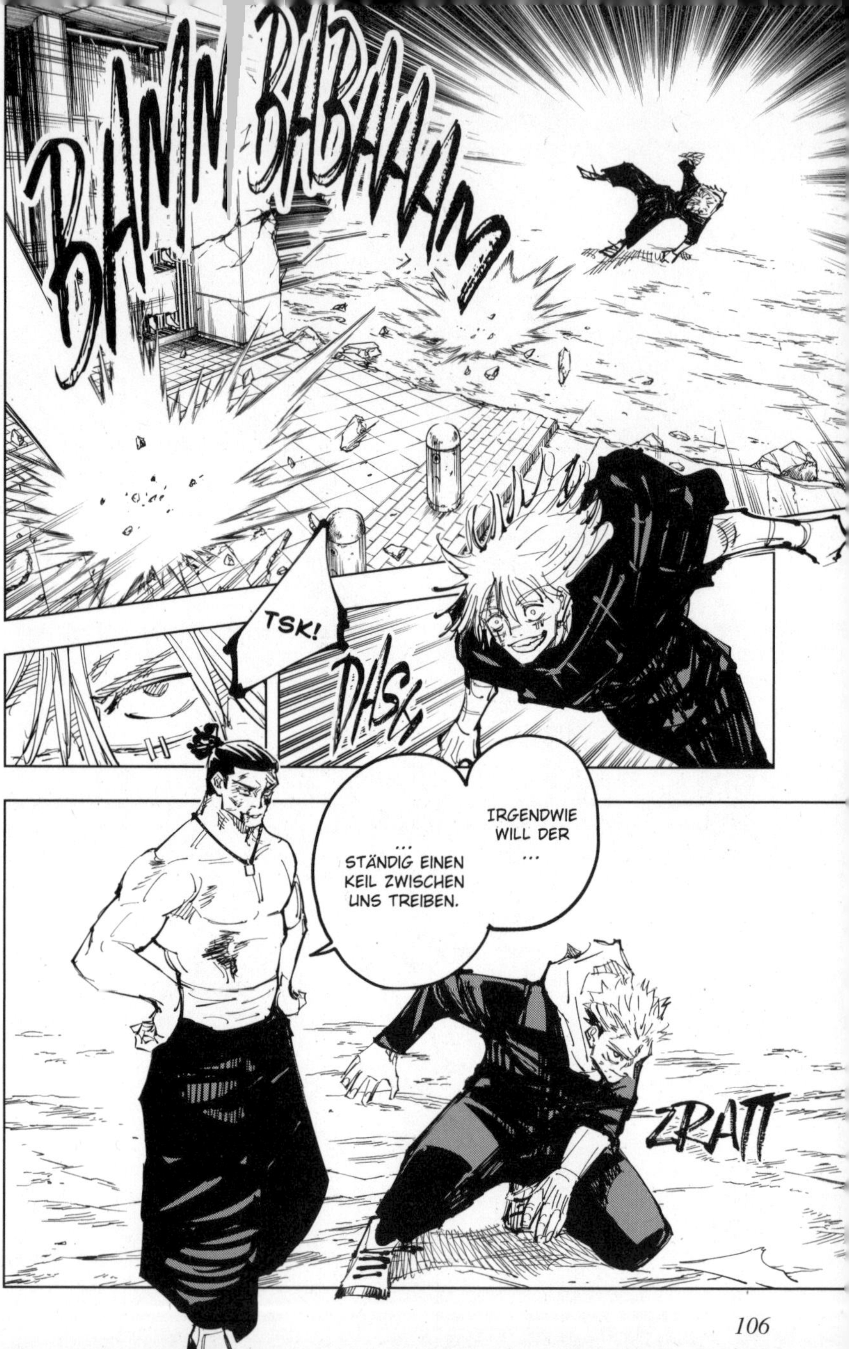
TSK!
IRGENDWIE WILL DER ...
... STÄNDIG EINEN KEIL ZWISCHEN UNS TREIBEN.
ZRATT

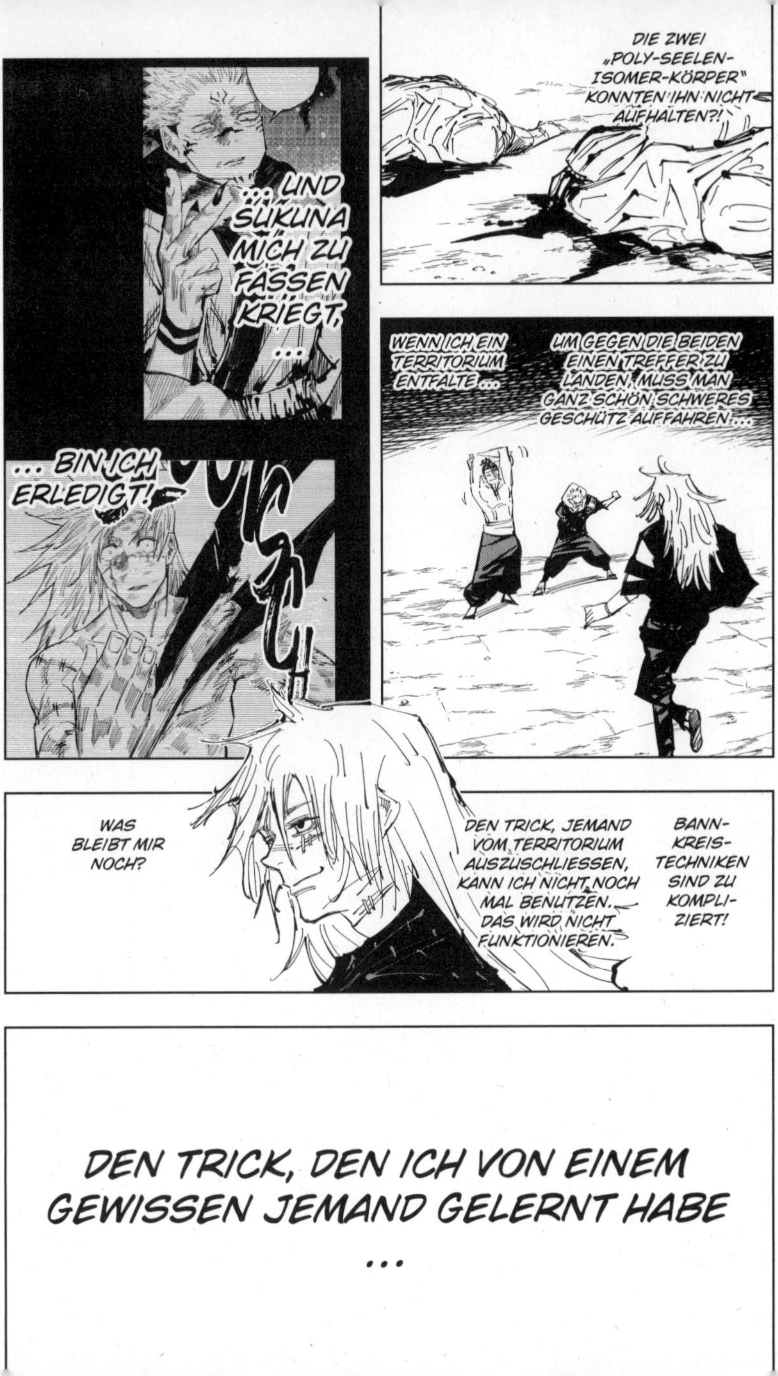
DIE ZWEI „POLY-SEELEN-ISOMER-KÖRPER" KONNTEN IHN NICHT AUFHALTEN?!
UM GEGEN DIE BEIDEN EINEN TREFFER ZU LANDEN, MUSS MAN GANZ SCHÖN SCHWERES GESCHÜTZ AUFFAHREN ...
WENN ICH EIN TERRITORIUM ENTFALTE ...
... UND SUKUNA MICH ZU FASSEN KRIEGT ...
... BIN ICH ERLEDIGT!
BANN-KREIS-TECHNIKEN SIND ZU KOMPLIZIERT!
DEN TRICK, JEMAND VOM TERRITORIUM AUSZUSCHLIESSEN, KANN ICH NICHT NOCH MAL BENUTZEN. DAS WIRD NICHT FUNKTIONIEREN.
WAS BLEIBT MIR NOCH?
DEN TRICK, DEN ICH VON EINEM GEWISSEN JEMAND GELERNT HABE ...

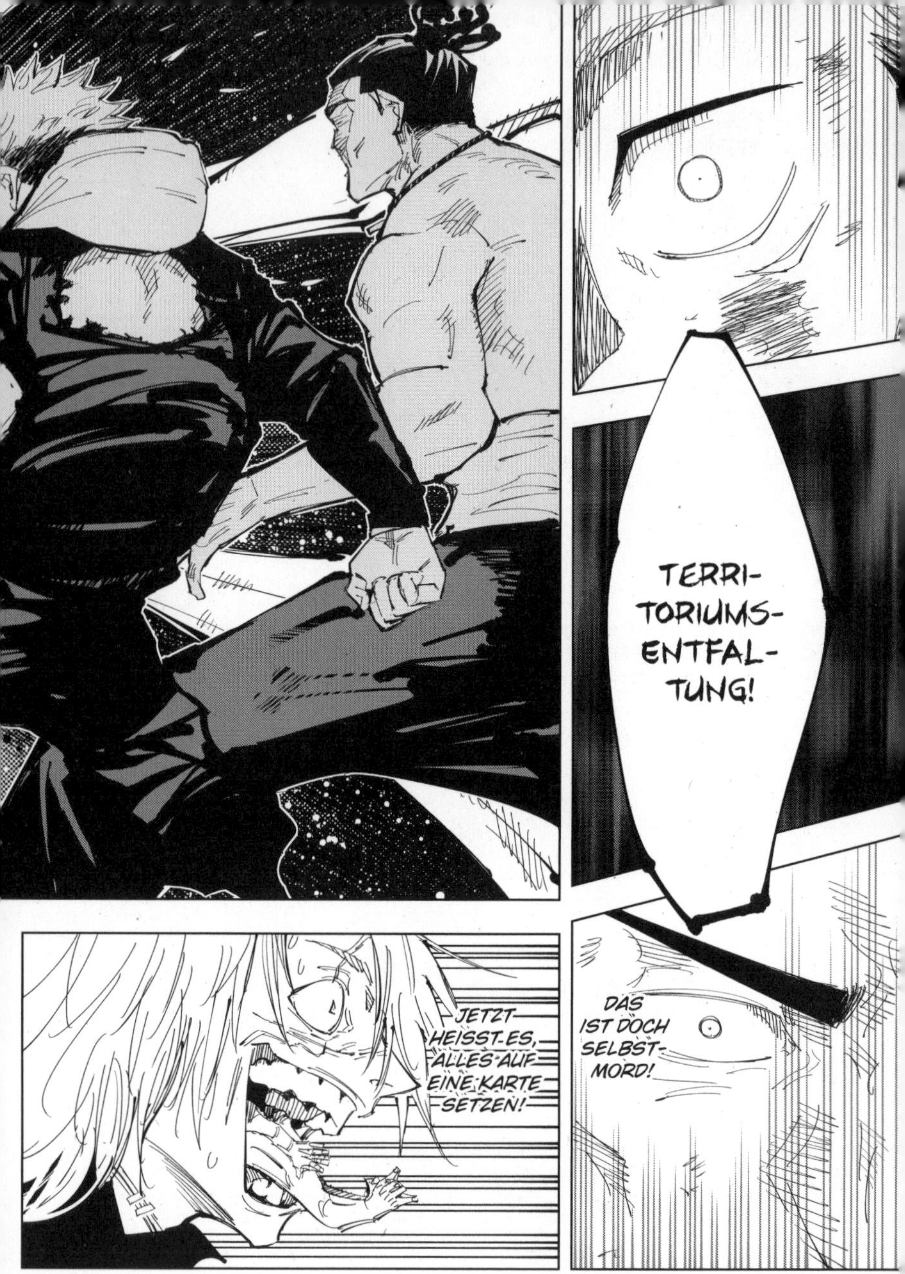
TERRITORIUMS-ENTFALTUNG!
DAS IST DOCH SELBSTMORD!
JETZT HEISST ES, ALLES AUF EINE KARTE SETZEN!

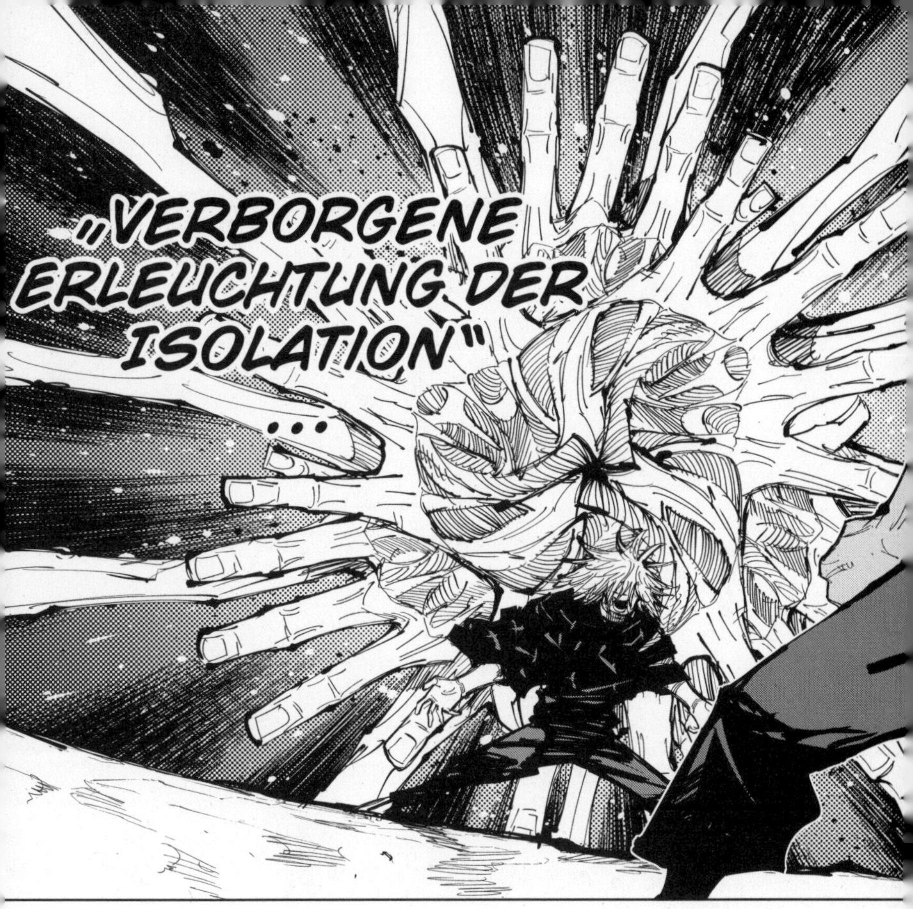

EINE
TERRITORIUMSENTFALTUNG
IN 0,2 SEKUNDEN!!!

Es ist entschieden! Die magische Technik „Non-Infimum“ ⑤

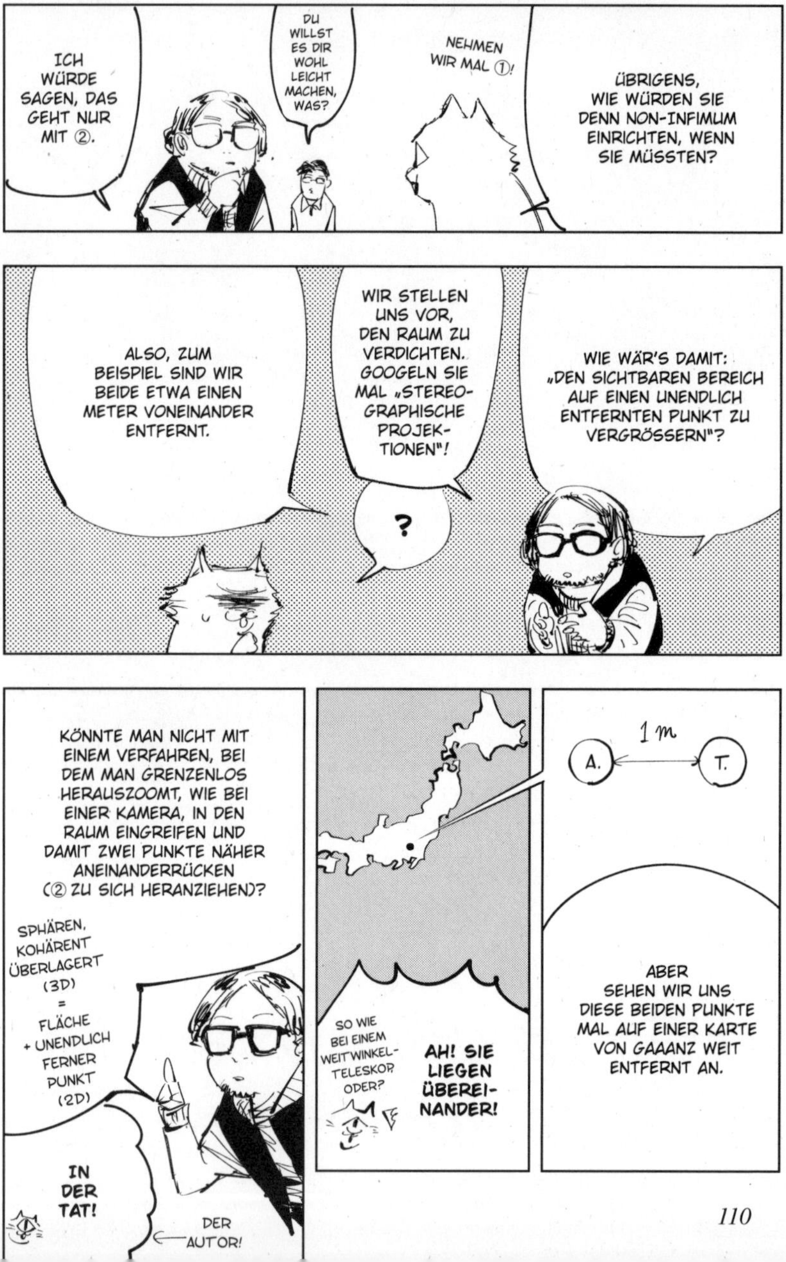

KAPITEL 130: AUFRUHR IN SHIBUYA ㊼

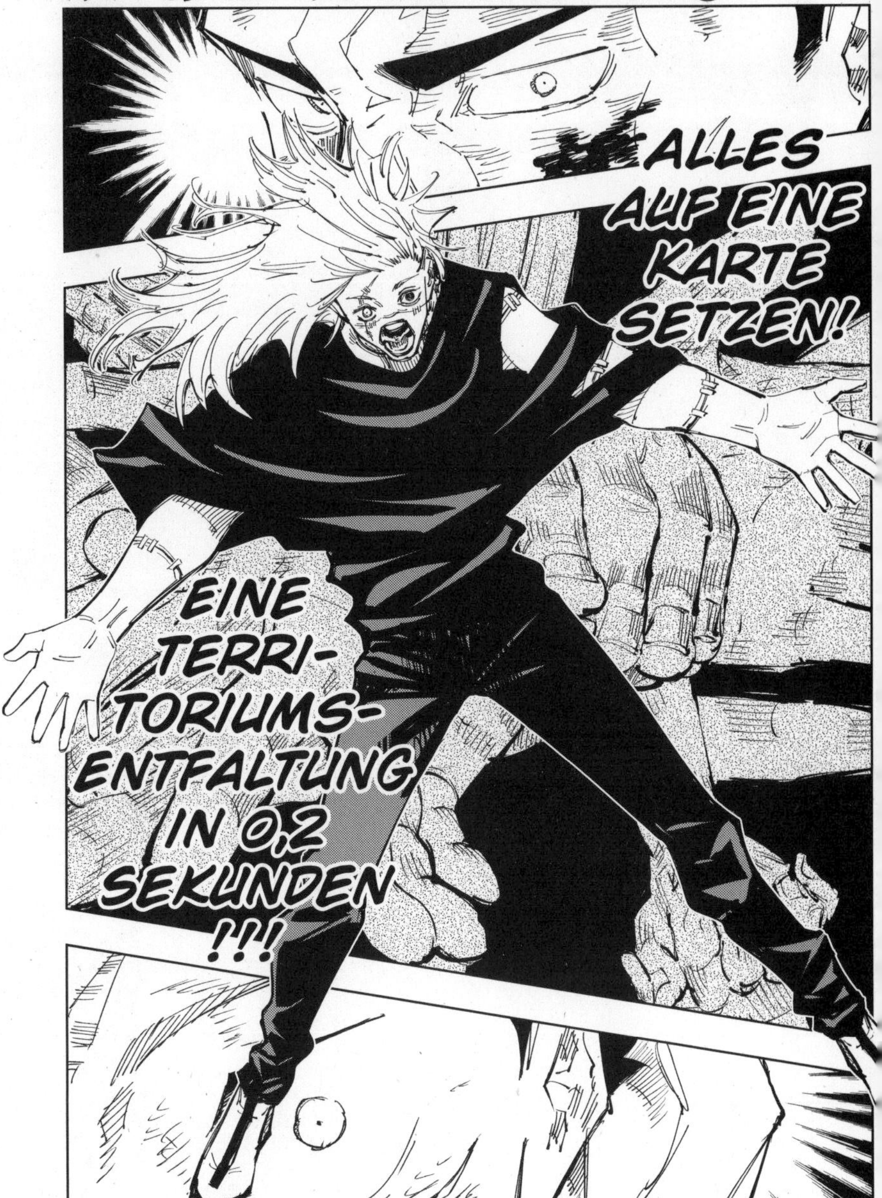

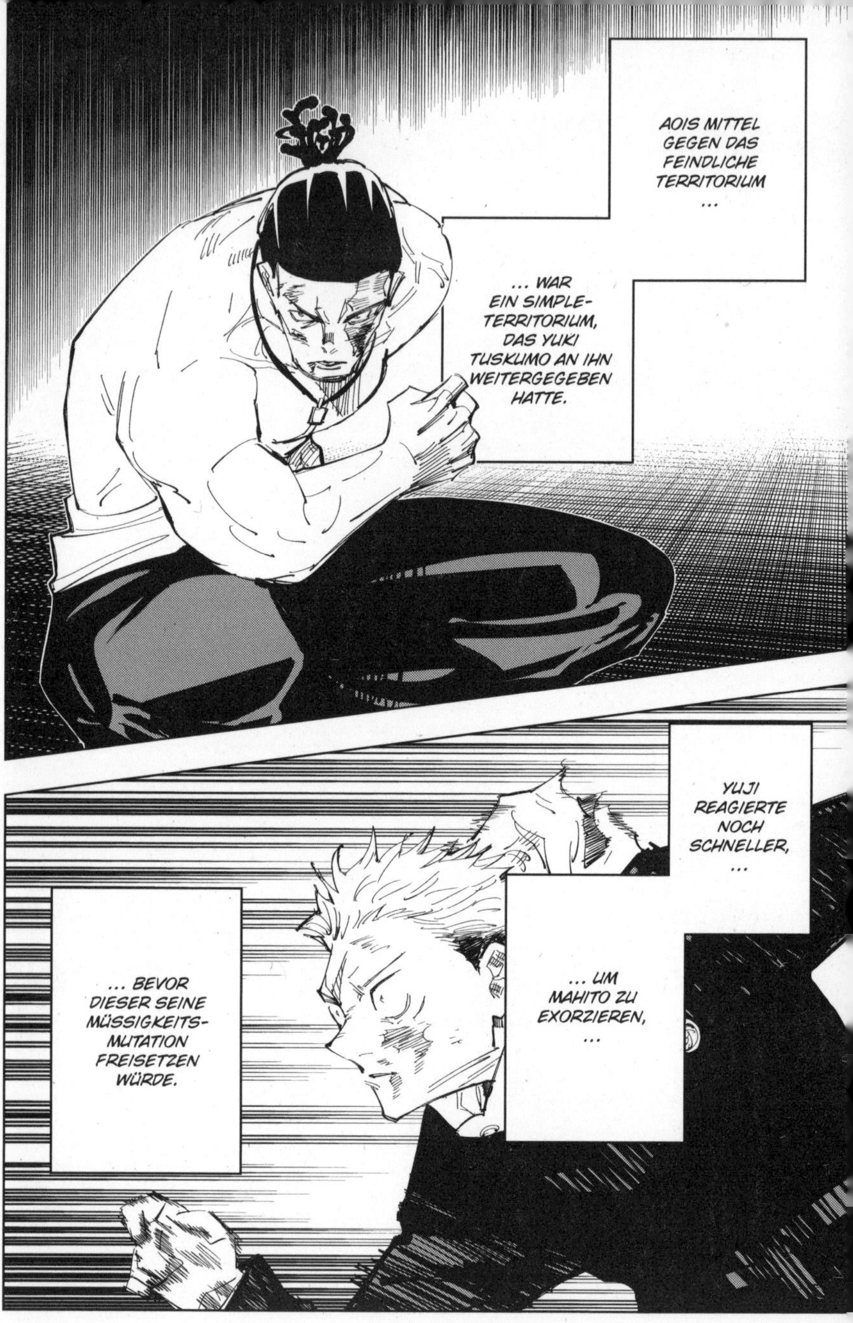
AOIS MITTEL GEGEN DAS FEINDLICHE TERRITORIUM …
… WAR EIN SIMPLE-TERRITORIUM, DAS YUKI TUSKUMO AN IHN WEITERGEGEBEN HATTE.
YUJI REAGIERTE NOCH SCHNELLER, …
… UM MAHITO ZU EXORZIEREN, …
… BEVOR DIESER SEINE MÜSSIGKEITS-MUTATION FREISETZEN WÜRDE.

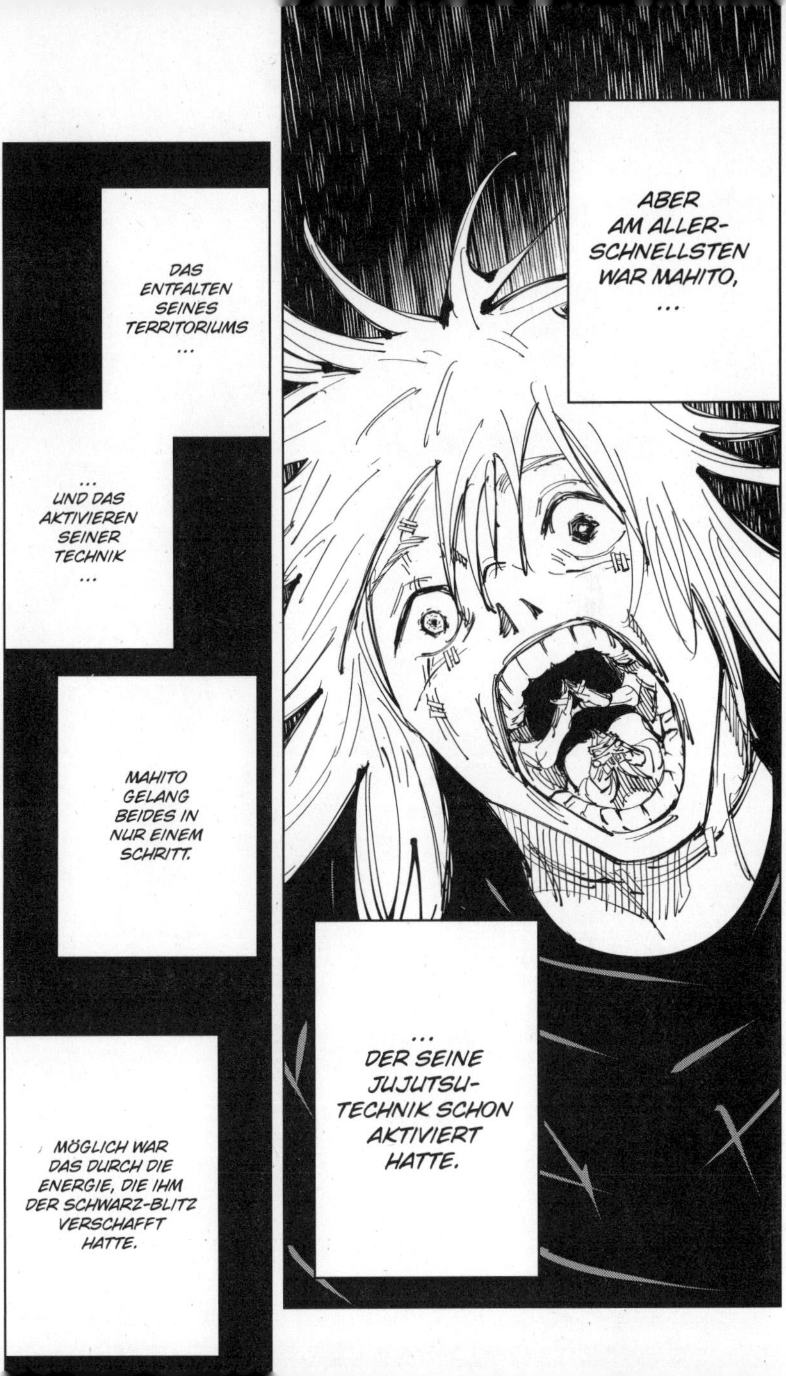
ABER AM ALLER-SCHNELLSTEN WAR MAHITO, ...
... DER SEINE JUJUTSU-TECHNIK SCHON AKTIVIERT HATTE.
DAS ENTFALTEN SEINES TERRITORIUMS ...
... UND DAS AKTIVIEREN SEINER TECHNIK ...
MAHITO GELANG BEIDES IN NUR EINEM SCHRITT.
MÖGLICH WAR DAS DURCH DIE ENERGIE, DIE IHM DER SCHWARZ-BLITZ VERSCHAFFT HATTE.

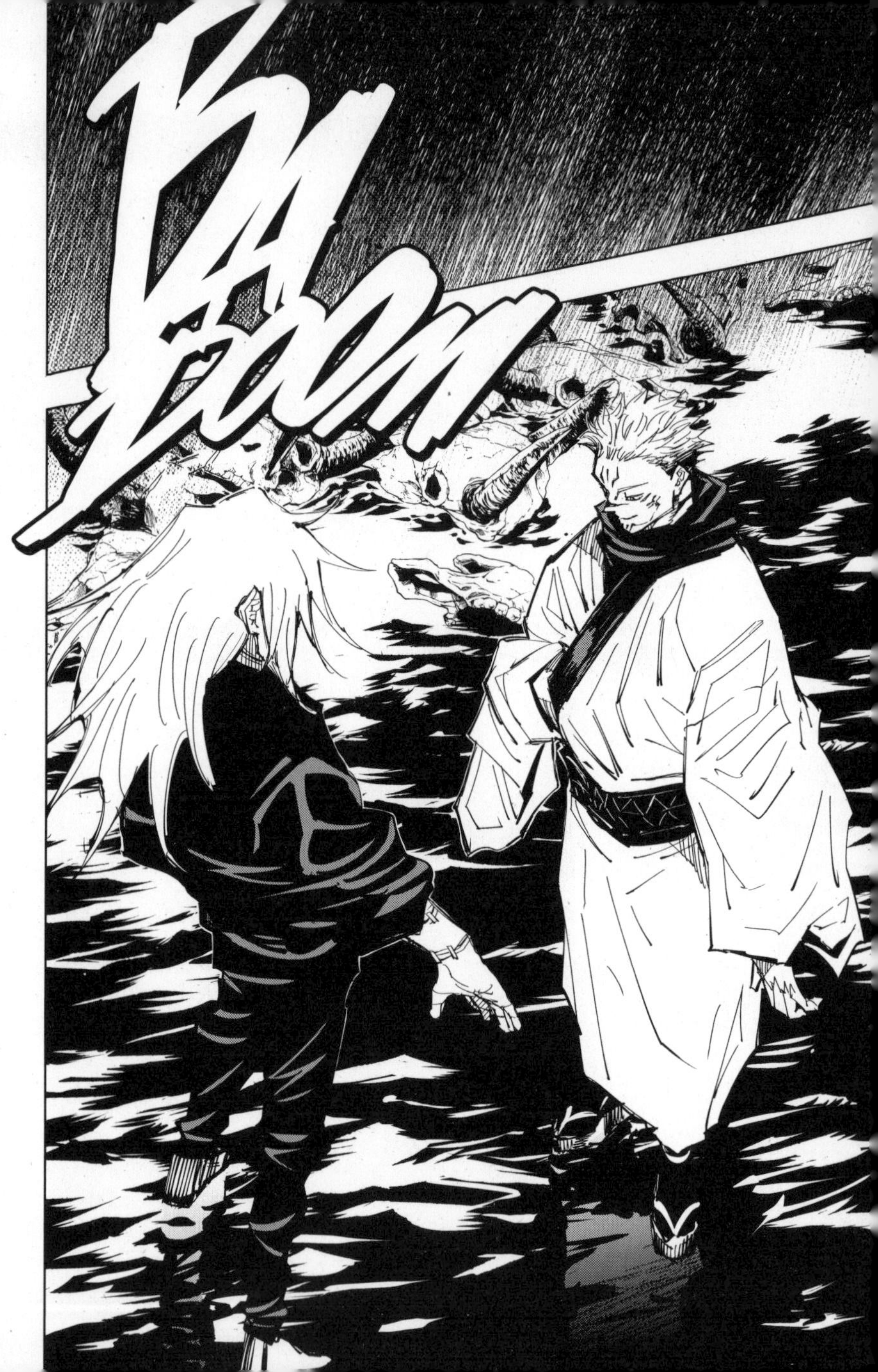

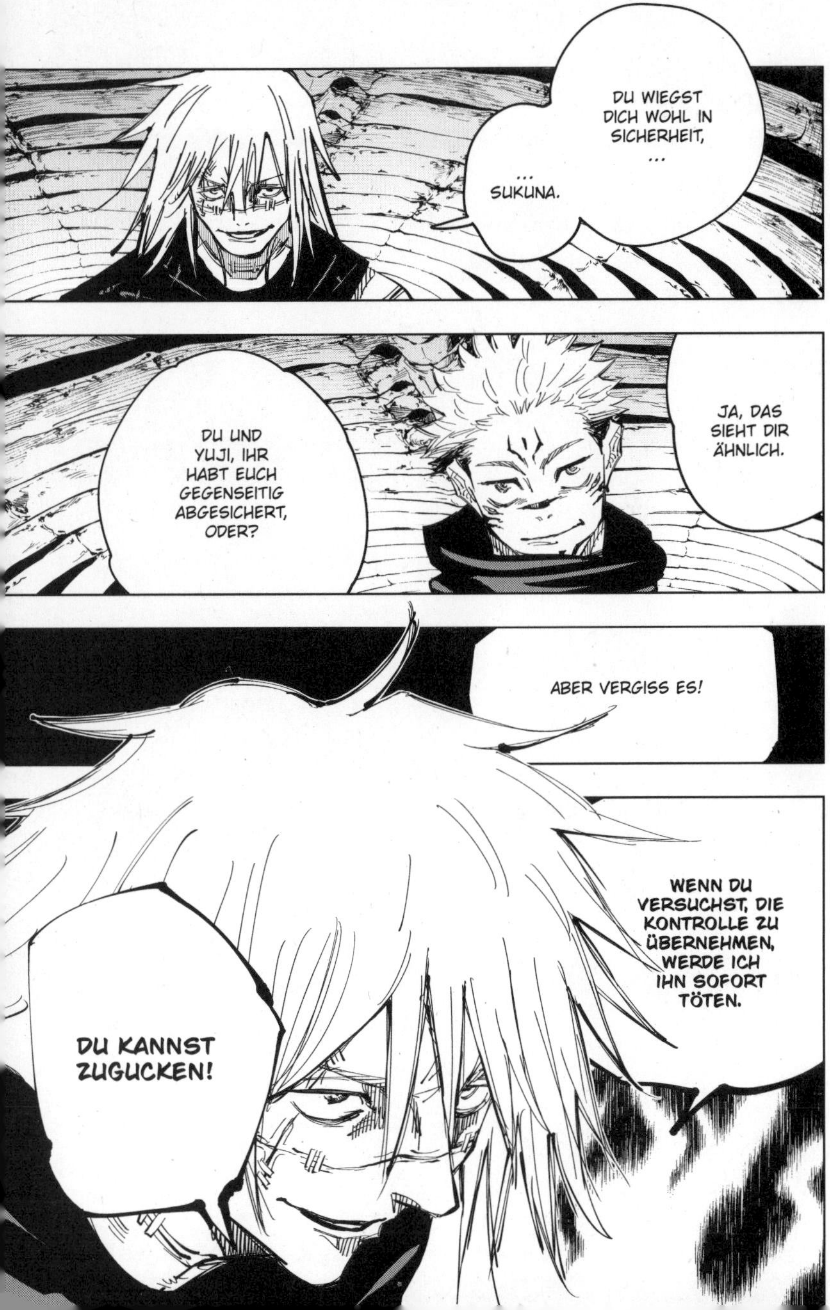
DU WIEGST DICH WOHL IN SICHERHEIT, … … SUKUNA.
JA, DAS SIEHT DIR ÄHNLICH.
DU UND YUJI, IHR HABT EUCH GEGENSEITIG ABGESICHERT, ODER?
ABER VERGISS ES!
WENN DU VERSUCHST, DIE KONTROLLE ZU ÜBERNEHMEN, WERDE ICH IHN SOFORT TÖTEN.
DU KANNST ZUGUCKEN!

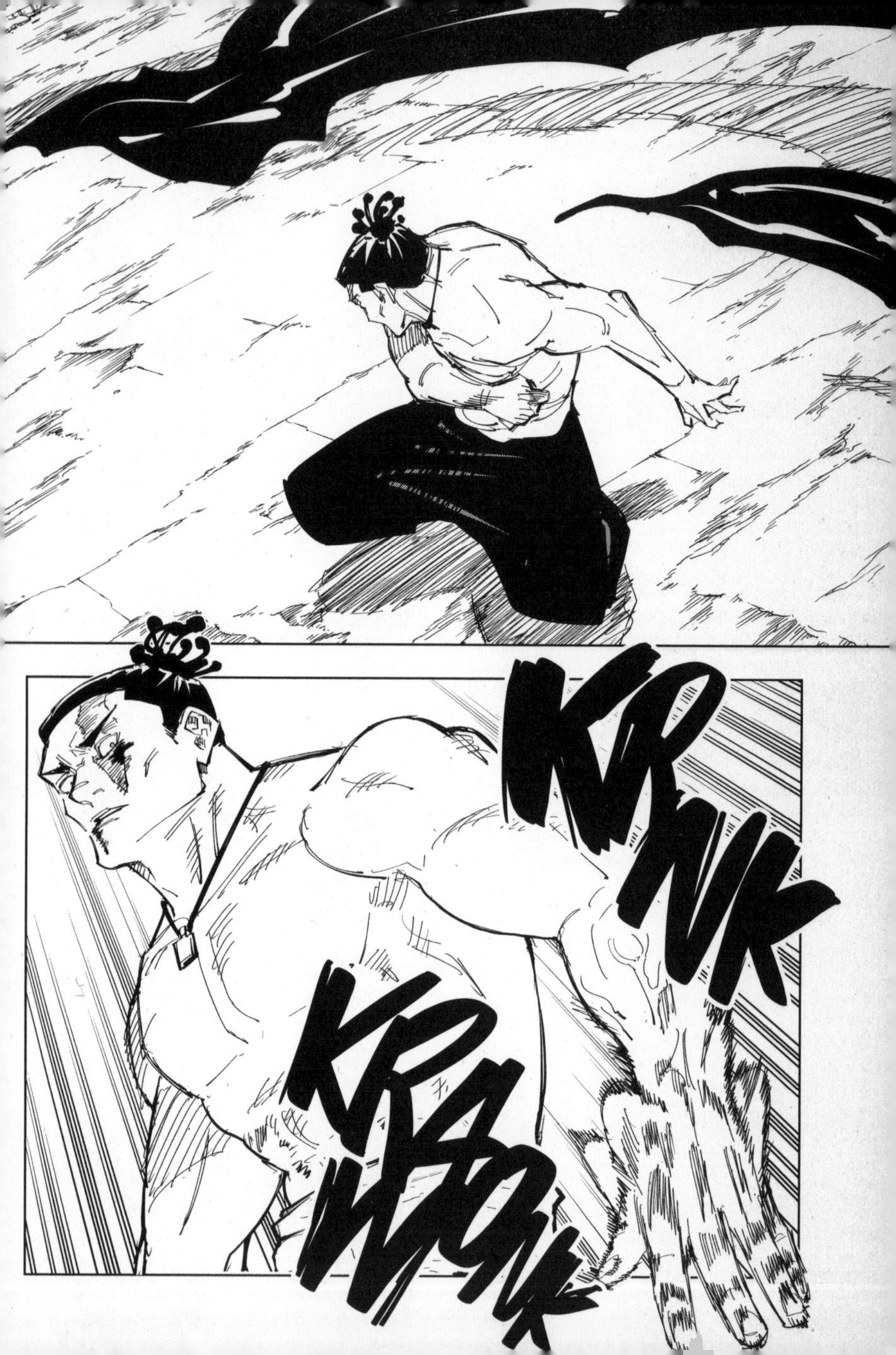

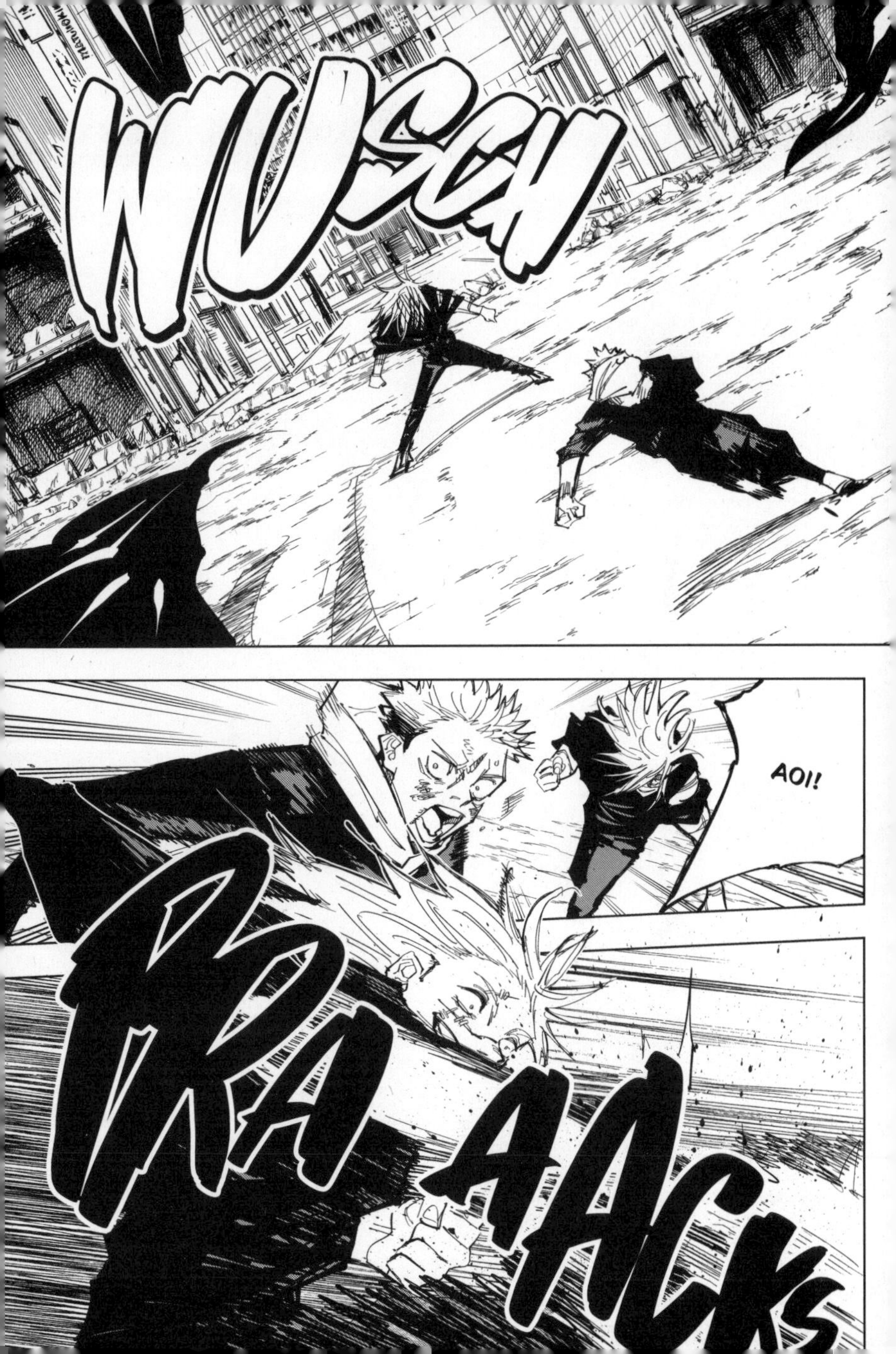
WOSCH
AOI!
KRA-AAACKS

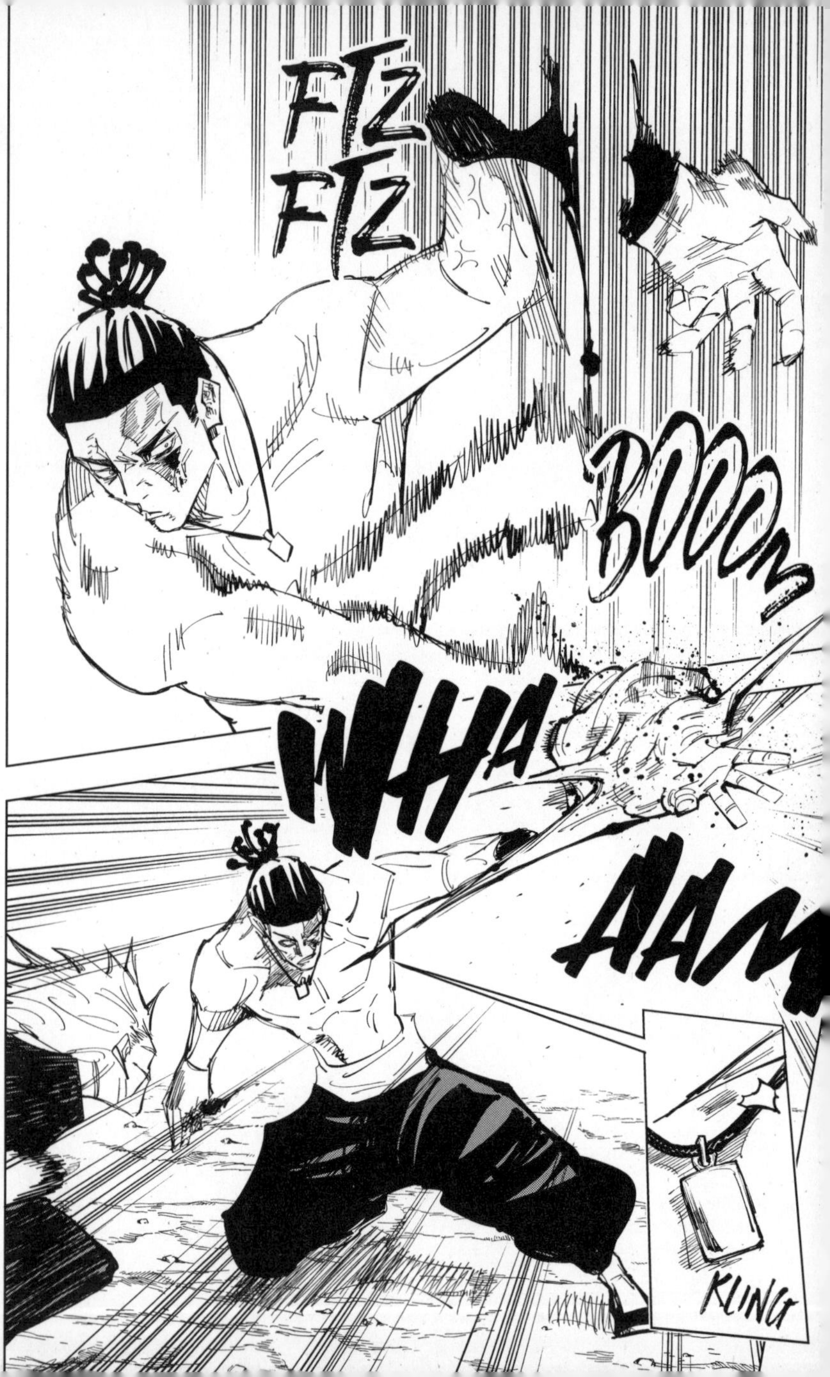
FTZ
FTZ
BOOOM
WHHA
AAM
KLING

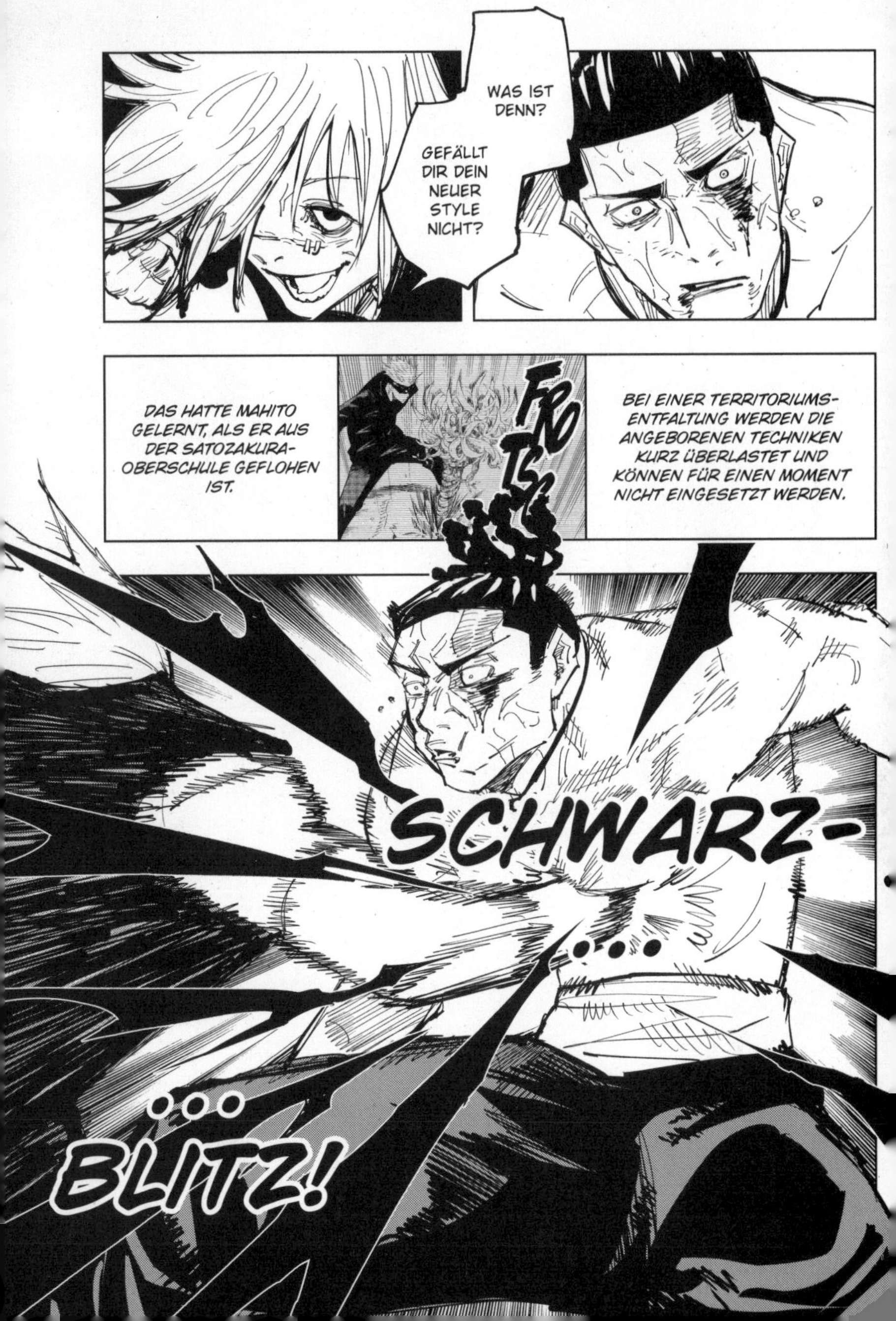
WAS IST DENN?
GEFÄLLT DIR DEIN NEUER STYLE NICHT?
BEI EINER TERRITORIUMS-ENTFALTUNG WERDEN DIE ANGEBORENEN TECHNIKEN KURZ ÜBERLASTET UND KÖNNEN FÜR EINEN MOMENT NICHT EINGESETZT WERDEN.
FROTSC
DAS HATTE MAHITO GELERNT, ALS ER AUS DER SATOZAKURA-OBERSCHULE GEFLOHEN IST.
SCHWARZ-
...
...BLITZ!

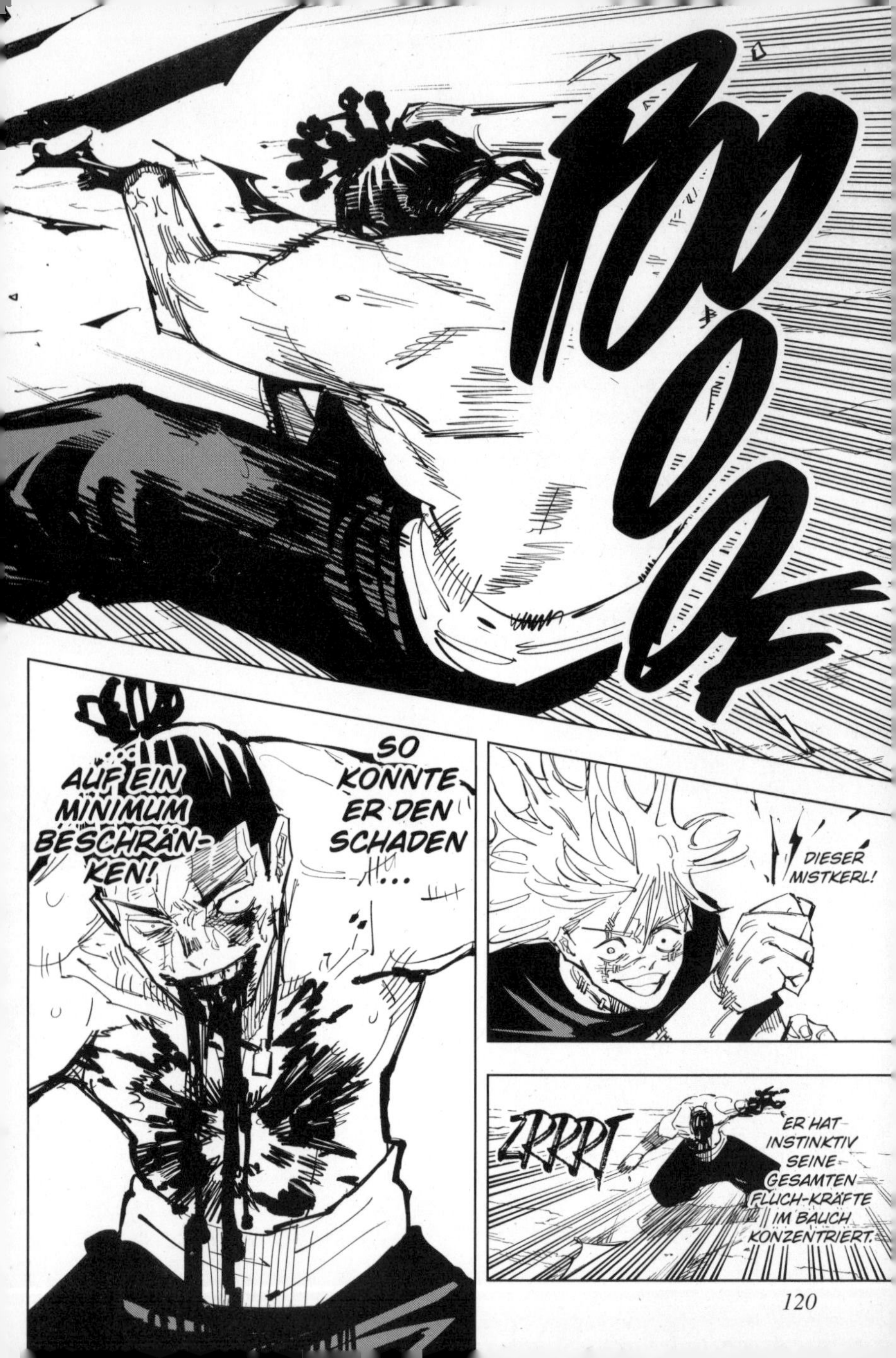
DIESER MISTKERL!
ZRPPT
ER HAT INSTINKTIV SEINE GESAMTEN FLUCH-KRÄFTE IM BAUCH KONZENTRIERT.
SO KONNTE ER DEN SCHADEN ...
... AUF EIN MINIMUM BESCHRÄNKEN!

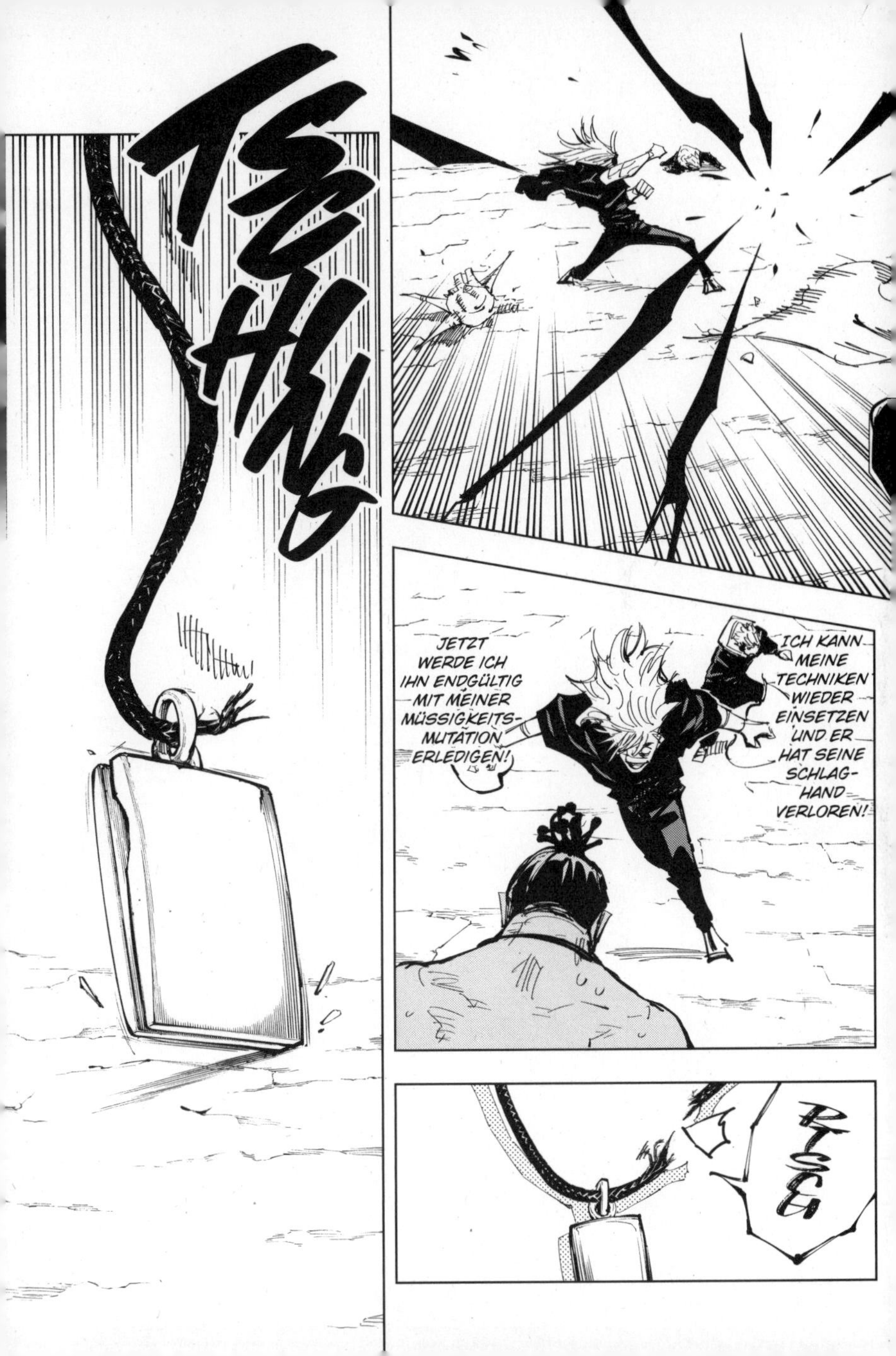
ICH KANN MEINE TECHNIKEN WIEDER EINSETZEN UND ER HAT SEINE SCHLAG-HAND VERLOREN!
JETZT WERDE ICH IHN ENDGÜLTIG MIT MEINER MÜSSIGKEITS-MUTATION ERLEDIGEN!

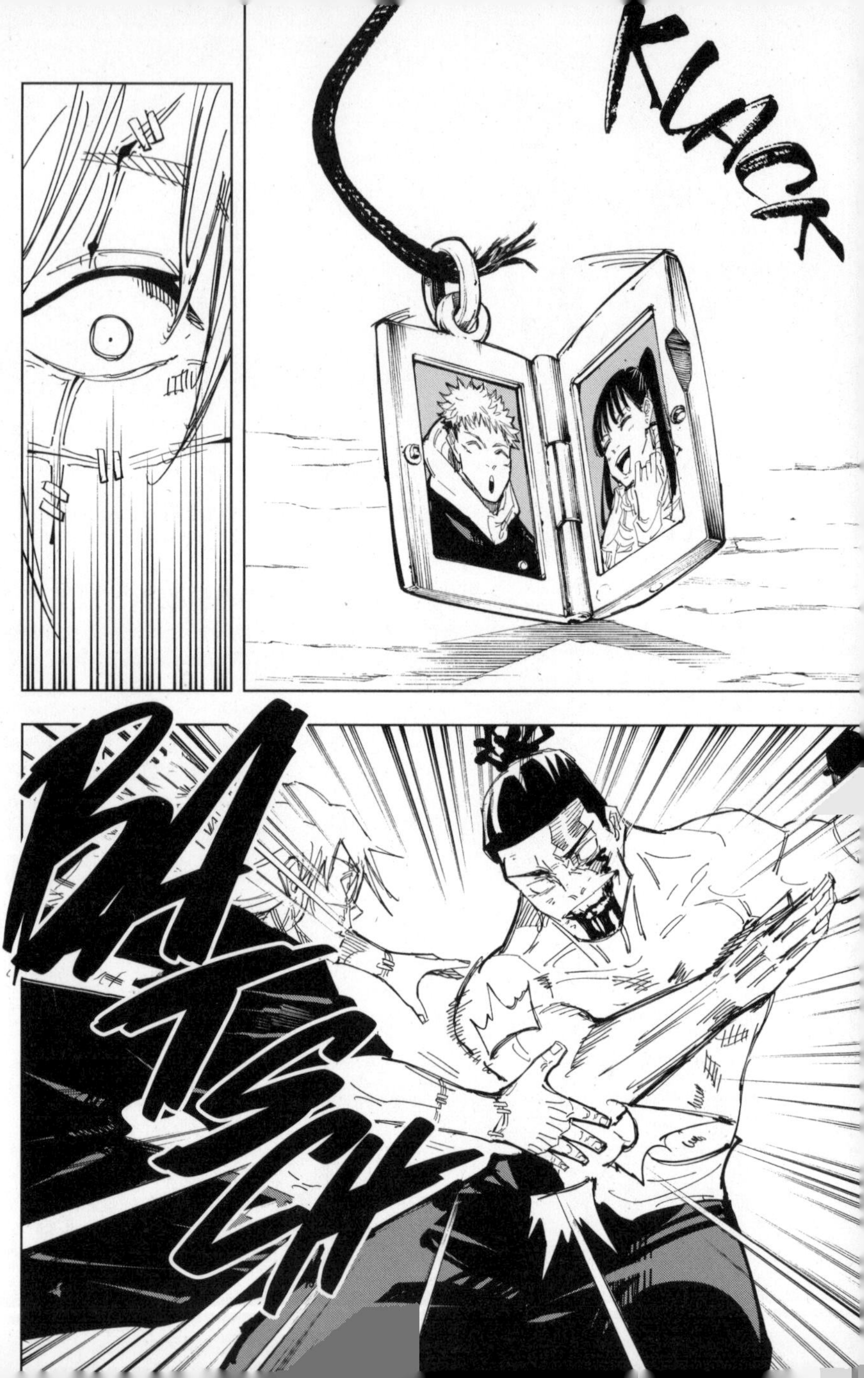
KLACK
BATSCH

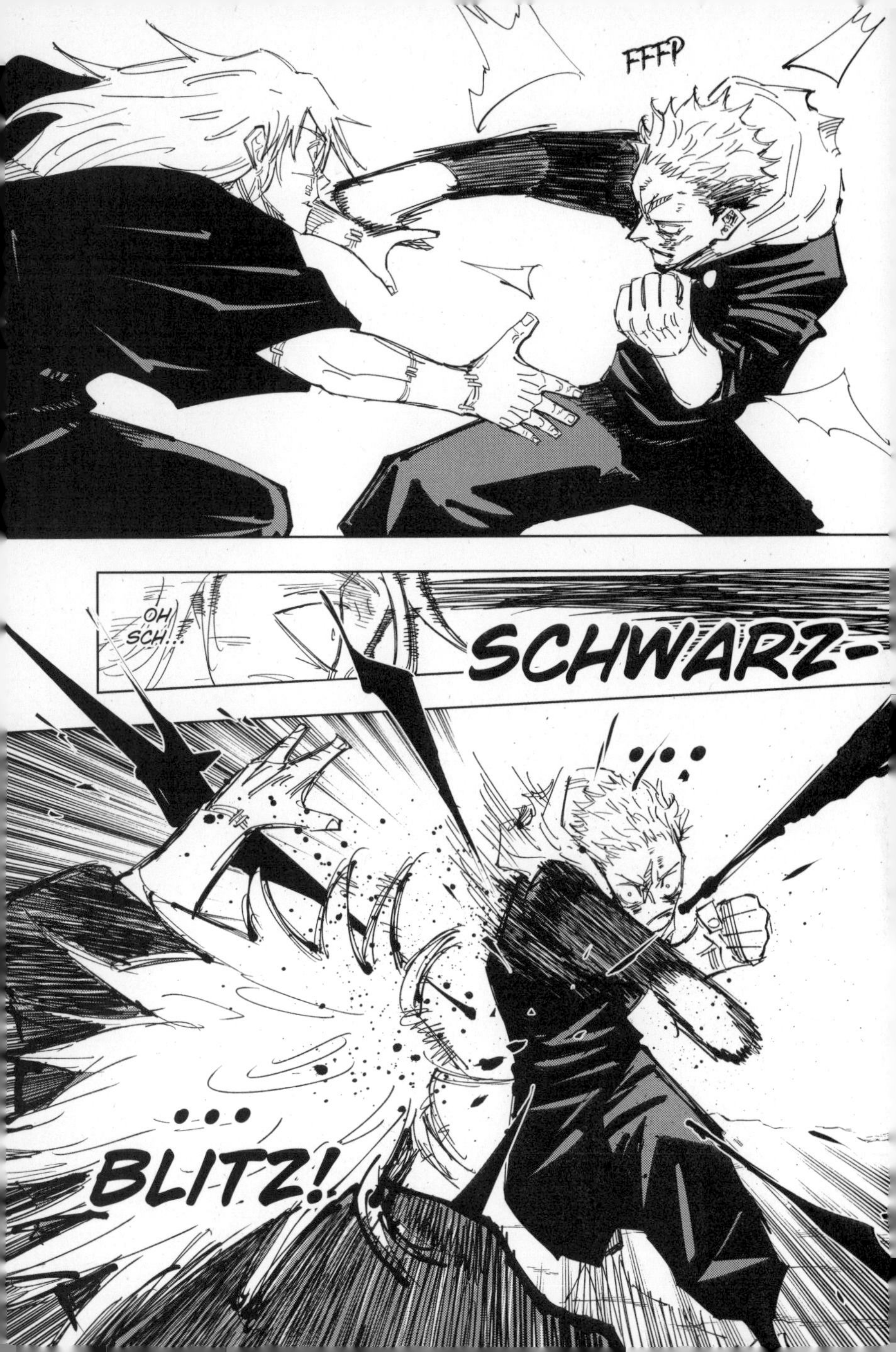
FFFP
OH SCH...
SCHWARZ-
...BLITZ!

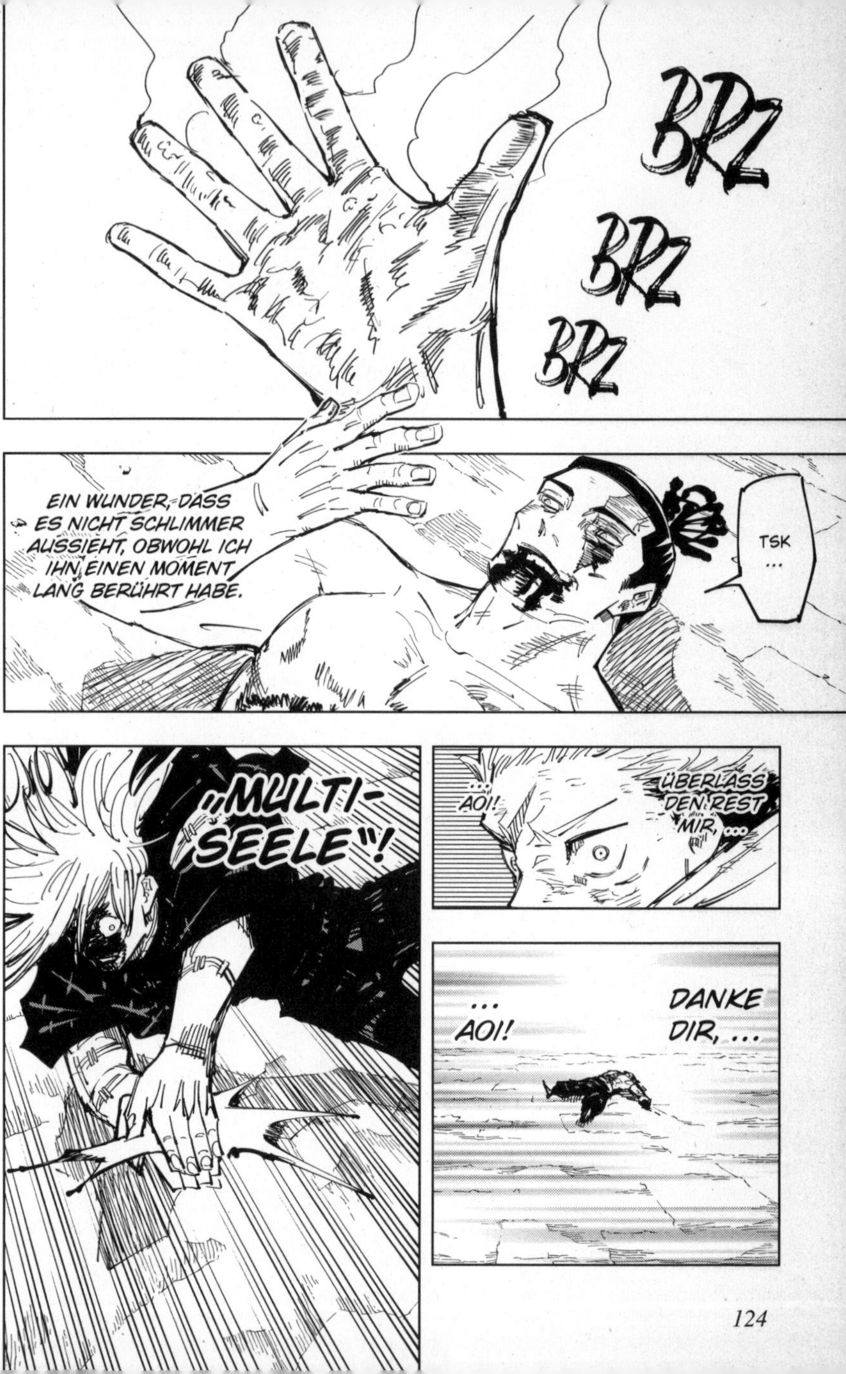
BRZ
BRZ
BRZ
TSK ...
EIN WUNDER, DASS ES NICHT SCHLIMMER AUSSIEHT, OBWOHL ICH IHN EINEN MOMENT LANG BERÜHRT HABE.
ÜBERLASS DEN REST MIR, ...
... AOI!
DANKE DIR, ...
... AOI!
„MULTI-SEELE“!

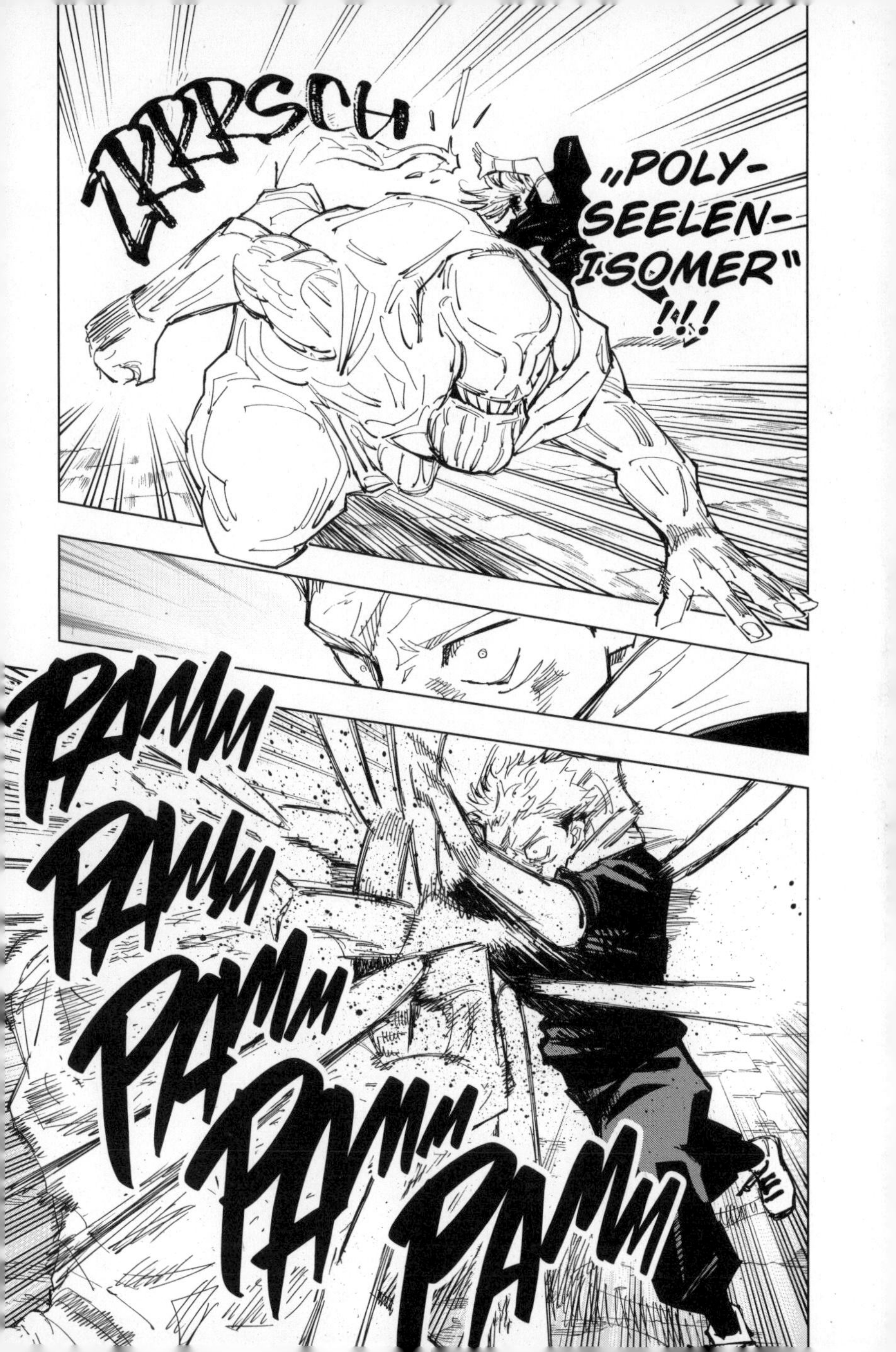
ZRRSCH
„POLY-SEELEN-ISOMER"!!!
PAMM PAMM PAMM PAMM PAMM

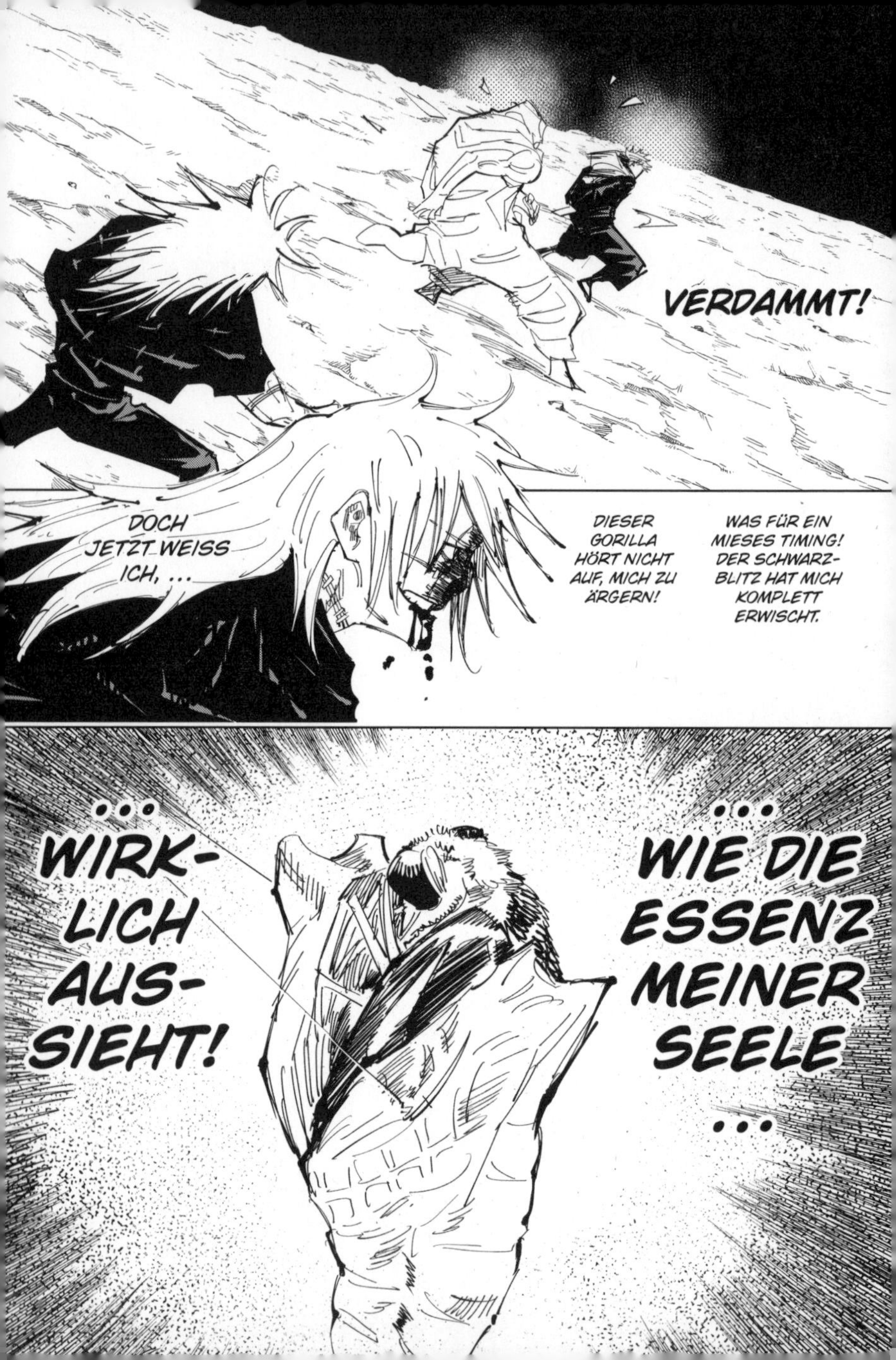
VERDAMMT!
WAS FÜR EIN MIESES TIMING! DER SCHWARZ-BLITZ HAT MICH KOMPLETT ERWISCHT.
DIESER GORILLA HÖRT NICHT AUF, MICH ZU ÄRGERN!
DOCH JETZT WEISS ICH, ...
... WIE DIE ESSENZ MEINER SEELE ...
... WIRK-LICH AUS-SIEHT!

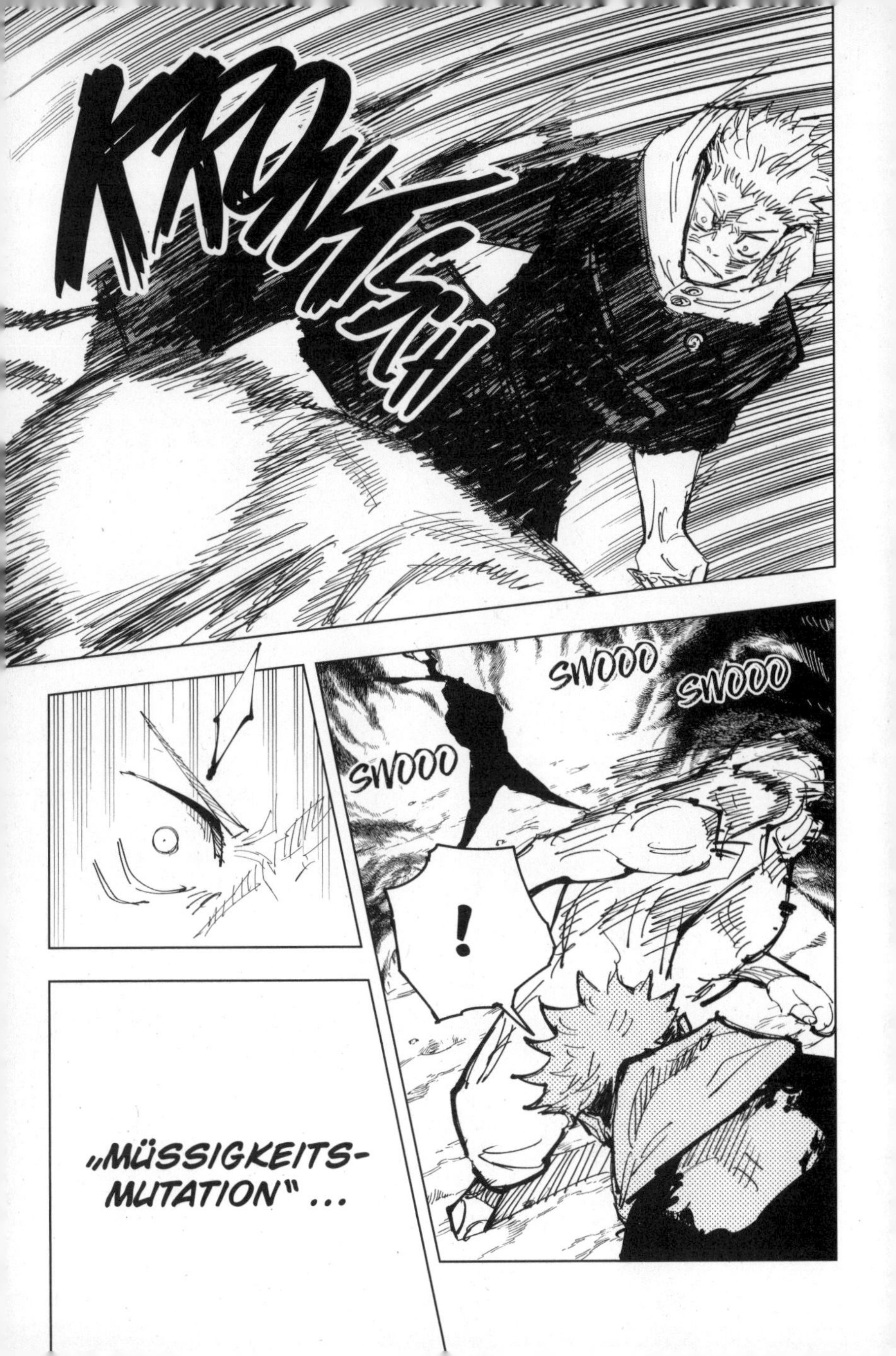
KRONSCH!!
SWOOO
SWOOO
SWOOO
!
„MÜSSIGKEITS-
MUTATION“ …

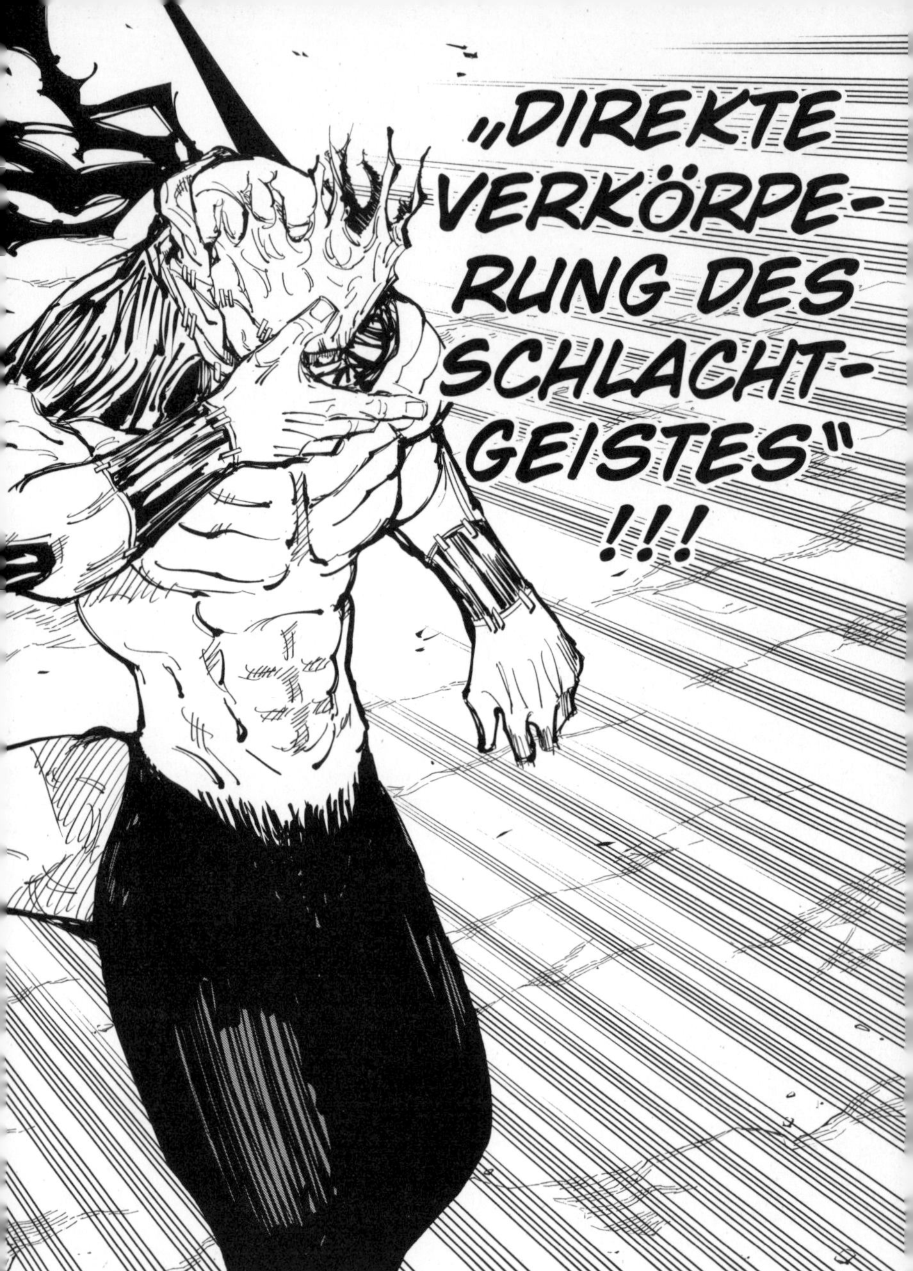
„DIREKTE VERKÖRPE-RUNG DES SCHLACHT-GEISTES"
!!!

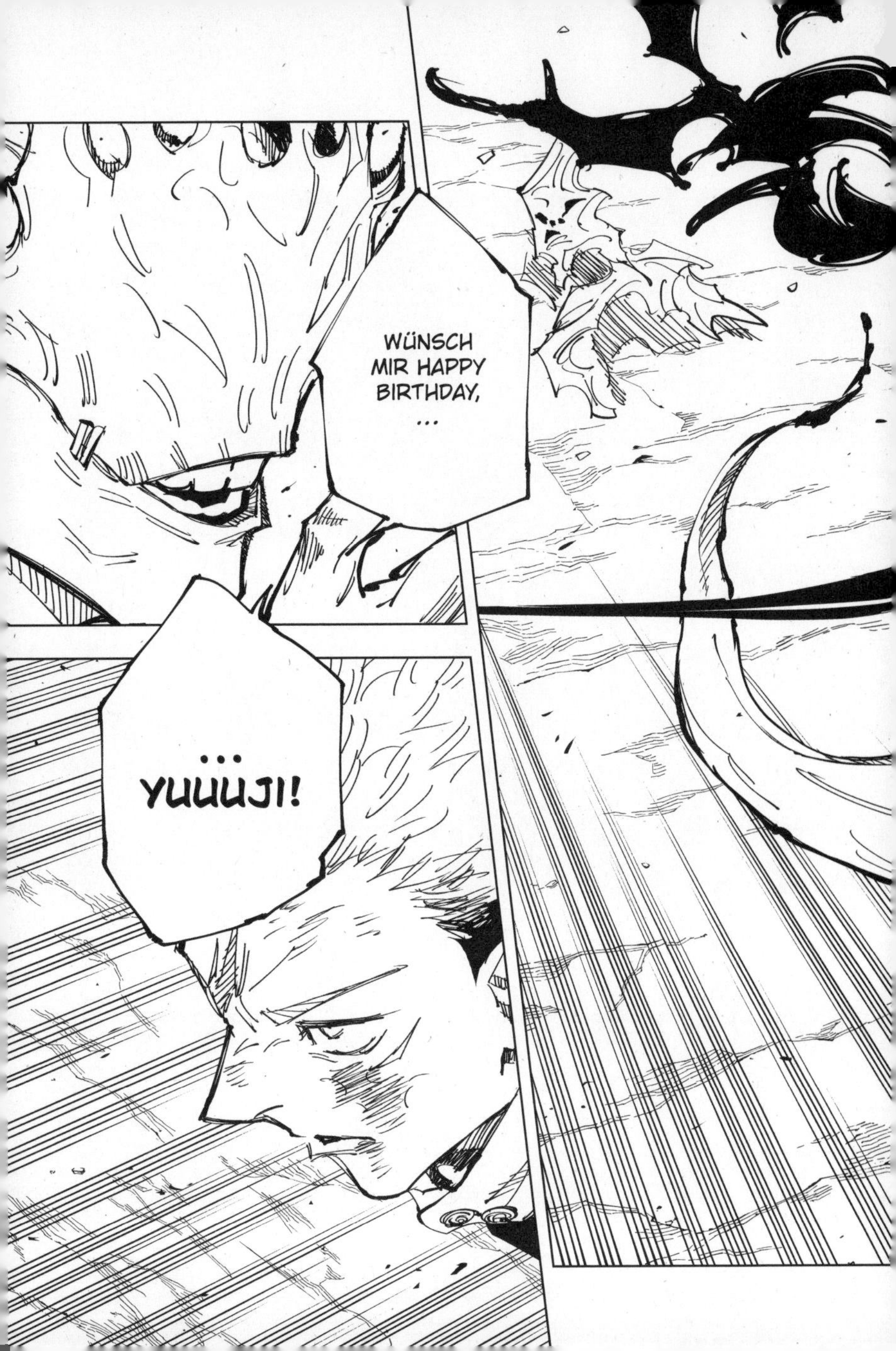
WÜNSCH MIR HAPPY BIRTHDAY, ...
... YUUUJI!

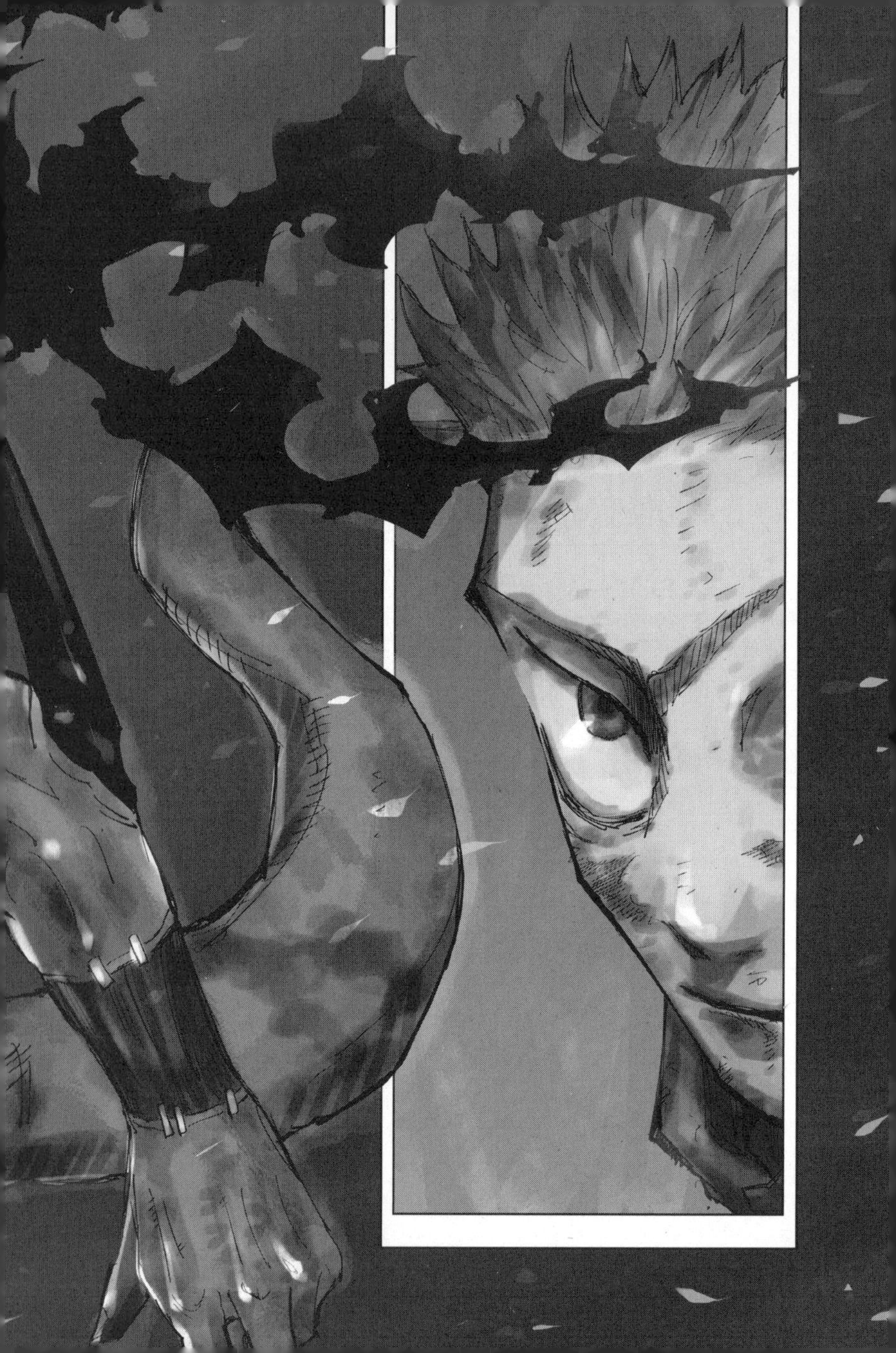

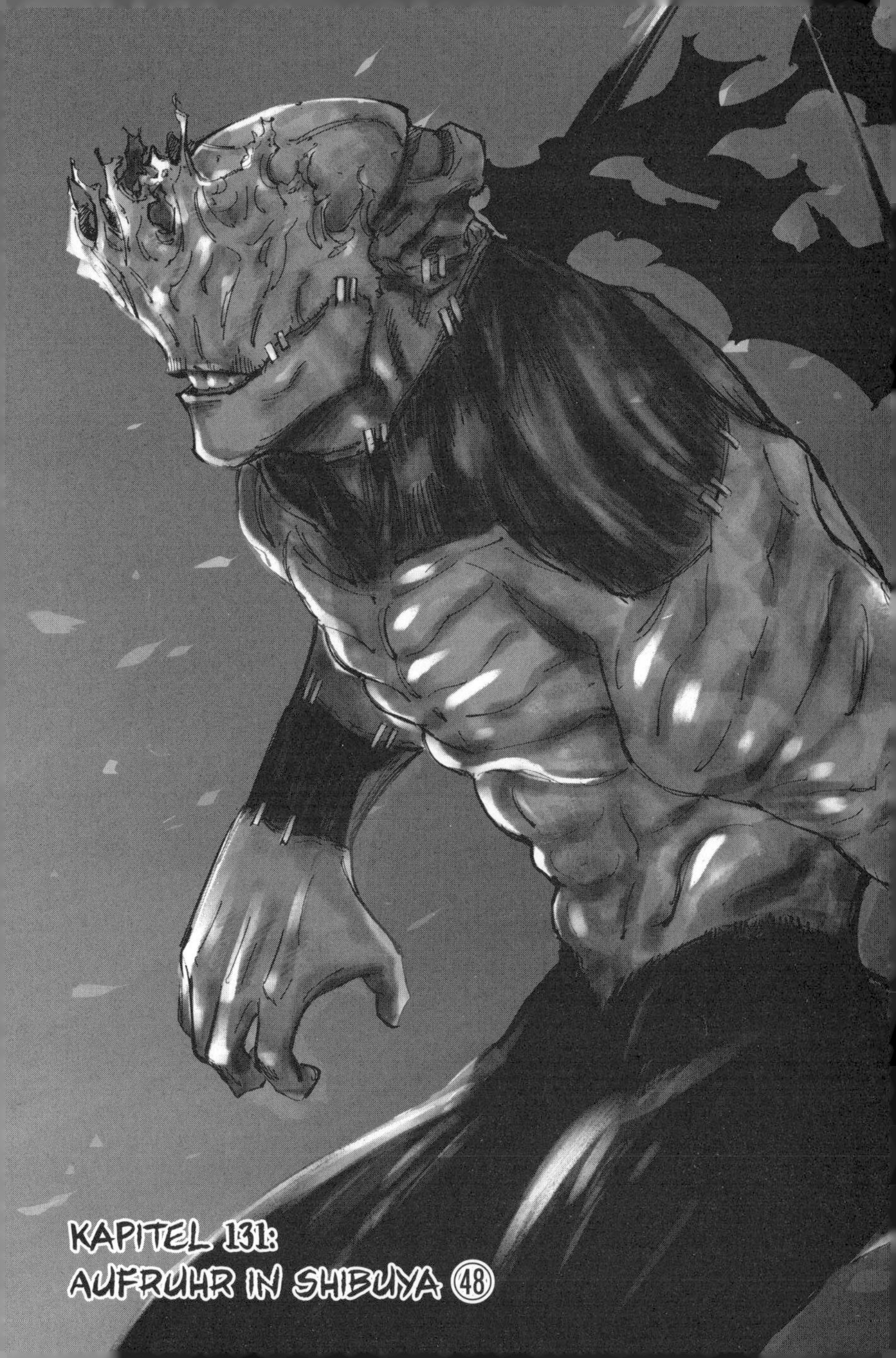

KAPITEL 131: AUFRUHR IN SHIBUYA 48

JUJUTSU KAISEN

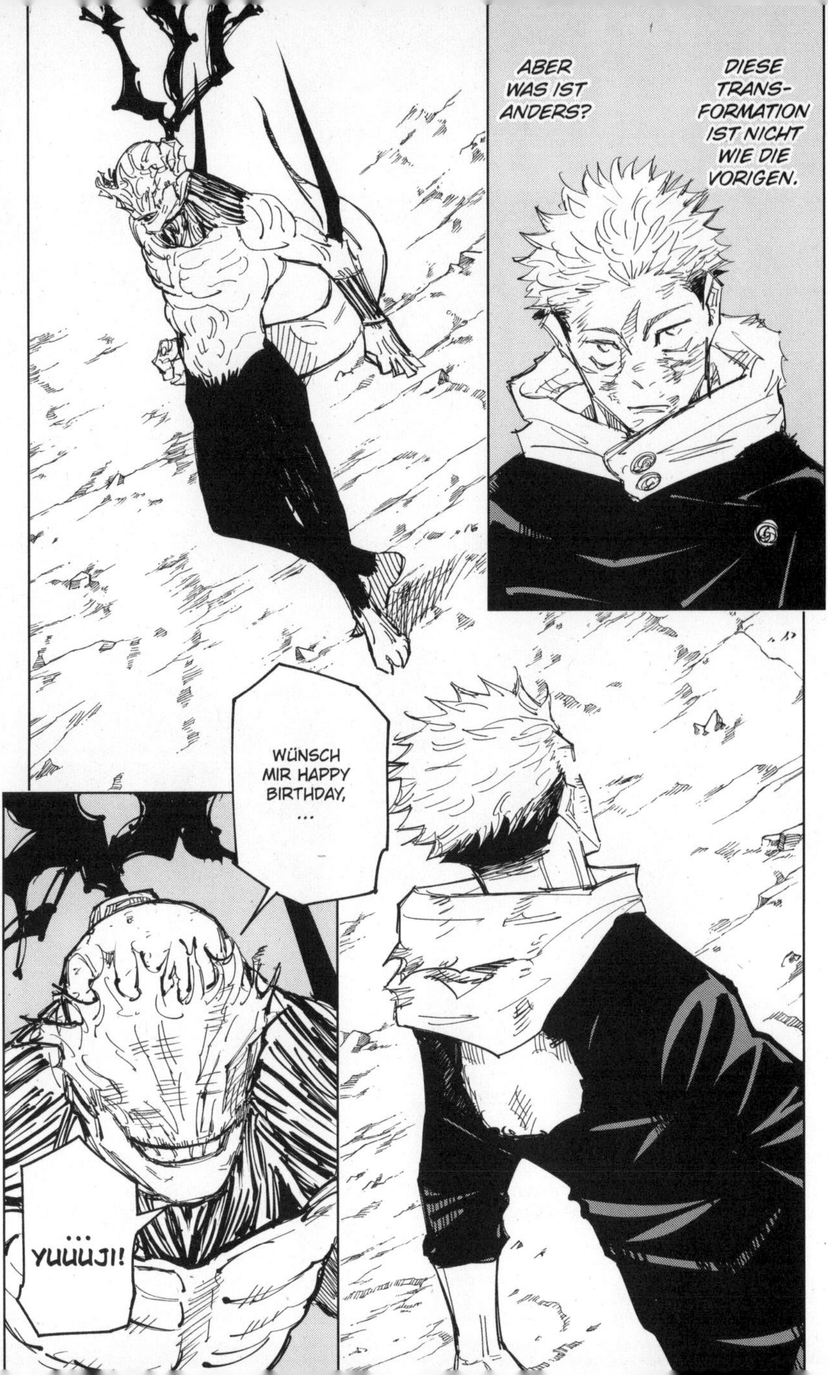
DIESE TRANS-FORMATION IST NICHT WIE DIE VORIGEN.
ABER WAS IST ANDERS?
WÜNSCH MIR HAPPY BIRTHDAY, ...
... YUUÜJI!

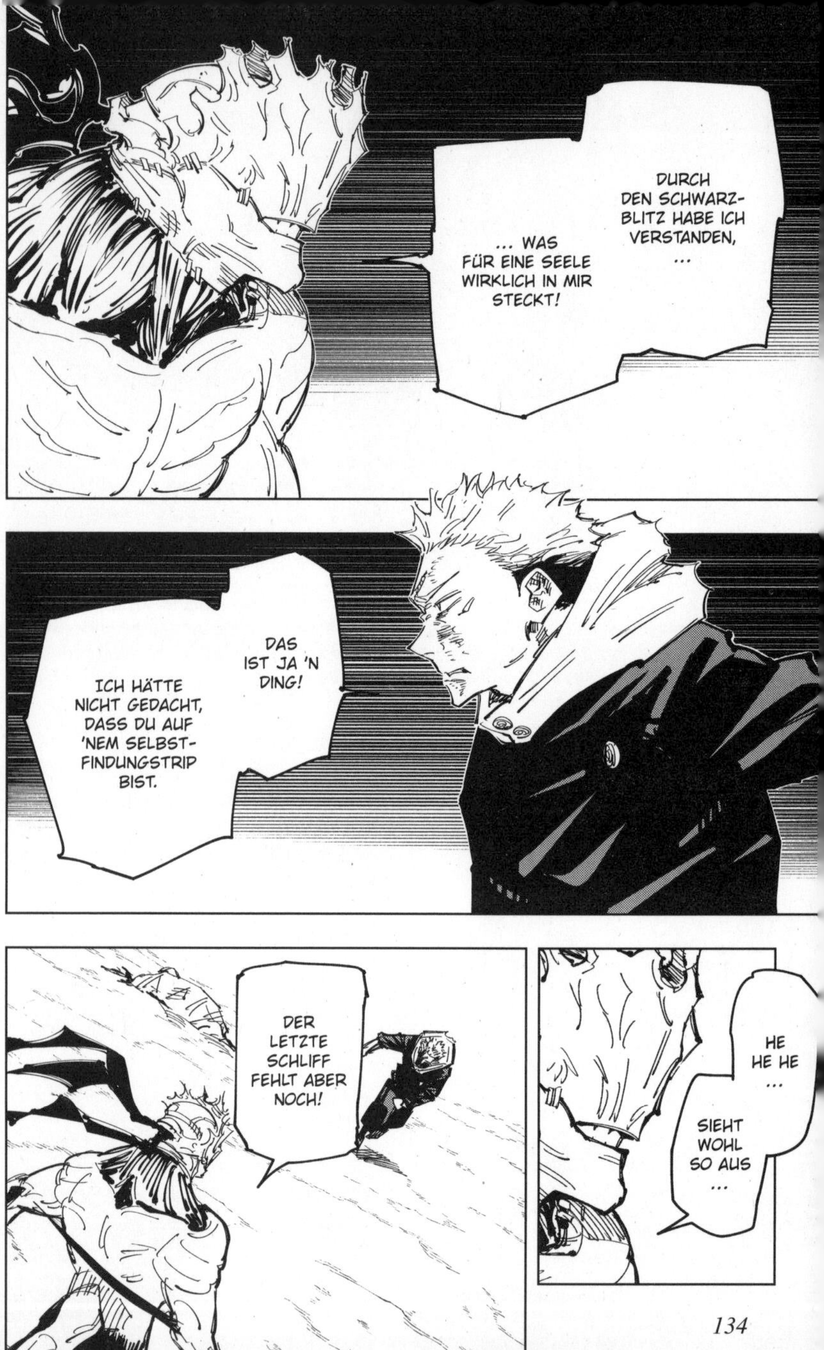
DURCH DEN SCHWARZ-BLITZ HABE ICH VERSTANDEN, ...
... WAS FÜR EINE SEELE WIRKLICH IN MIR STECKT!
DAS IST JA 'N DING!
ICH HÄTTE NICHT GEDACHT, DASS DU AUF 'NEM SELBST-FINDUNGSTRIP BIST.
HE HE HE ...
SIEHT WOHL SO AUS ...
DER LETZTE SCHLIFF FEHLT ABER NOCH!

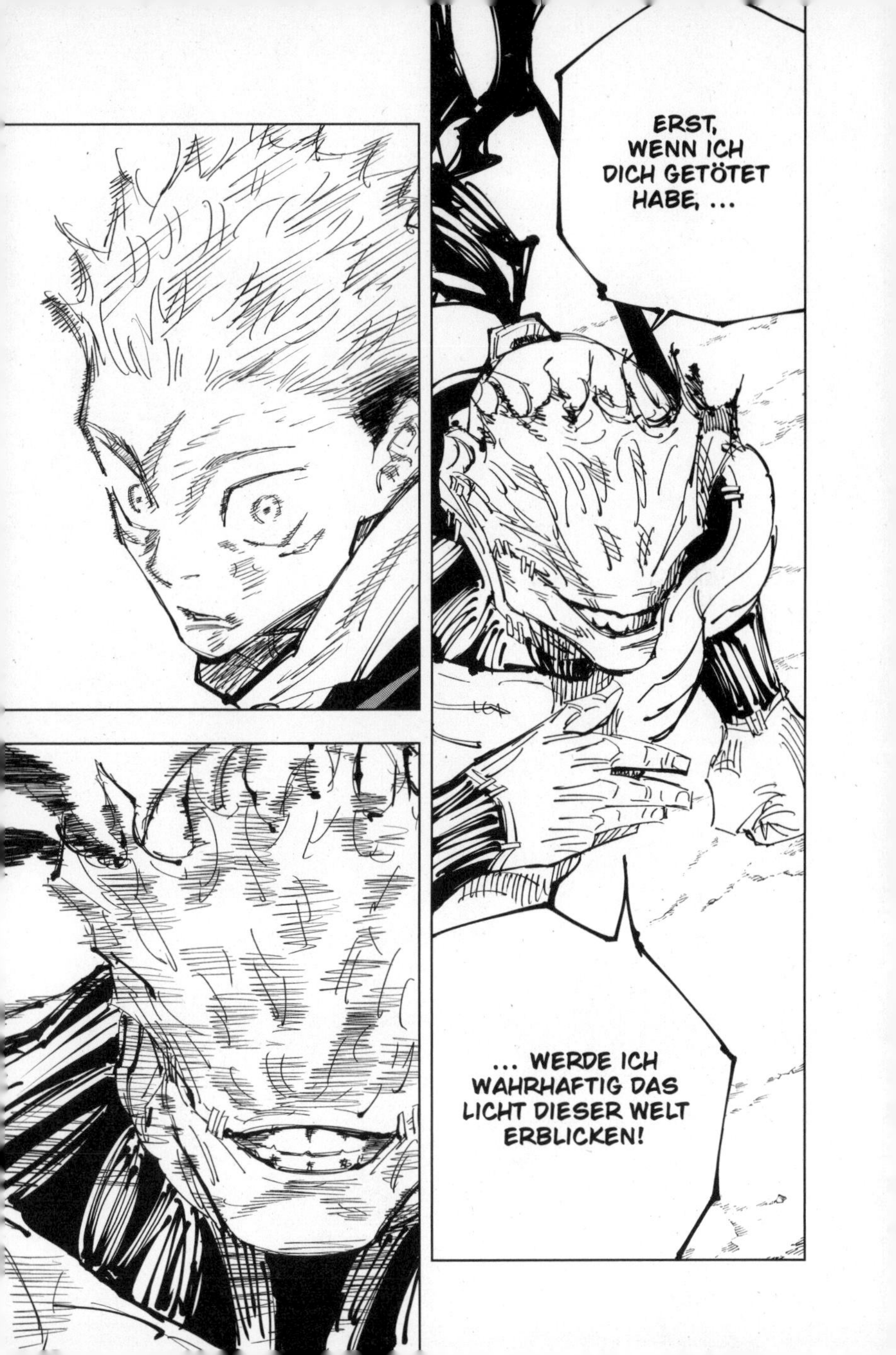

ERST, WENN ICH DICH GETÖTET HABE, …
… WERDE ICH WAHRHAFTIG DAS LICHT DIESER WELT ERBLICKEN!

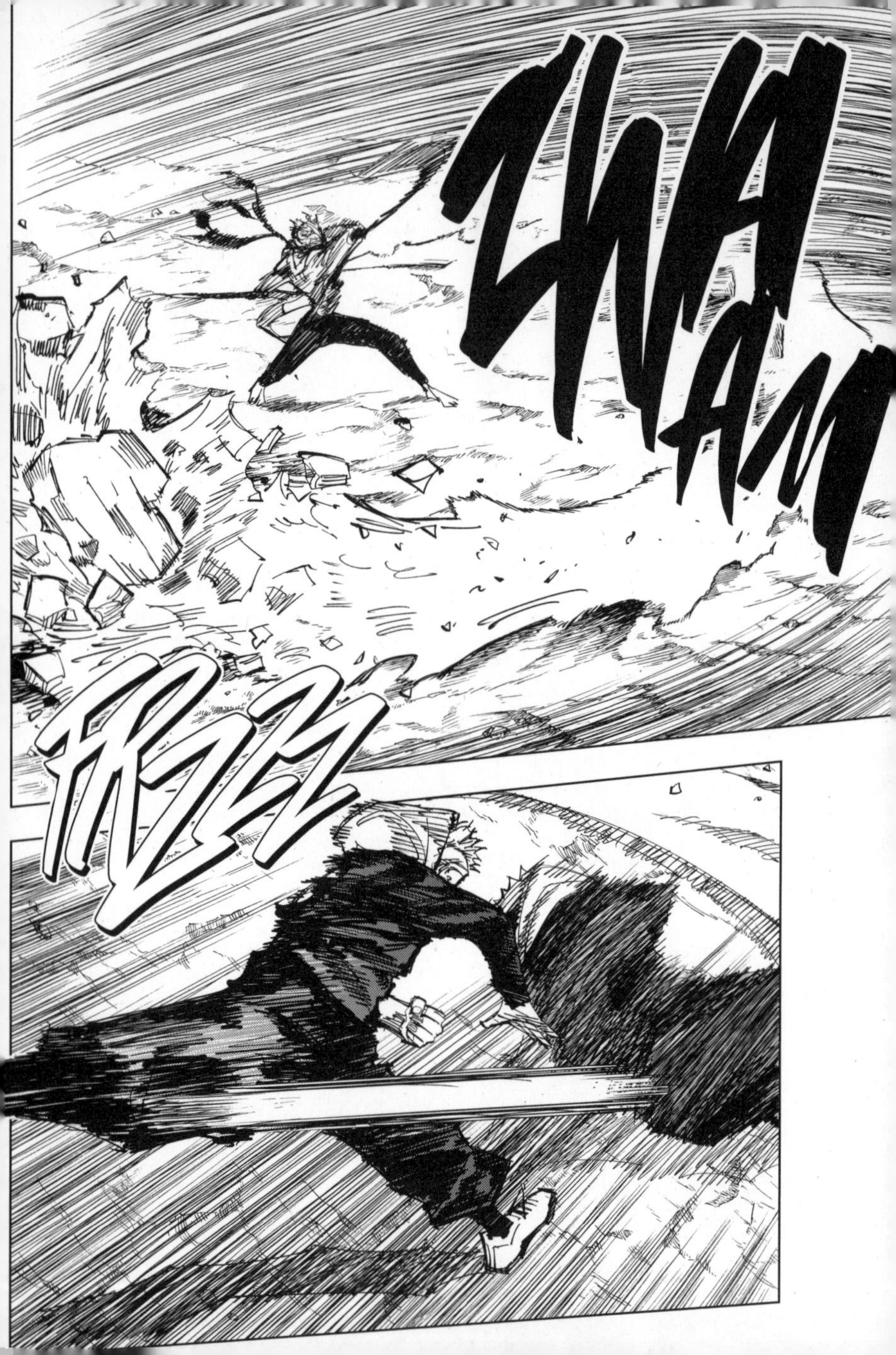

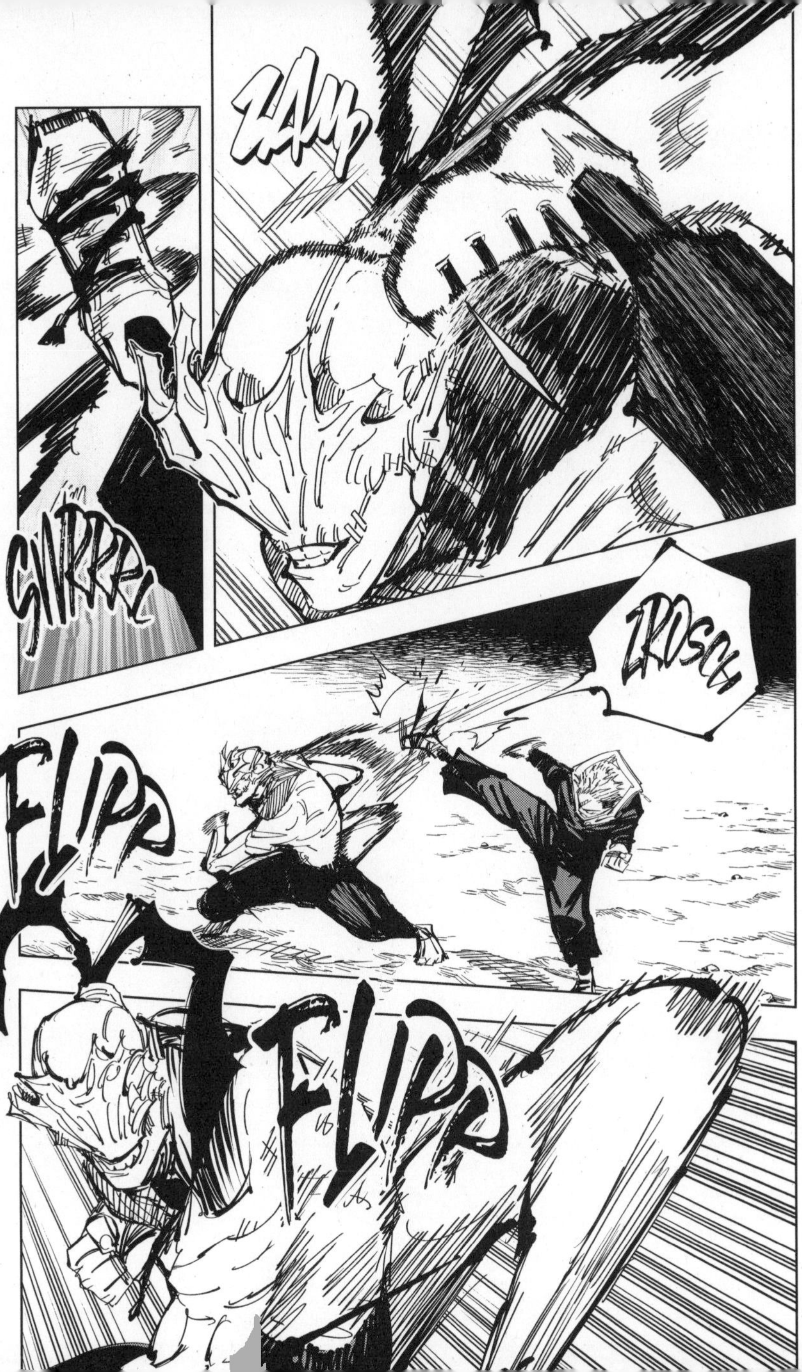
ZROSCH
FLIPP
FLIPP

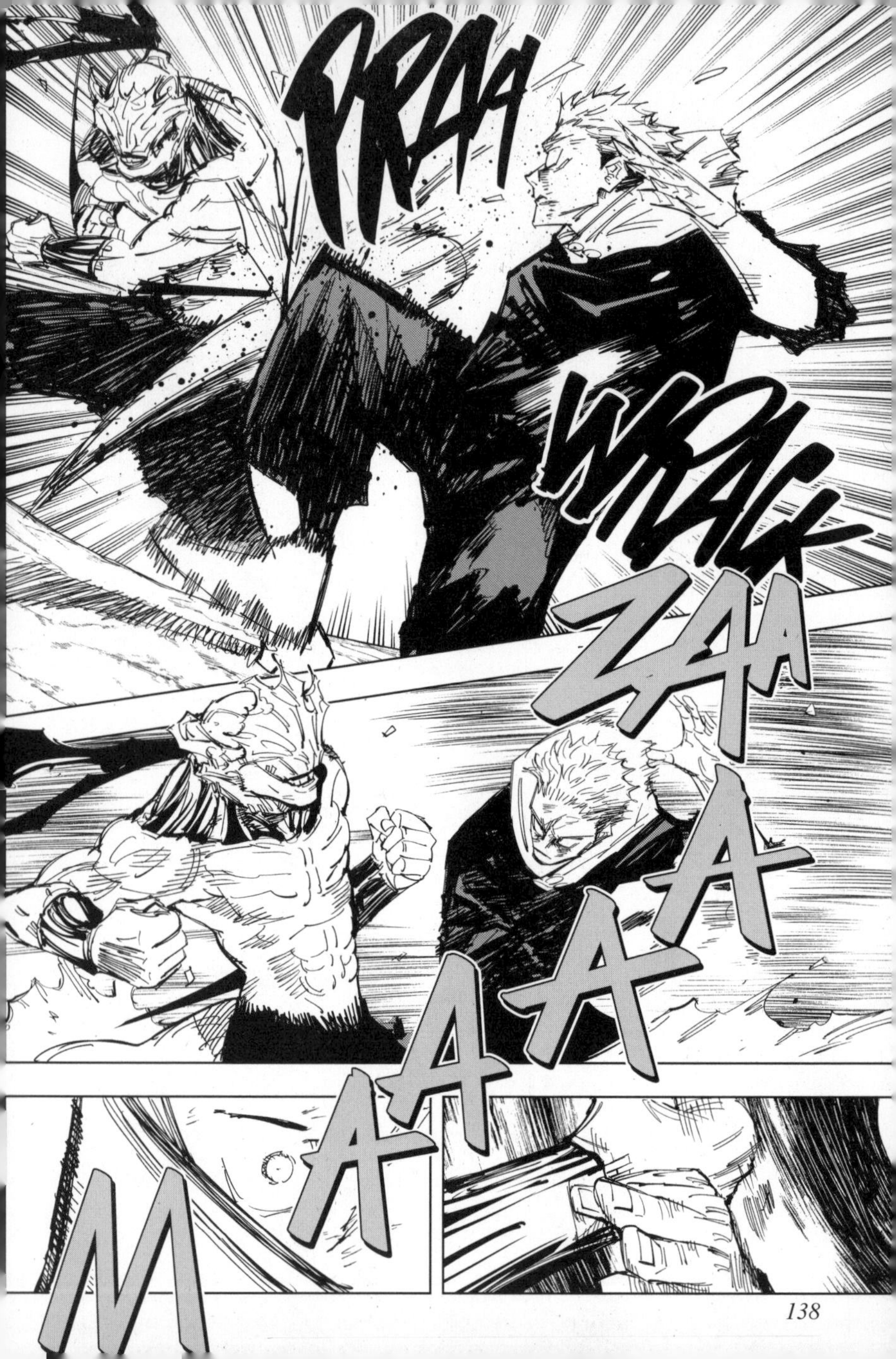
WHACK

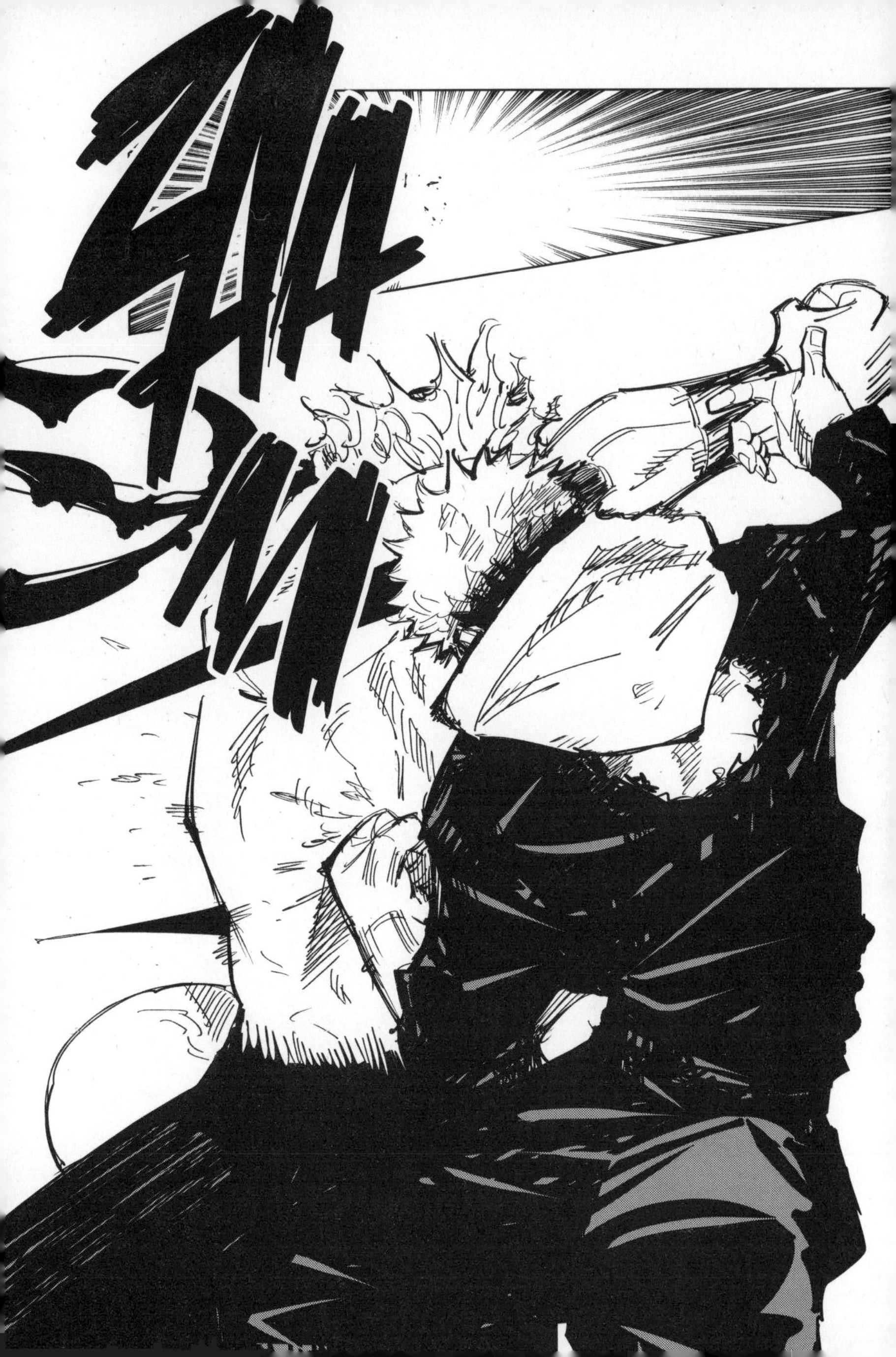

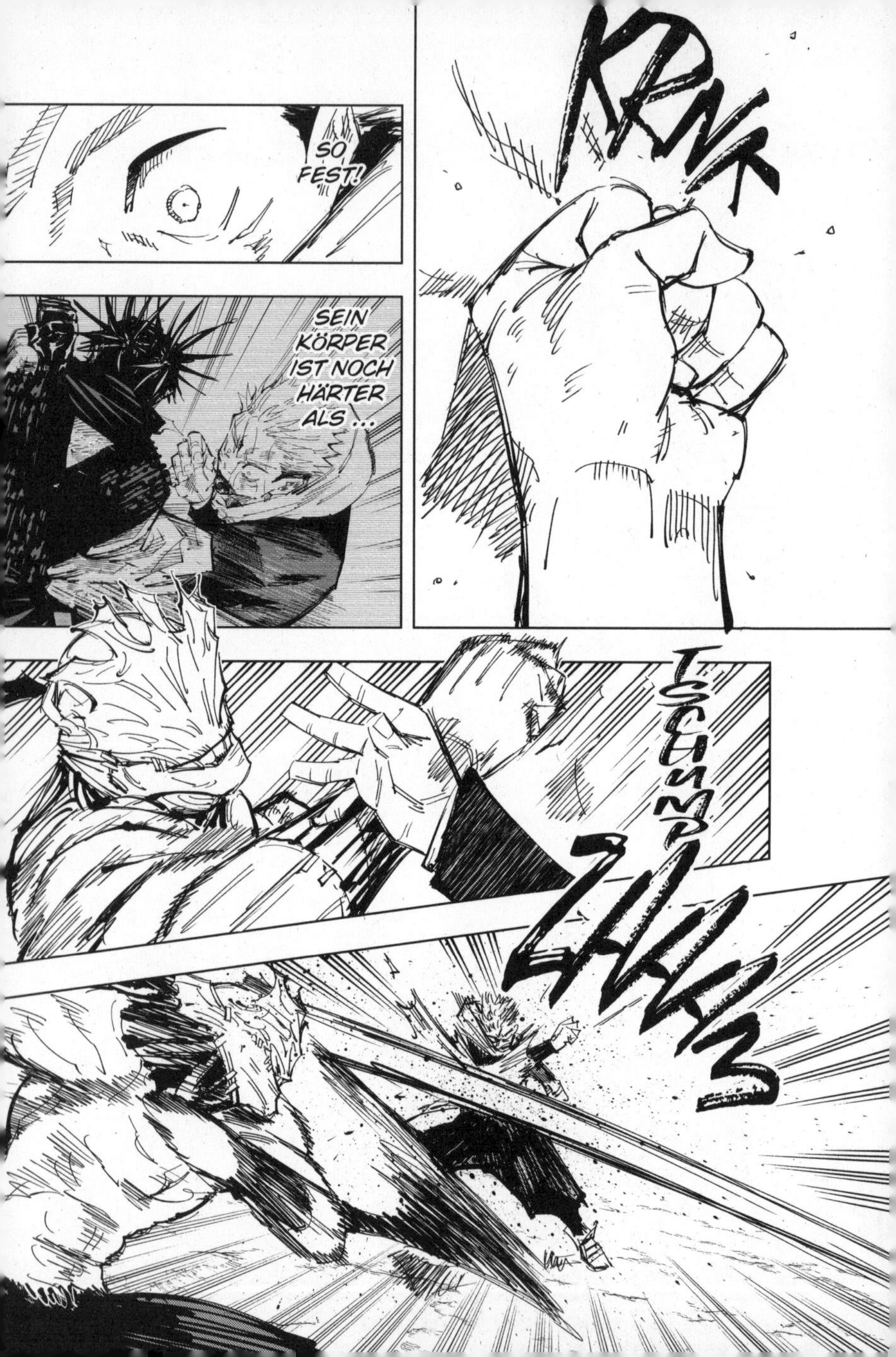
KRNK
SO FEST!
SEIN KÖRPER IST NOCH HÄRTER ALS ...
TSCHUMP

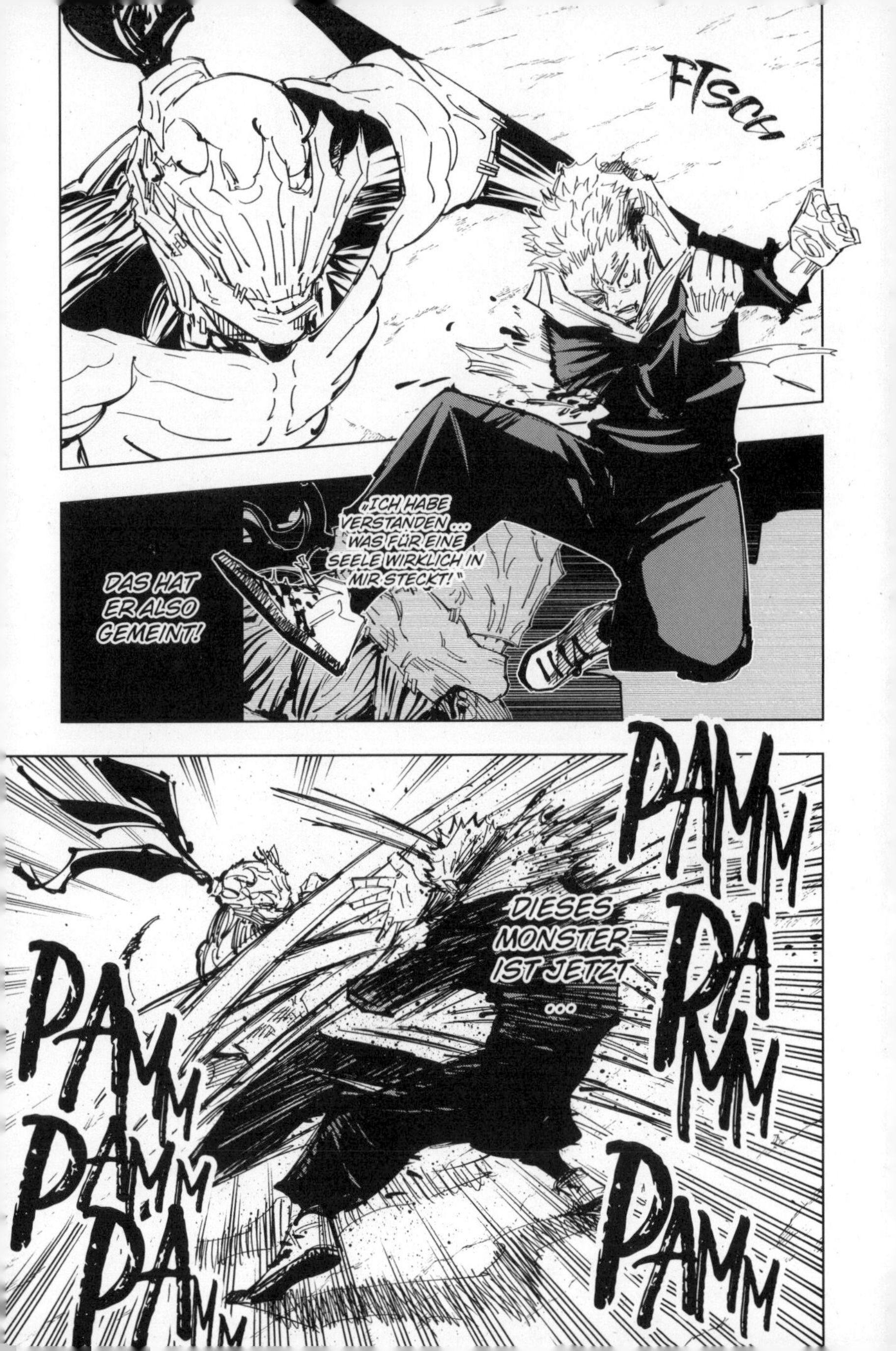
FTSCH
„ICH HABE VERSTANDEN ... WAS FÜR EINE SEELE WIRKLICH IN MIR STECKT!“
DAS HAT ER ALSO GEMEINT!
PAMM PARAMM
PAMM
DIESES MONSTER IST JETZT ...
PAMM PAMM PAMM PAMM

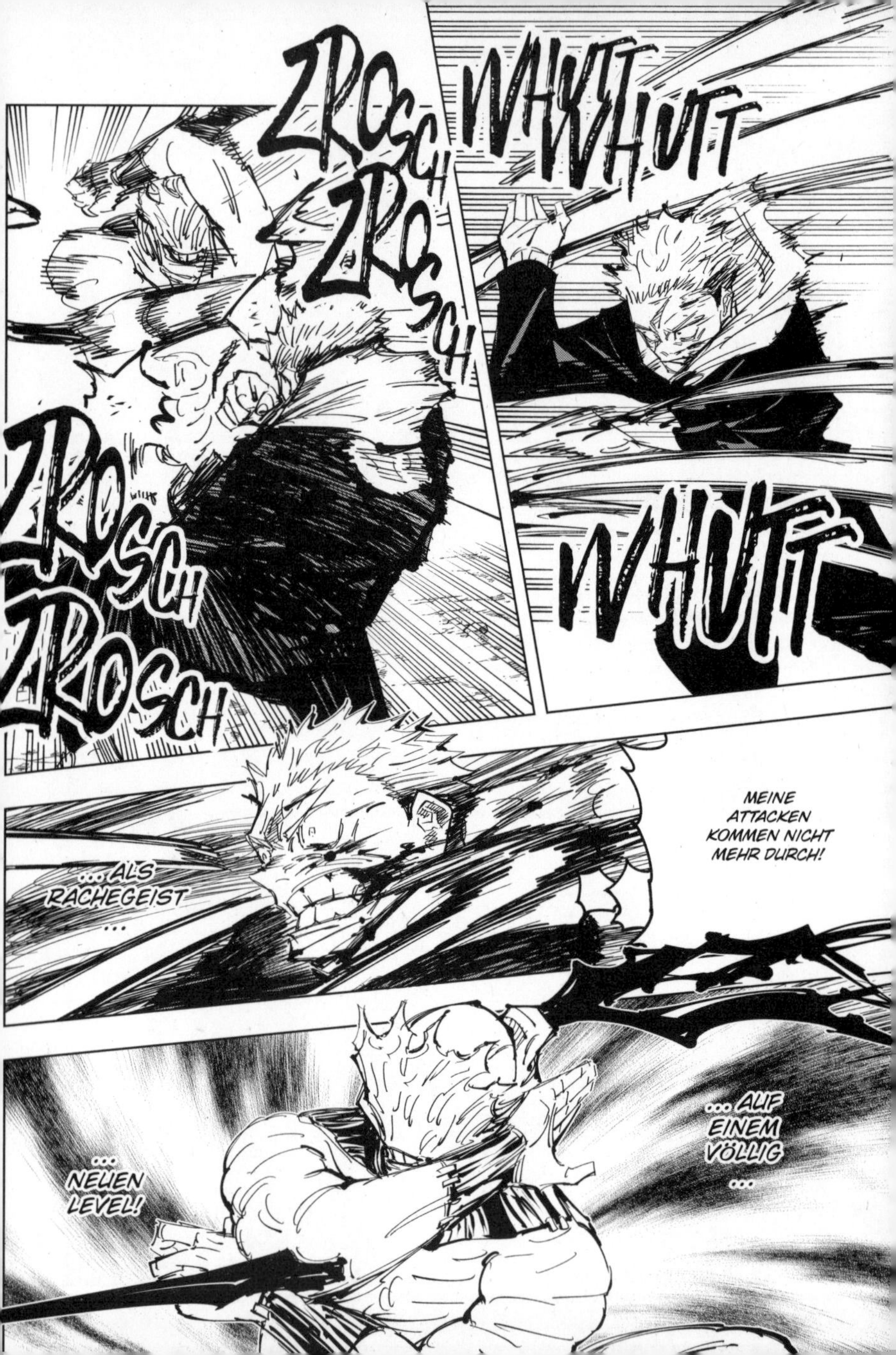
WHUTT
WHUTT
WHUTT
ZROSCH
ZROSCH
ZROSCH
ZROSCH
MEINE ATTACKEN KOMMEN NICHT MEHR DURCH!
... ALS RACHEGEIST ...
... AUF EINEM VÖLLIG ...
... NEUEN LEVEL!

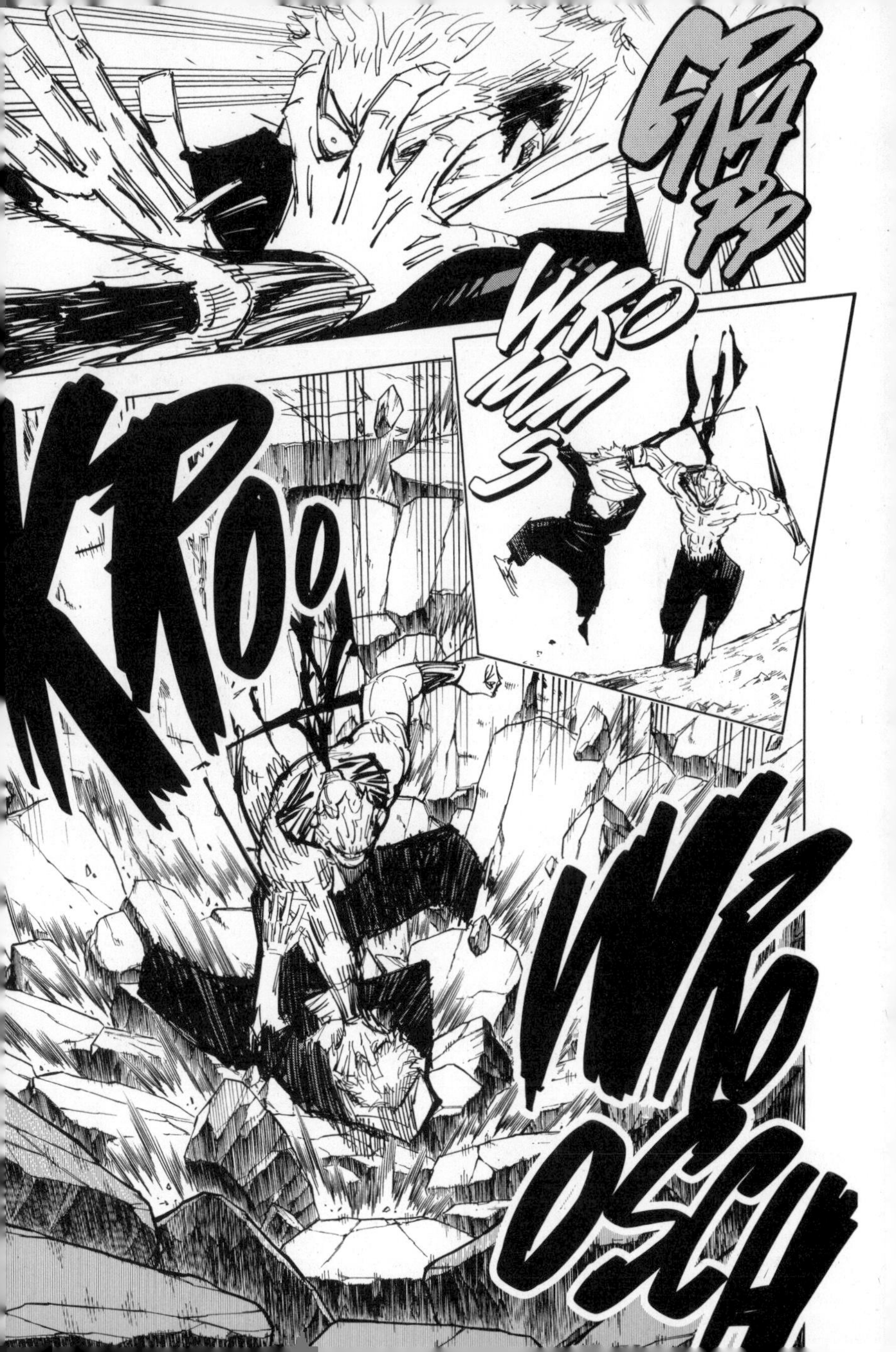

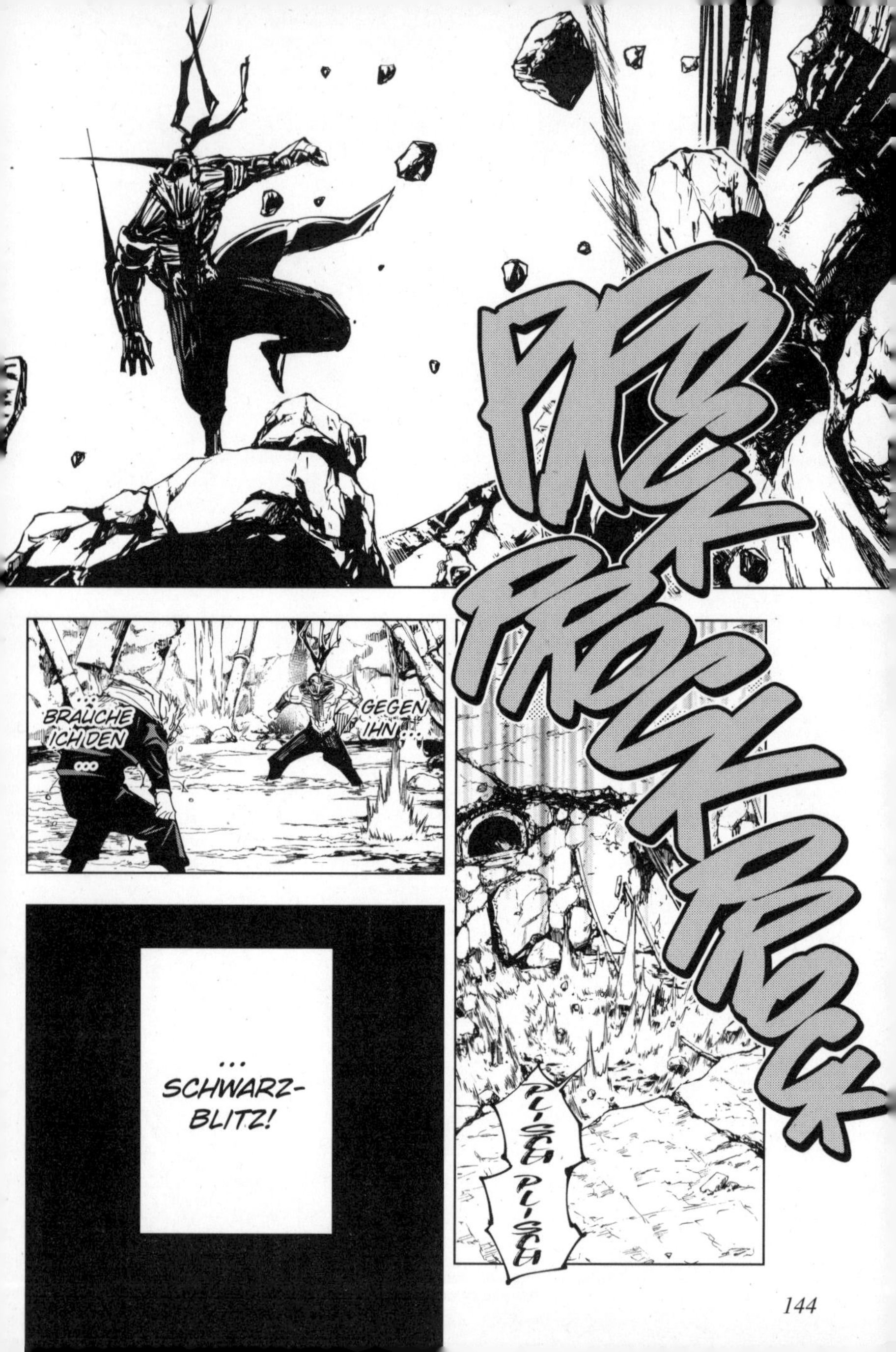
PLISCH PLISCH
GEGEN IHN ...
... BRAUCHE ICH DEN ...
... SCHWARZ-BLITZ!

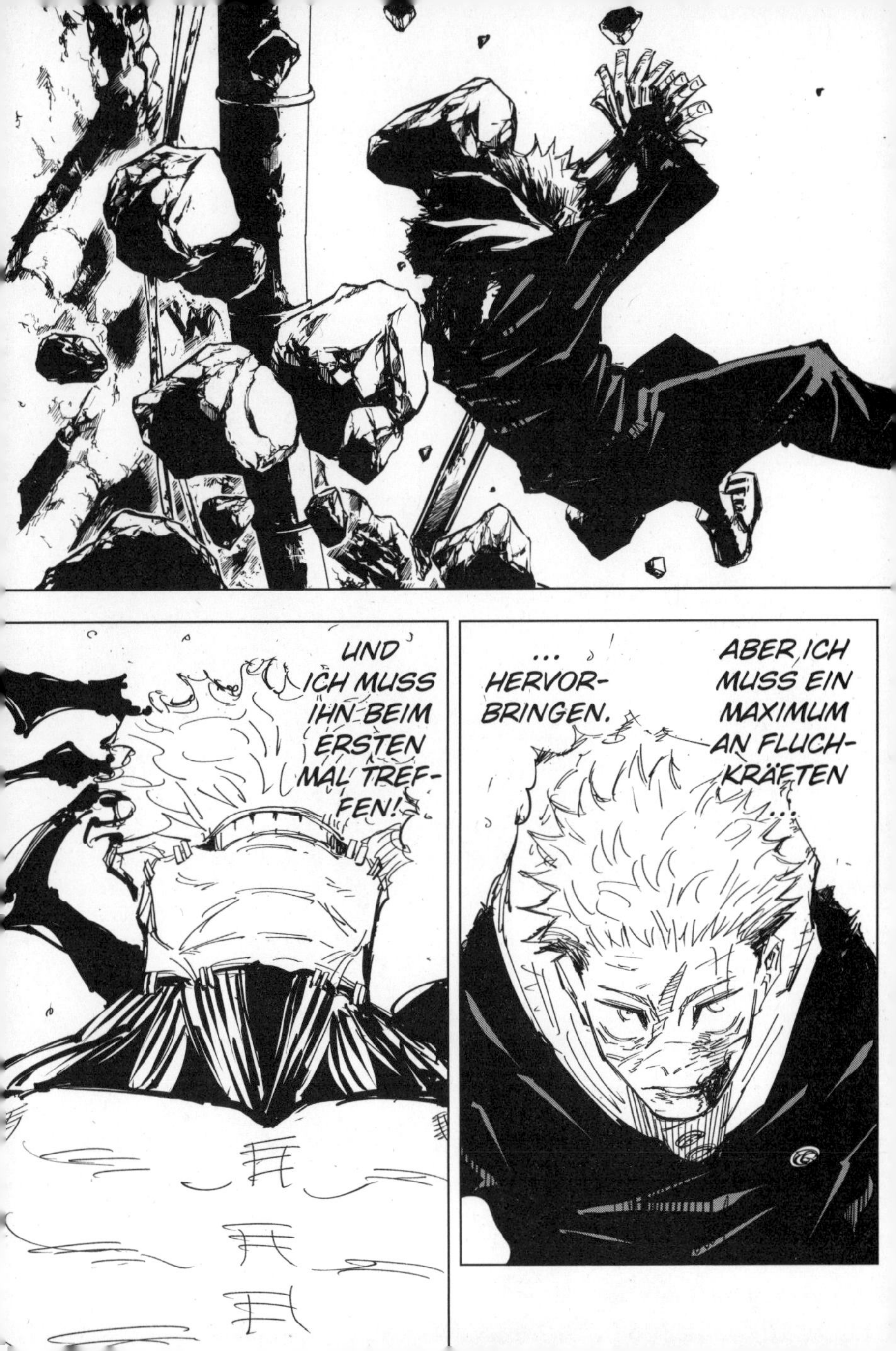
ABER ICH MUSS EIN MAXIMUM AN FLUCHKRÄFTEN …
… HERVORBRINGEN.
UND ICH MUSS IHN BEIM ERSTEN MAL TREFFEN!

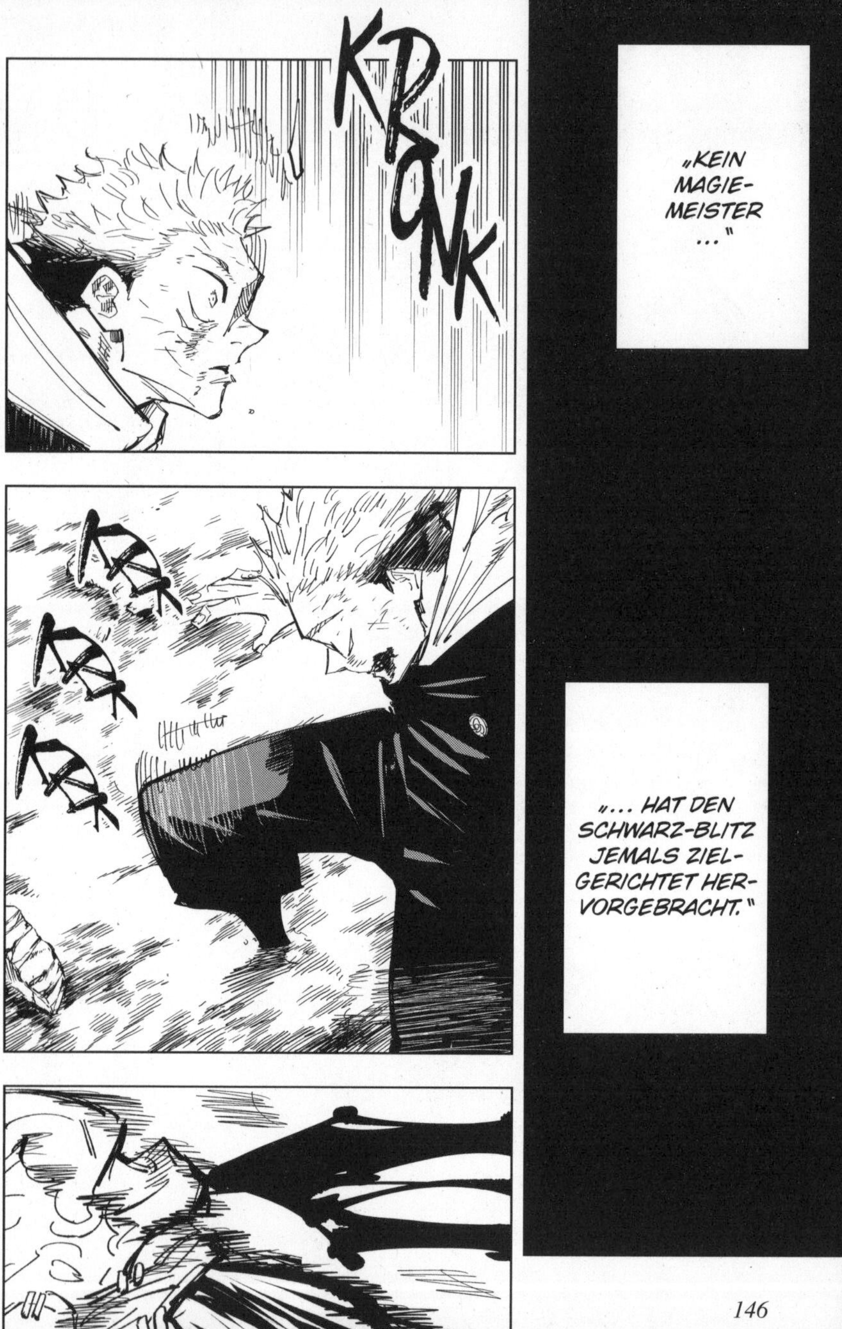
„KEIN MAGIE-MEISTER …"
KRONK
„… HAT DEN SCHWARZ-BLITZ JEMALS ZIEL-GERICHTET HER-VORGEBRACHT."
KRK
KRK
KRK

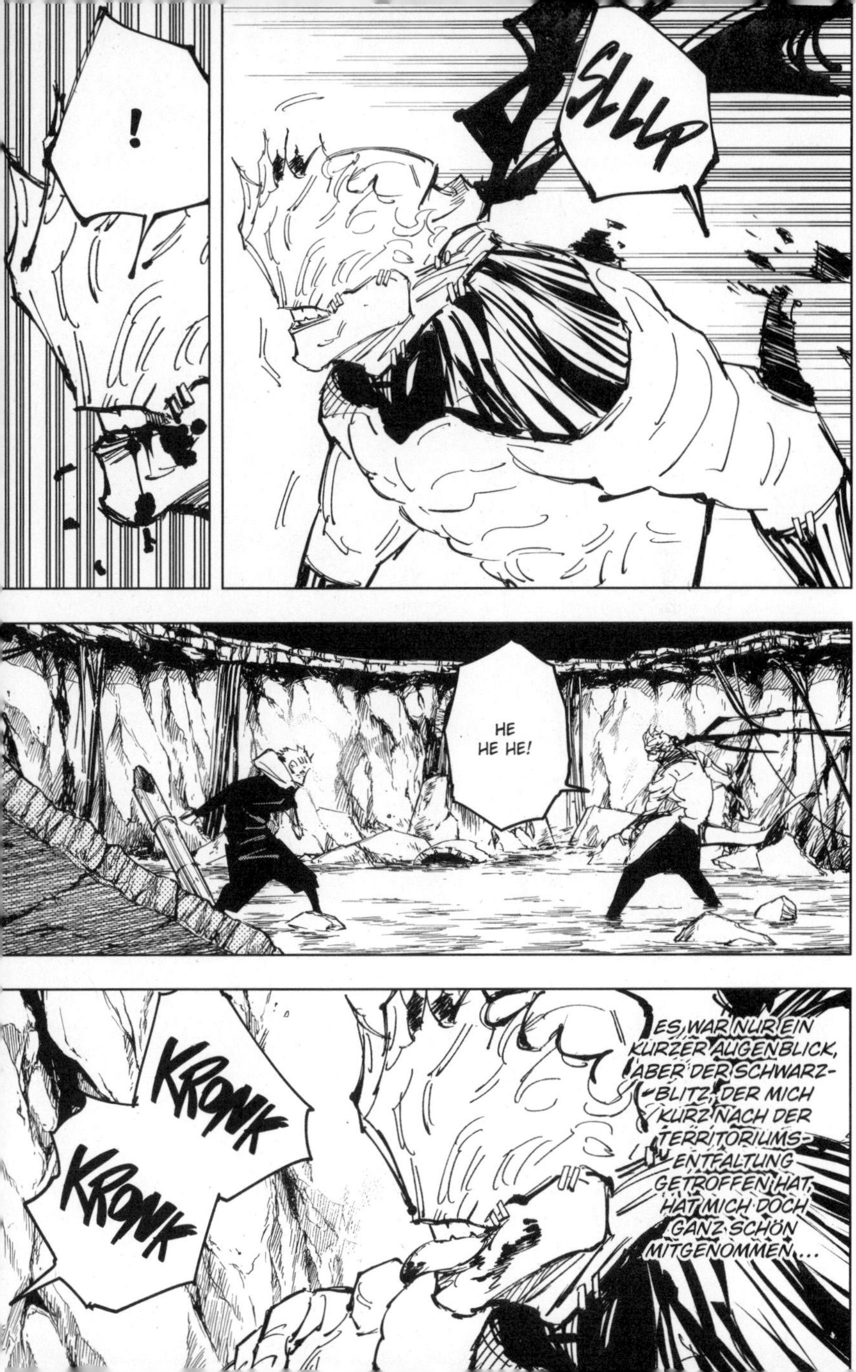

SLLLP
!
HE HE HE!
ES WAR NUR EIN KURZER AUGENBLICK, ABER DER SCHWARZBLITZ, DER MICH KURZ NACH DER TERRITORIUMS-ENTFALTUNG GETROFFEN HAT, HAT MICH DOCH GANZ SCHÖN MITGENOMMEN ...
KRONK
KRONK

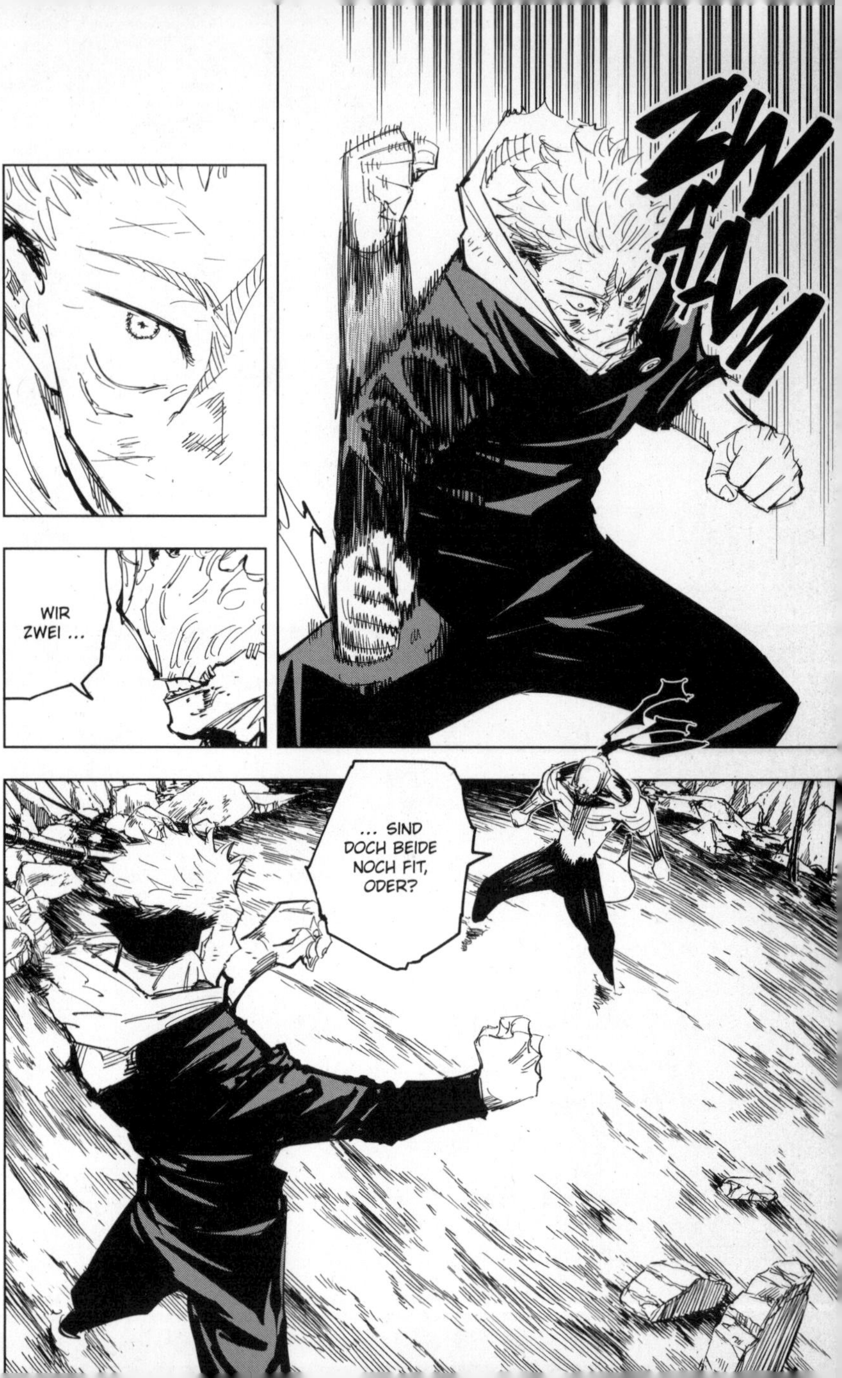
ZWAAM
WIR ZWEI ...
... SIND DOCH BEIDE NOCH FIT, ODER?

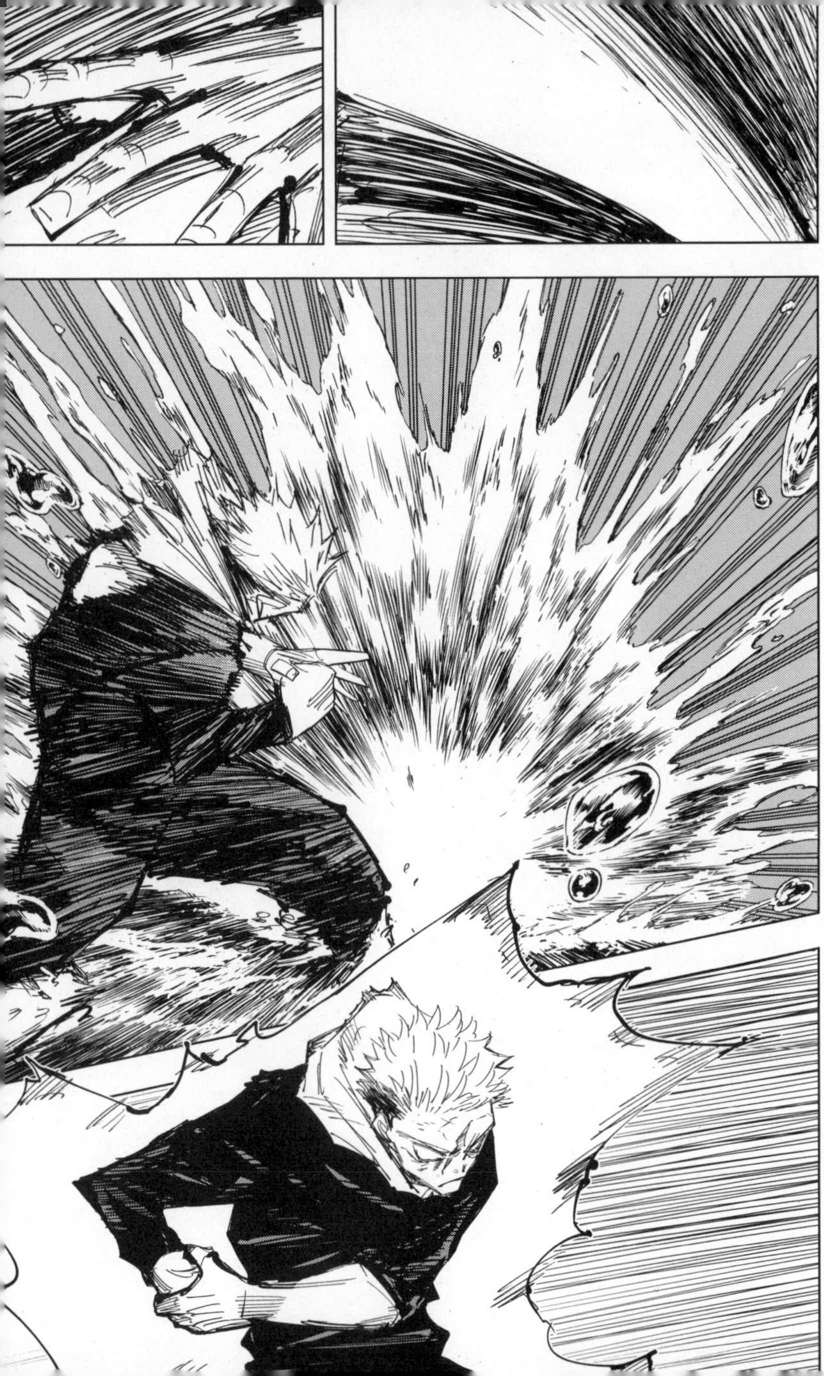

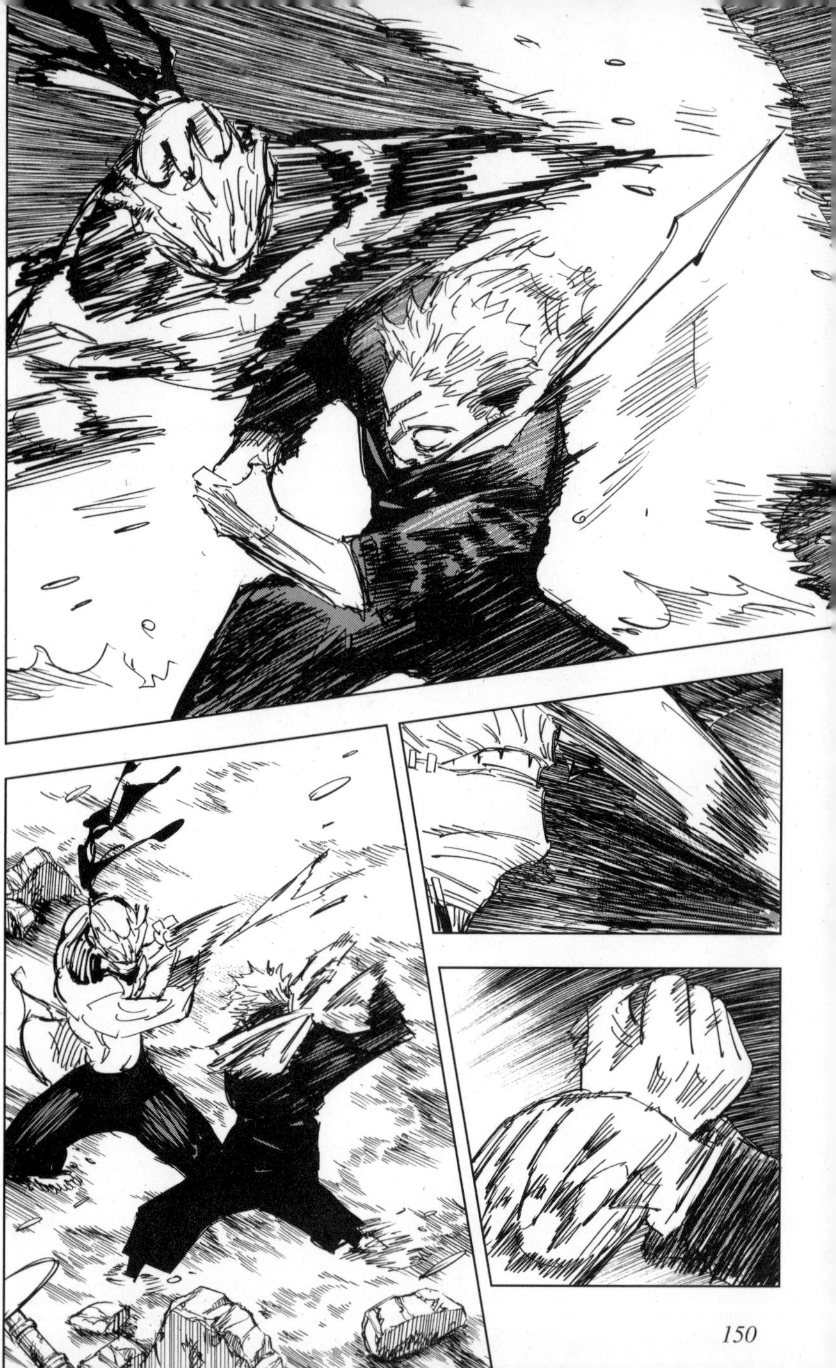

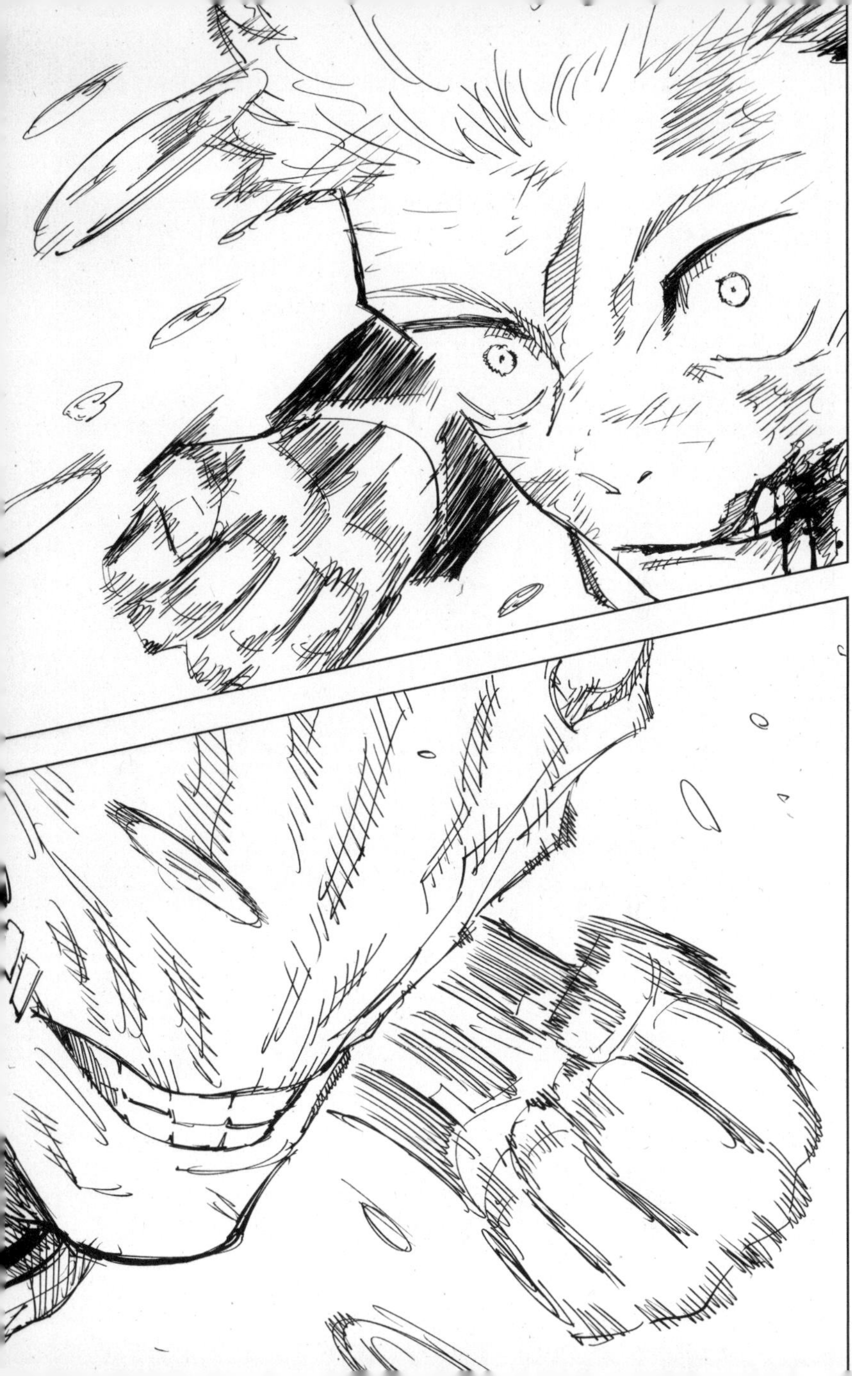

Es ist entschieden! Die magische Technik „Non-Infimum“ ⑥

Zusammenfassung:
Das von Gege Akutami erdachte Setup mag nicht allgemein anerkannt sein, aber diese Geschichte mit dem „unendlich fernen Punkt“ ist schon irgendwie cool, also kann sich jeder nach Belieben dafür oder dagegen entscheiden, okay?

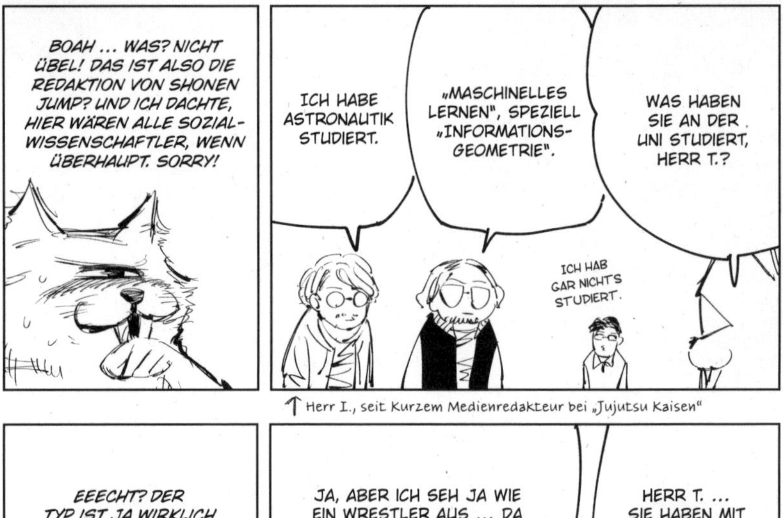

Ende

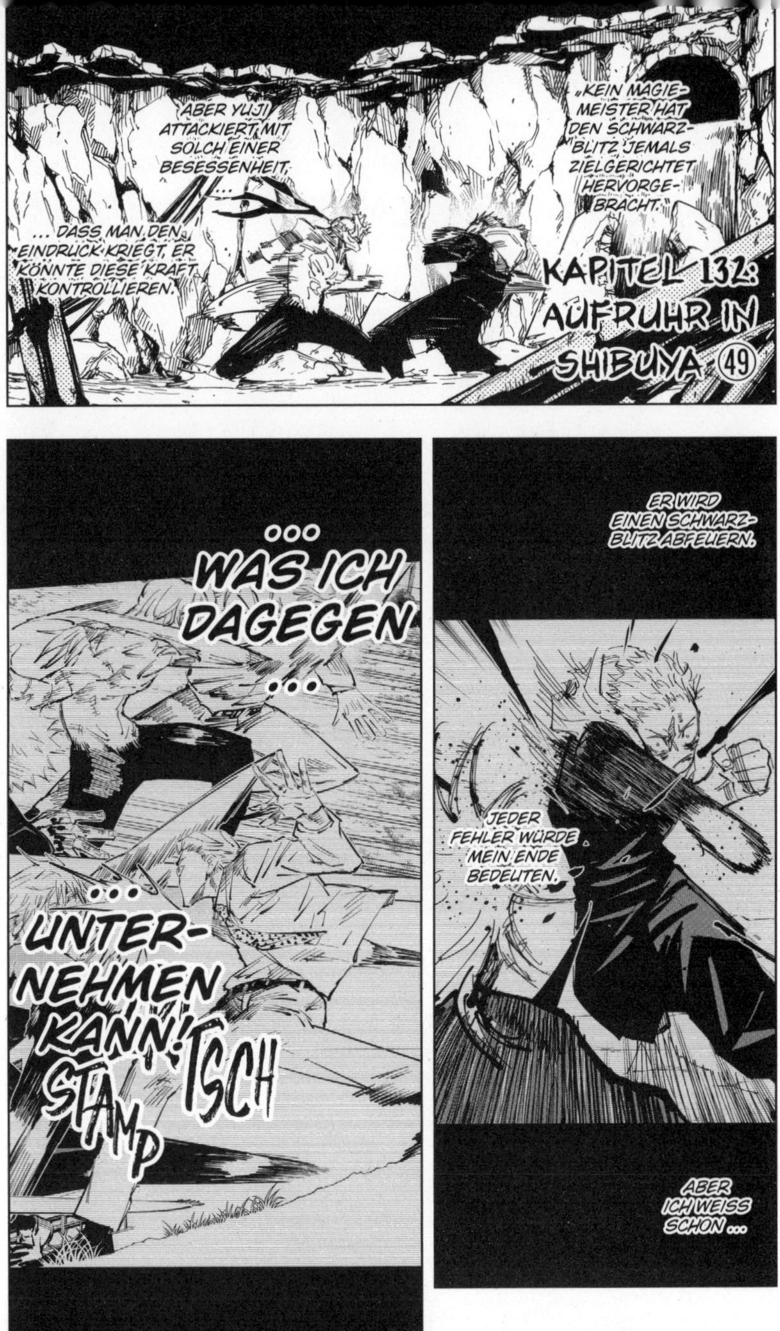
„KEIN MAGIEMEISTER HAT DEN SCHWARZBLITZ JEMALS ZIELGERICHTET HERVORGEBRACHT."
ABER YUJI ATTACKIERT MIT SOLCH EINER BESESSENHEIT ...
... DASS MAN DEN EINDRUCK KRIEGT, ER KÖNNTE DIESE KRAFT KONTROLLIEREN.
KAPITEL 132: AUFRUHR IN SHIBUYA 49
ER WIRD EINEN SCHWARZBLITZ ABFEUERN.
JEDER FEHLER WÜRDE MEIN ENDE BEDEUTEN.
ABER ICH WEISS SCHON ...
... WAS ICH DAGEGEN ...
... UNTERNEHMEN KANN!
TSCH
STAMP

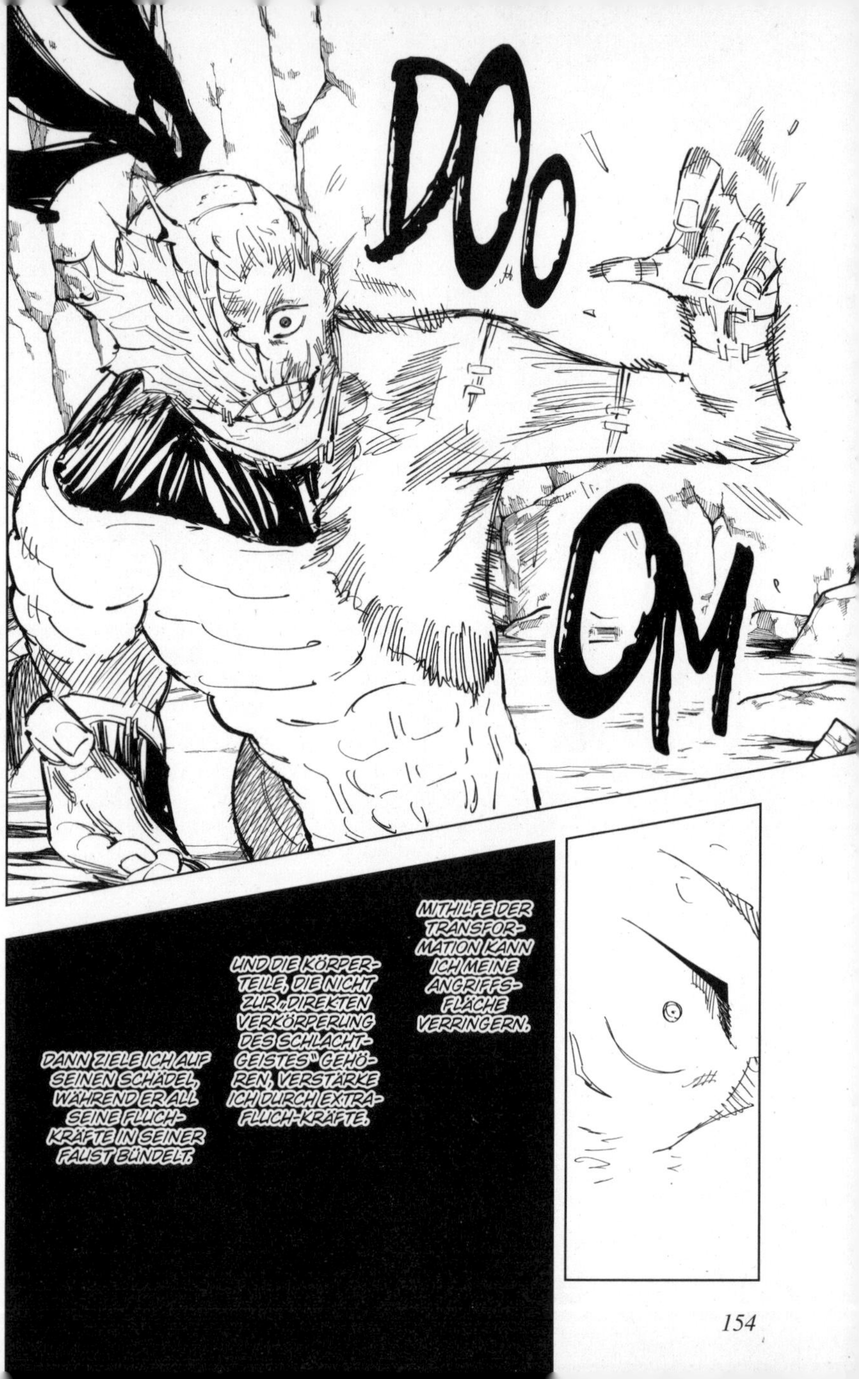
DOOOM
MITHILFE DER TRANSFORMATION KANN ICH MEINE ANGRIFFSFLÄCHE VERRINGERN.
UND DIE KÖRPERTEILE, DIE NICHT ZUR „DIREKTEN VERKÖRPERUNG DES SCHLACHTGEISTES" GEHÖREN, VERSTÄRKE ICH DURCH EXTRA-FLUCH-KRÄFTE.
DANN ZIELE ICH AUF SEINEN SCHÄDEL, WÄHREND ER ALL SEINE FLUCHKRÄFTE IN SEINER FAUST BÜNDELT.

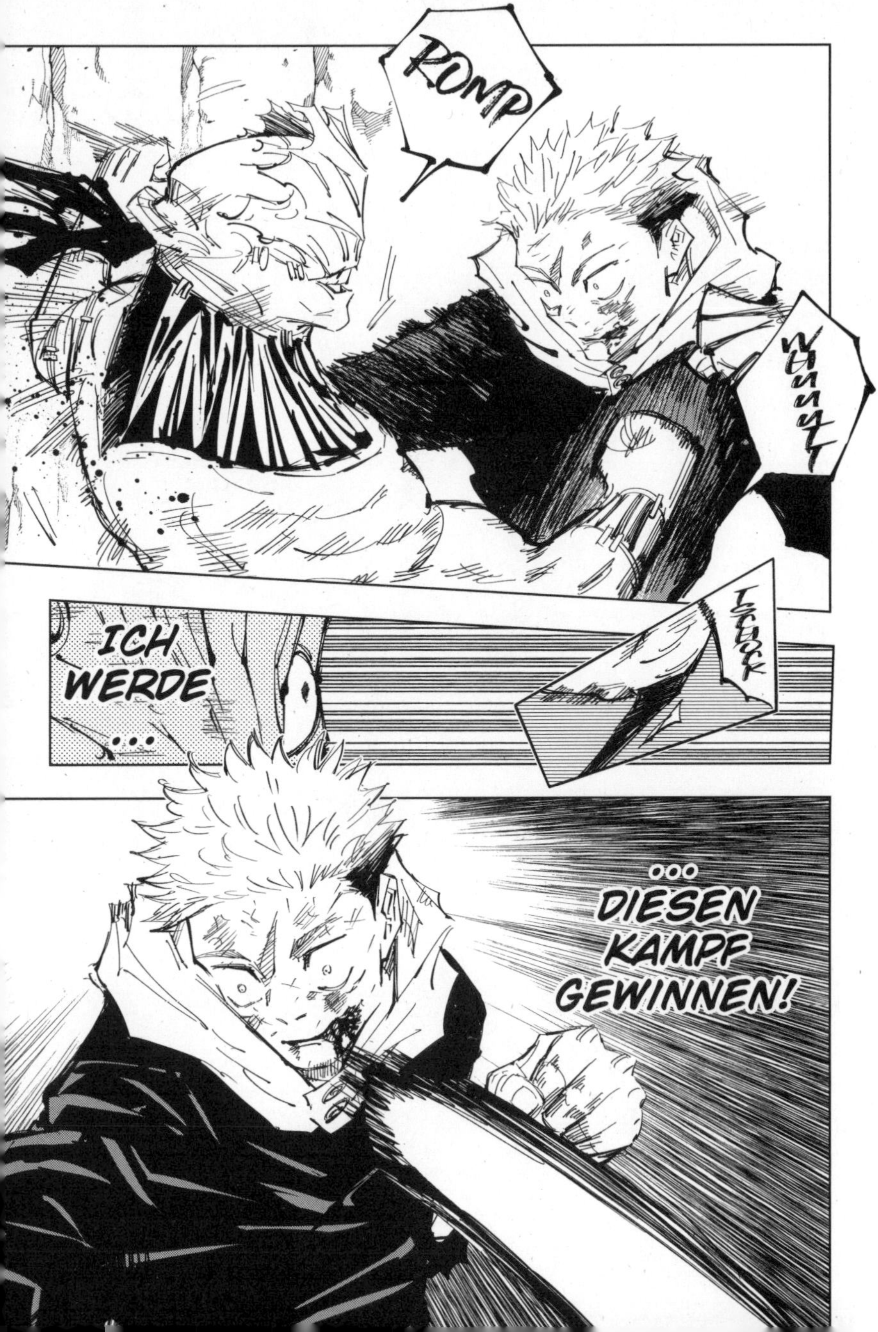
ICH WERDE ...
... DIESEN KAMPF GEWINNEN!

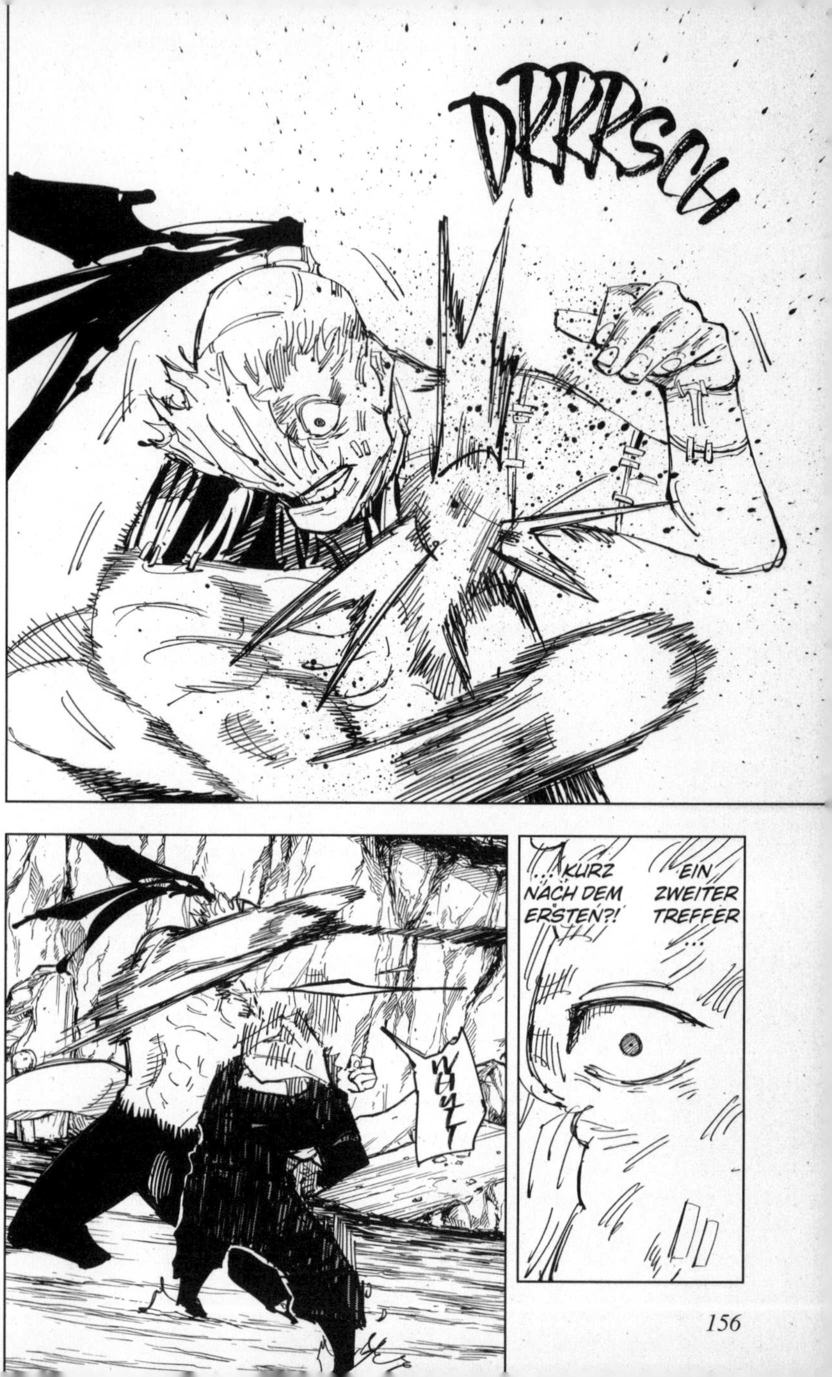
DRRRSCH
EIN ZWEITER TREFFER ...
... KURZ NACH DEM ERSTEN?!

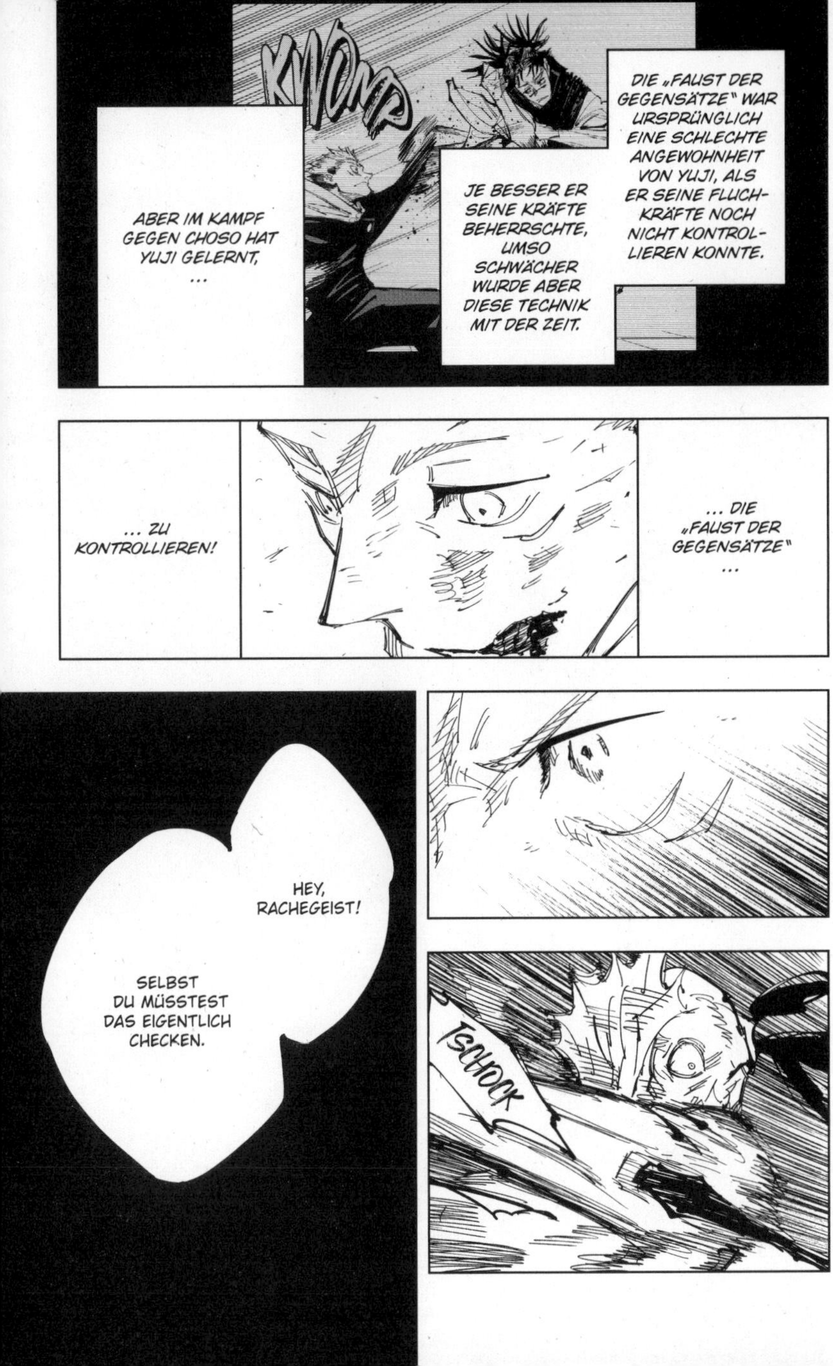
KNOMP
DIE „FAUST DER GEGENSÄTZE" WAR URSPRÜNGLICH EINE SCHLECHTE ANGEWOHNHEIT VON YUJI, ALS ER SEINE FLUCH-KRÄFTE NOCH NICHT KONTROL-LIEREN KONNTE.
JE BESSER ER SEINE KRÄFTE BEHERRSCHTE, UMSO SCHWÄCHER WURDE ABER DIESE TECHNIK MIT DER ZEIT.
ABER IM KAMPF GEGEN CHOSO HAT YUJI GELERNT, ...
... DIE „FAUST DER GEGENSÄTZE" ...
... ZU KONTROLLIEREN!
TSCHOCK
HEY, RACHEGEIST!
SELBST DU MÜSSTEST DAS EIGENTLICH CHECKEN.

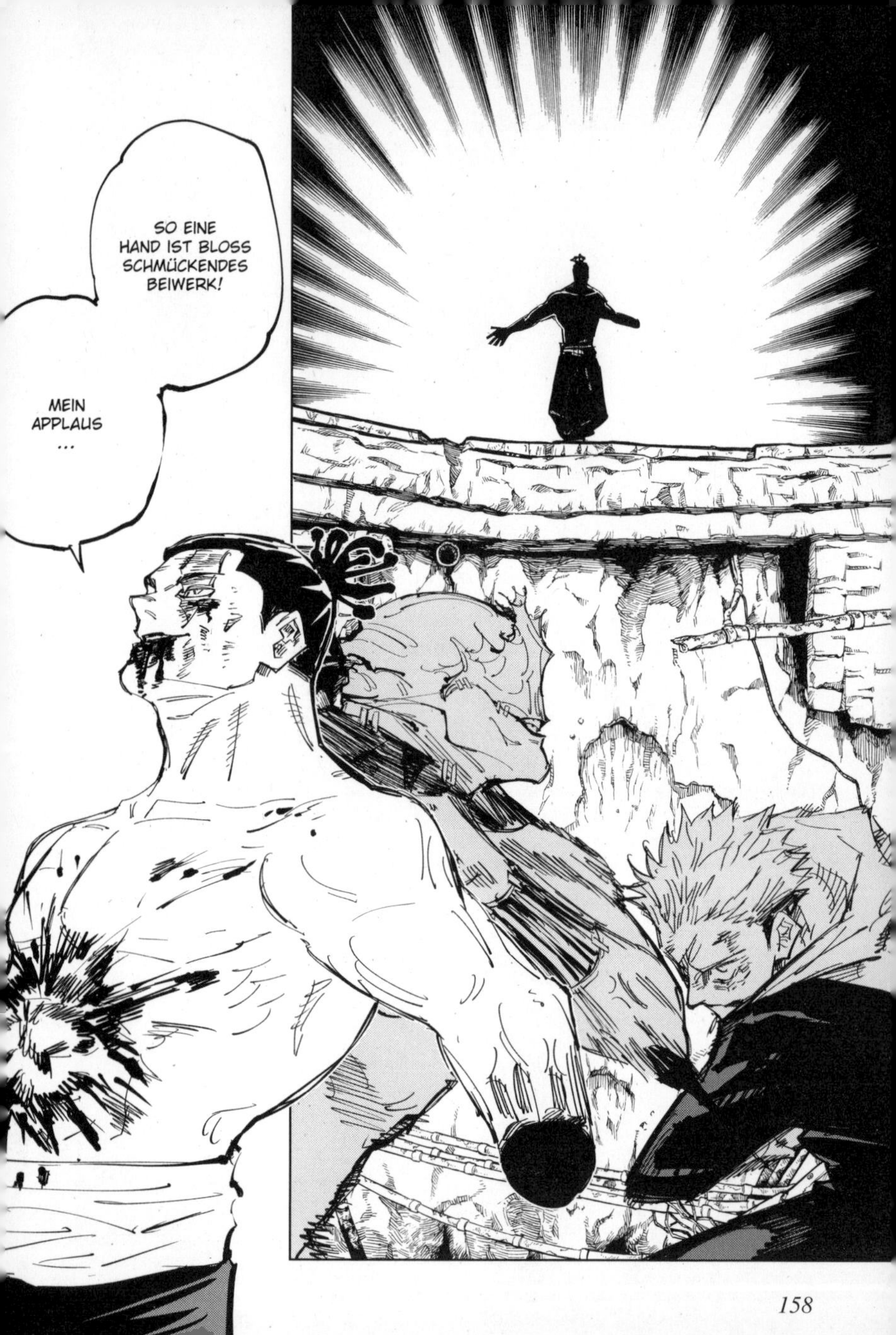
SO EINE HAND IST BLOSS SCHMÜCKENDES BEIWERK!
MEIN APPLAUS ...

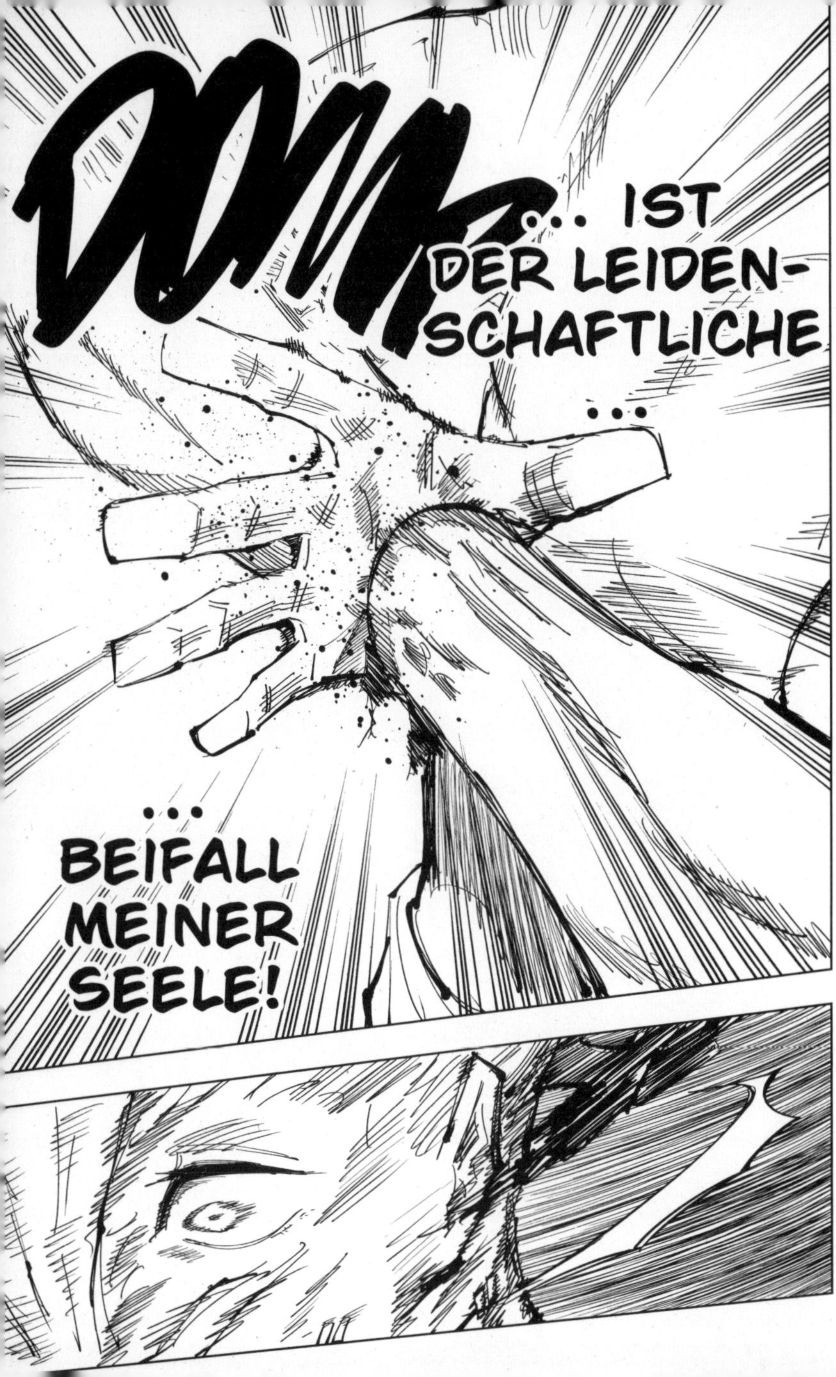
DOM
... IST DER LEIDEN-SCHAFTLICHE ...
... BEIFALL MEINER SEELE!

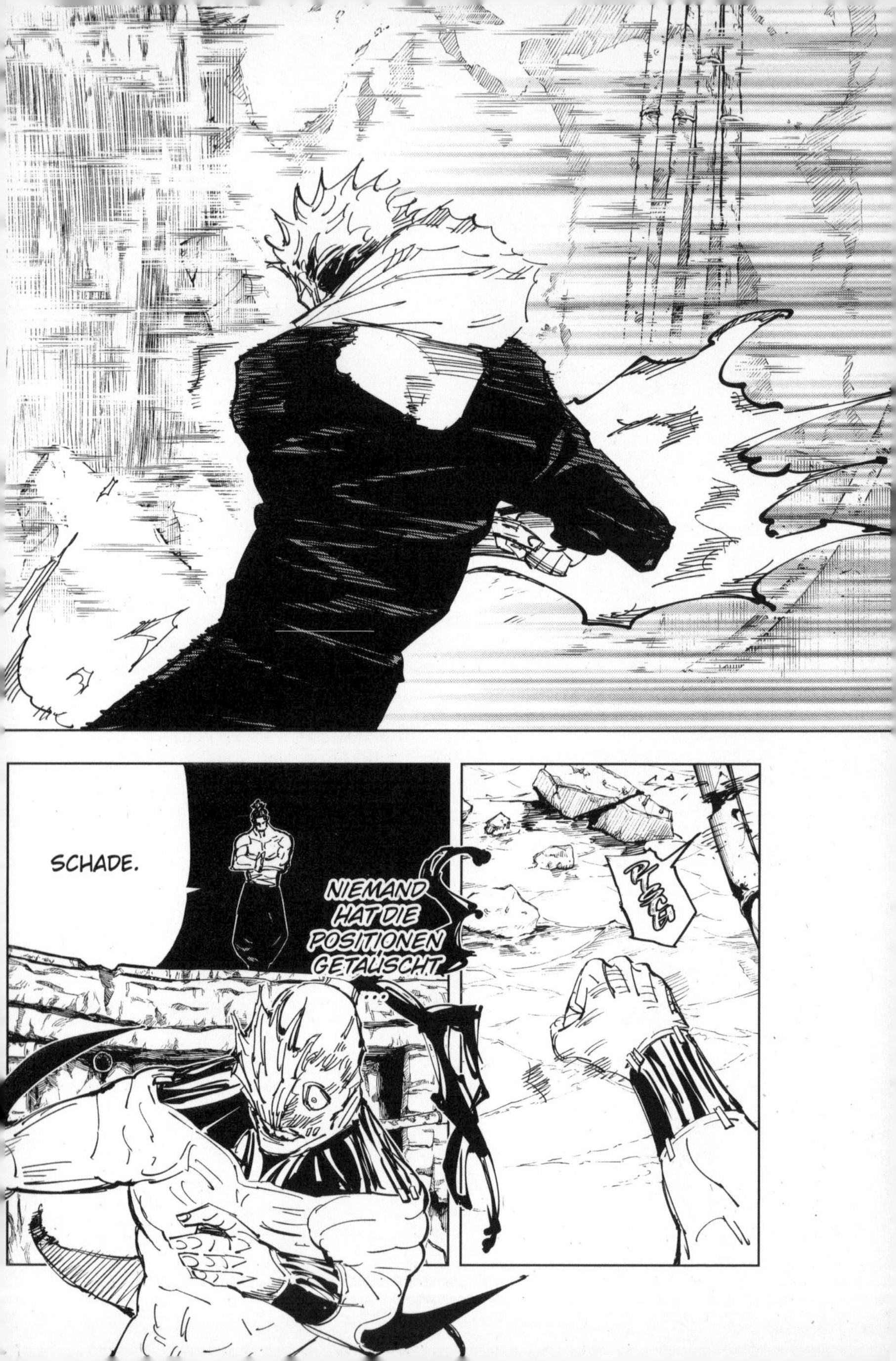
PLOCB
NIEMAND HAT DIE POSITIONEN GETAUSCHT ...
SCHADE.

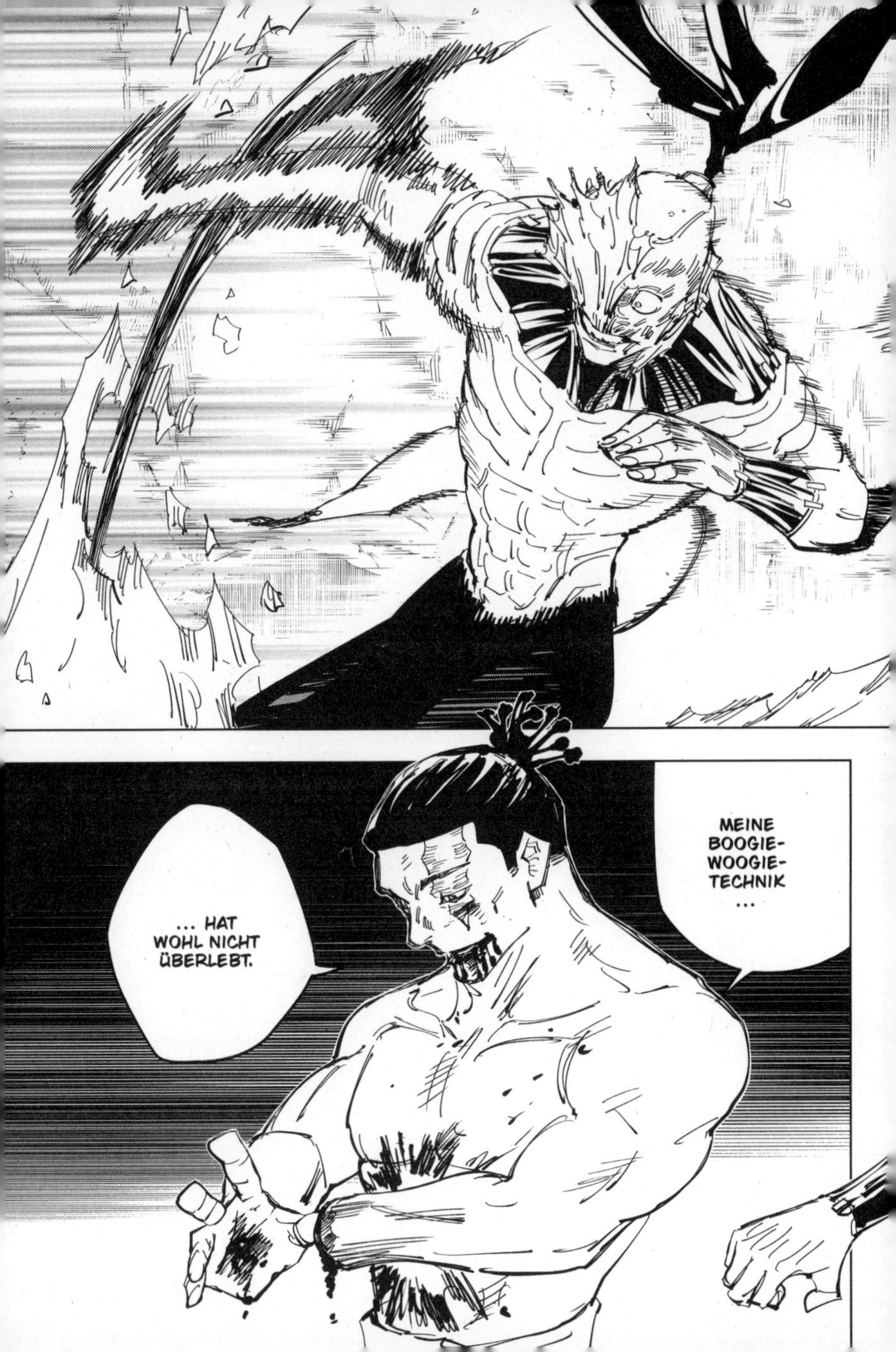
MEINE BOOGIE-WOOGIE-TECHNIK …
… HAT WOHL NICHT ÜBERLEBT.

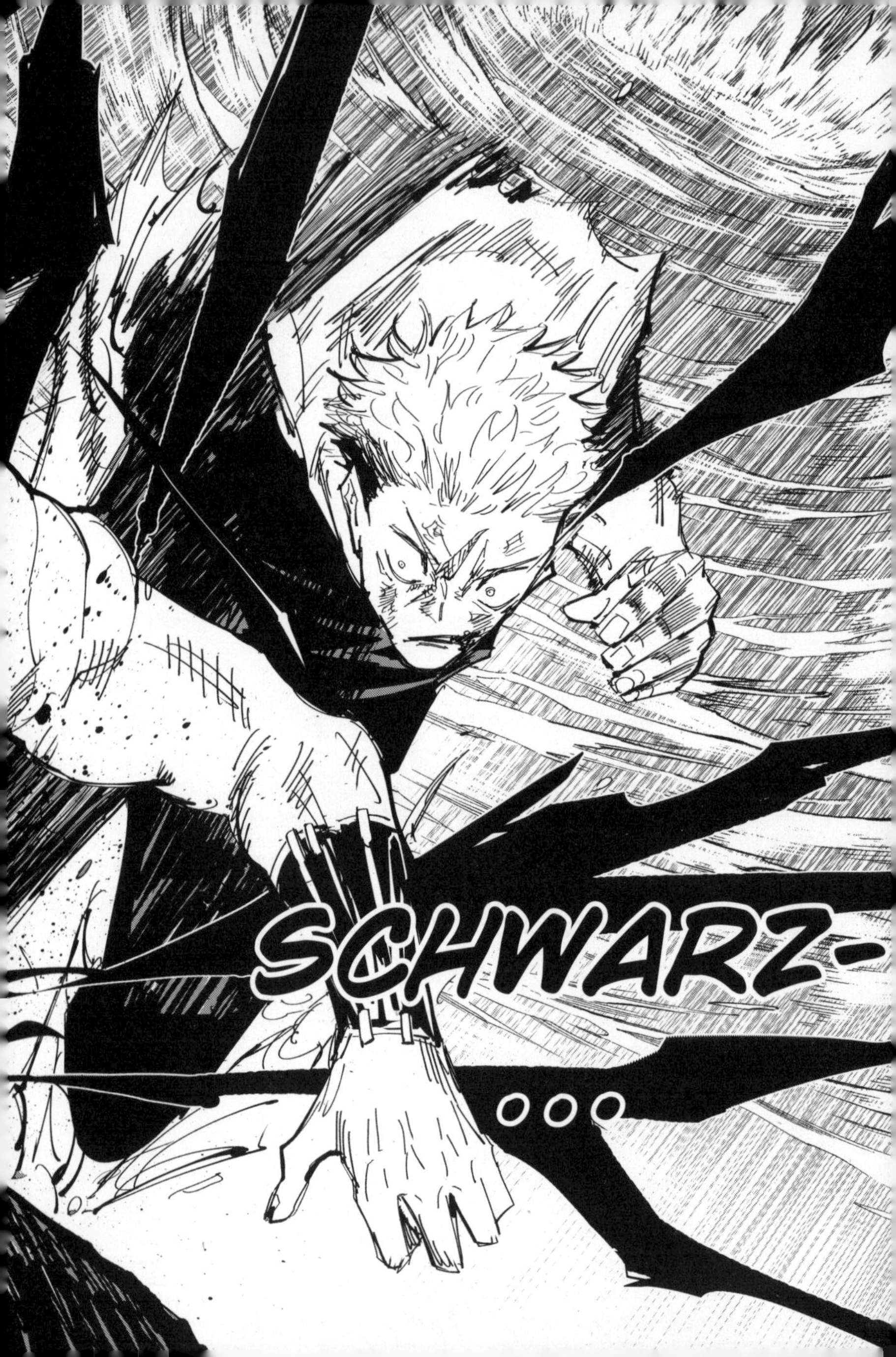
SCHWARZ-
...

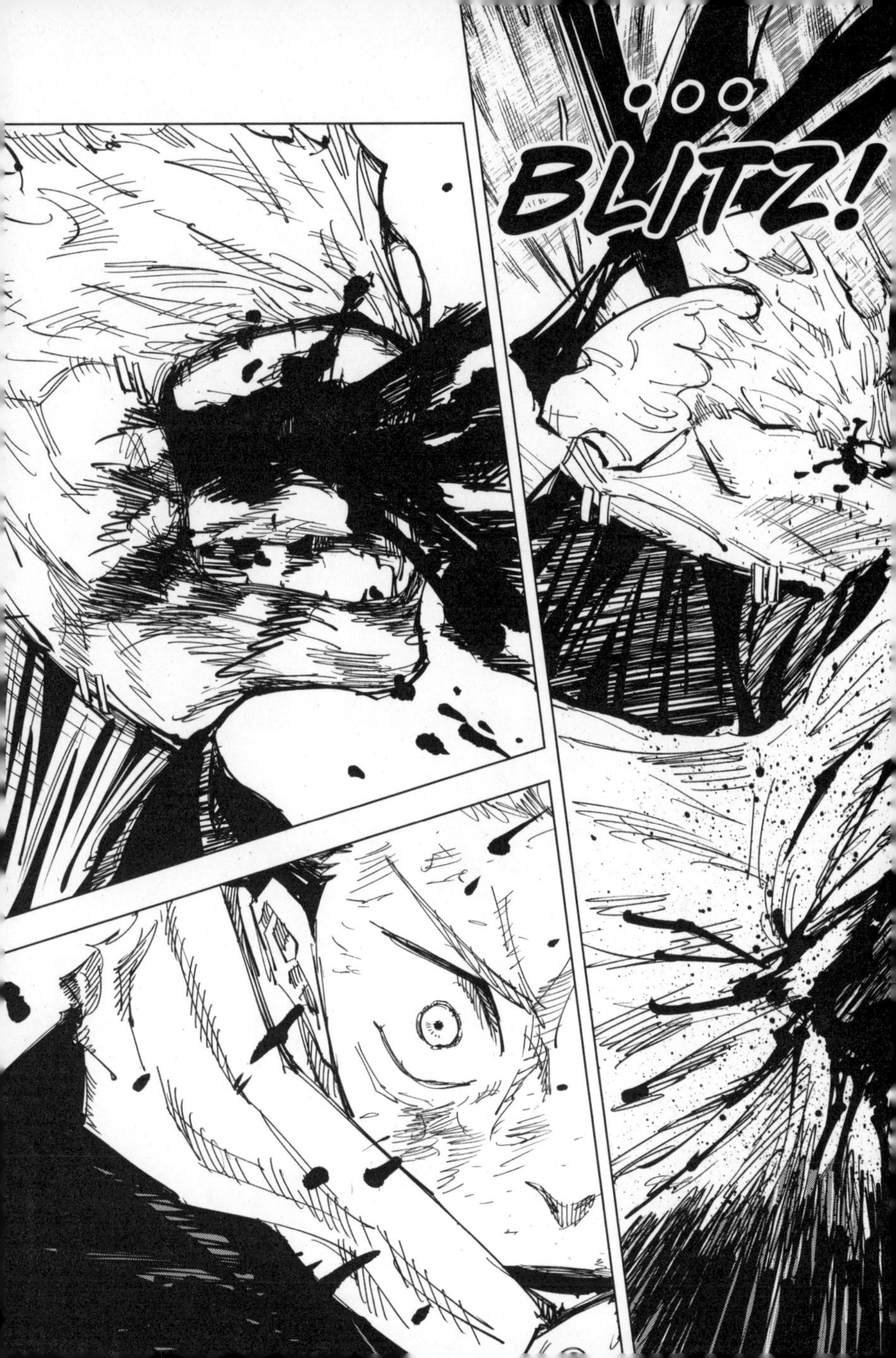
...BLITZ!

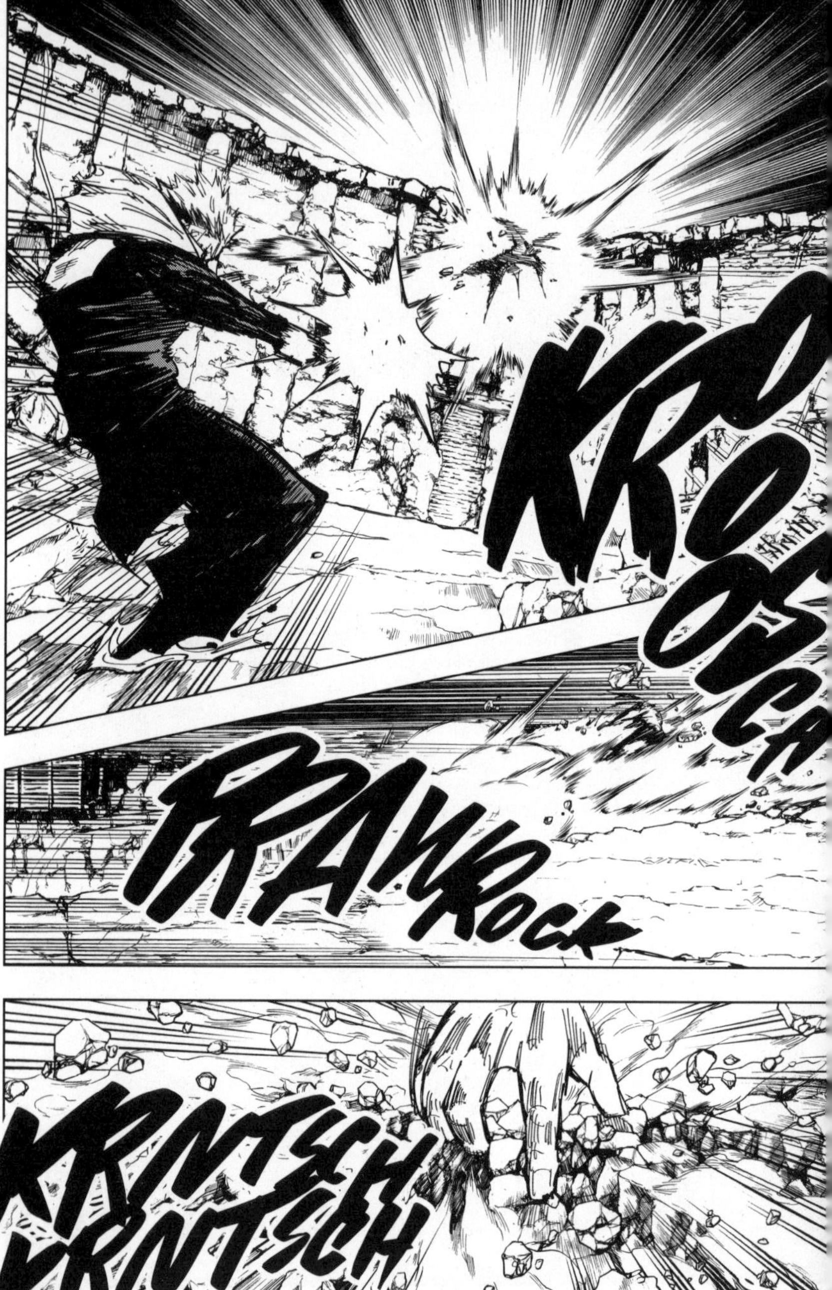
PRANK
ROCK
KRNTSCH
KRNTSCH

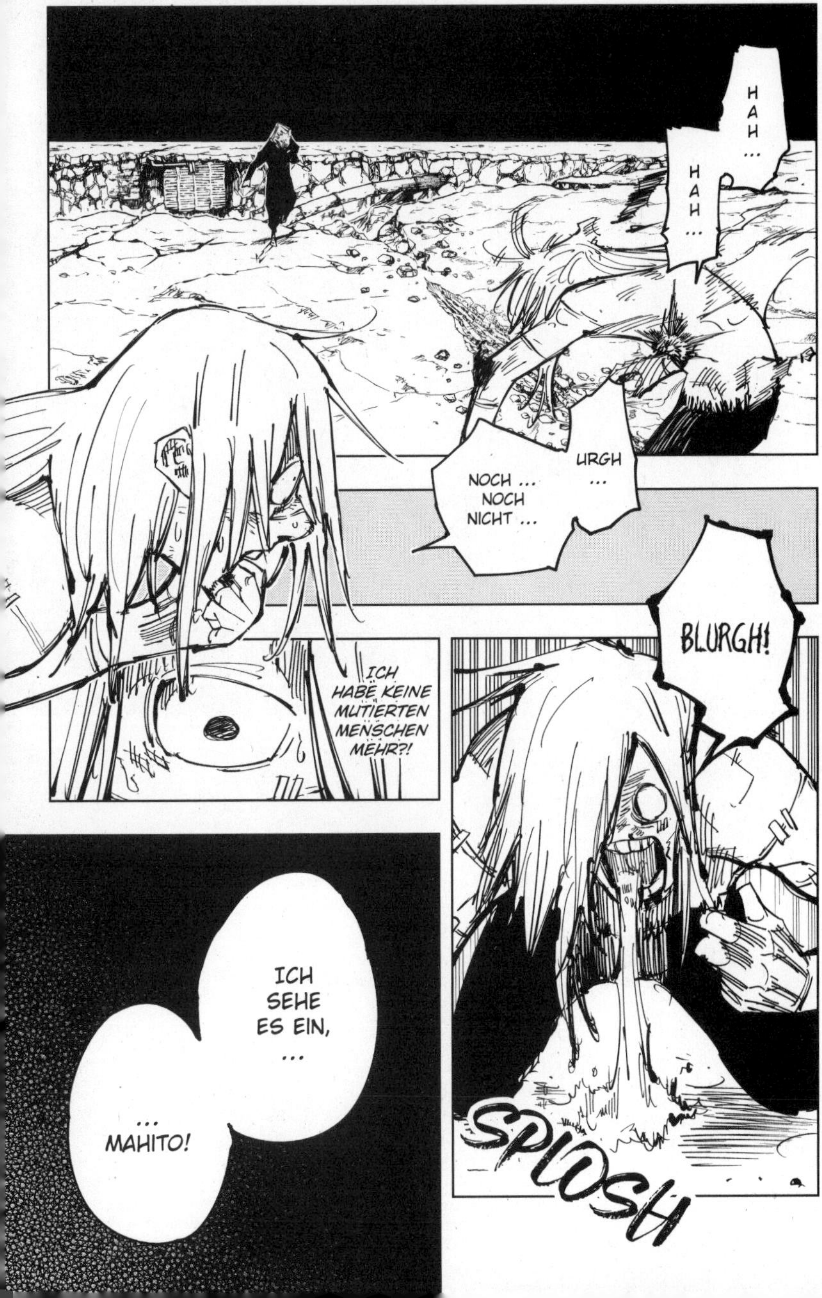
HAH … HAH …
URGH …
NOCH … NOCH NICHT …
ICH HABE KEINE MUTIERTEN MENSCHEN MEHR?!
BLURGH!
SPLOSH
ICH SEHE ES EIN, …
… MAHITO!

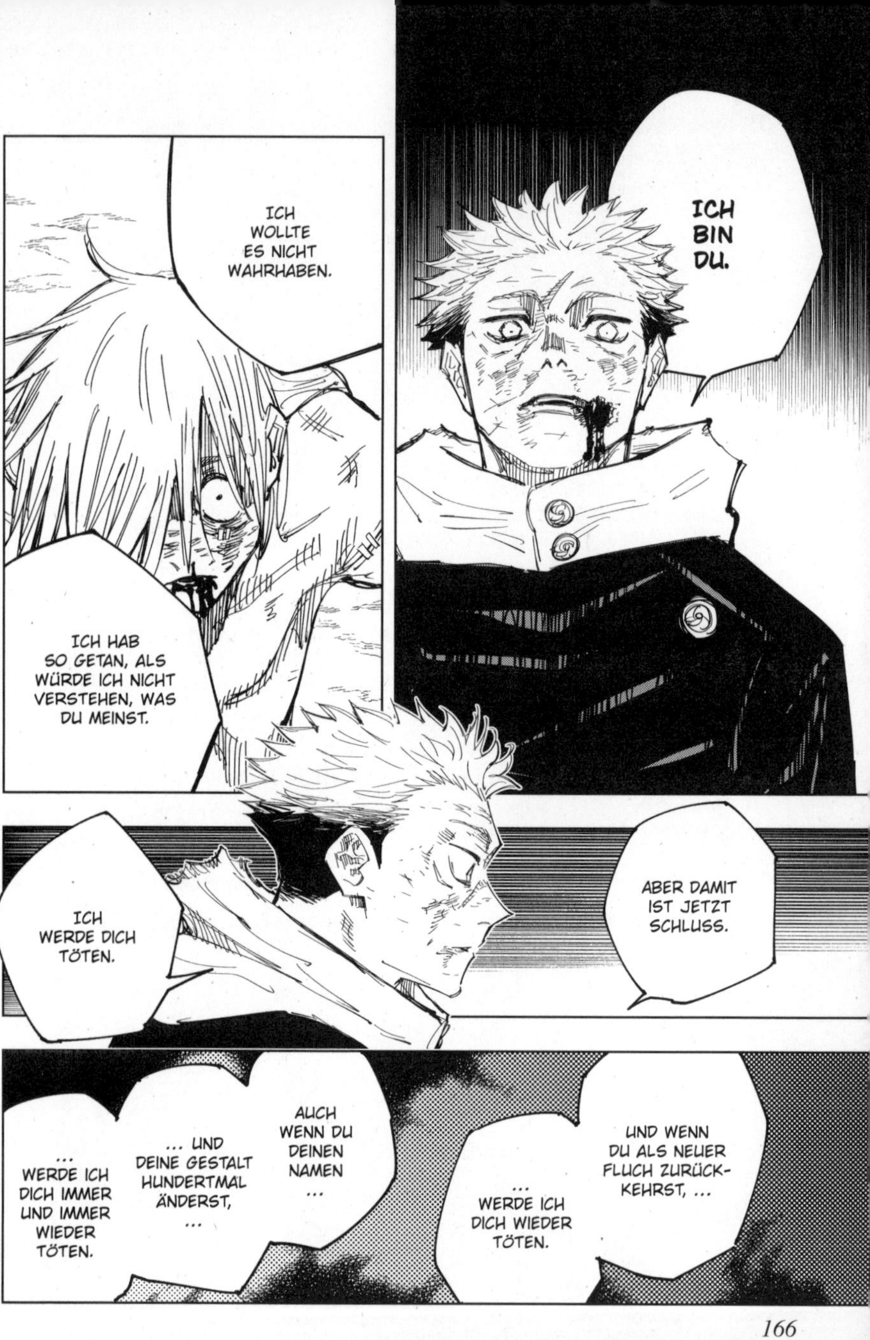
ICH BIN DU.
ICH WOLLTE ES NICHT WAHRHABEN.
ICH HAB SO GETAN, ALS WÜRDE ICH NICHT VERSTEHEN, WAS DU MEINST.
ABER DAMIT IST JETZT SCHLUSS.
ICH WERDE DICH TÖTEN.
UND WENN DU ALS NEUER FLUCH ZURÜCK-KEHRST, …
… WERDE ICH DICH WIEDER TÖTEN.
AUCH WENN DU DEINEN NAMEN …
… UND DEINE GESTALT HUNDERTMAL ÄNDERST, …
… WERDE ICH DICH IMMER UND IMMER WIEDER TÖTEN.

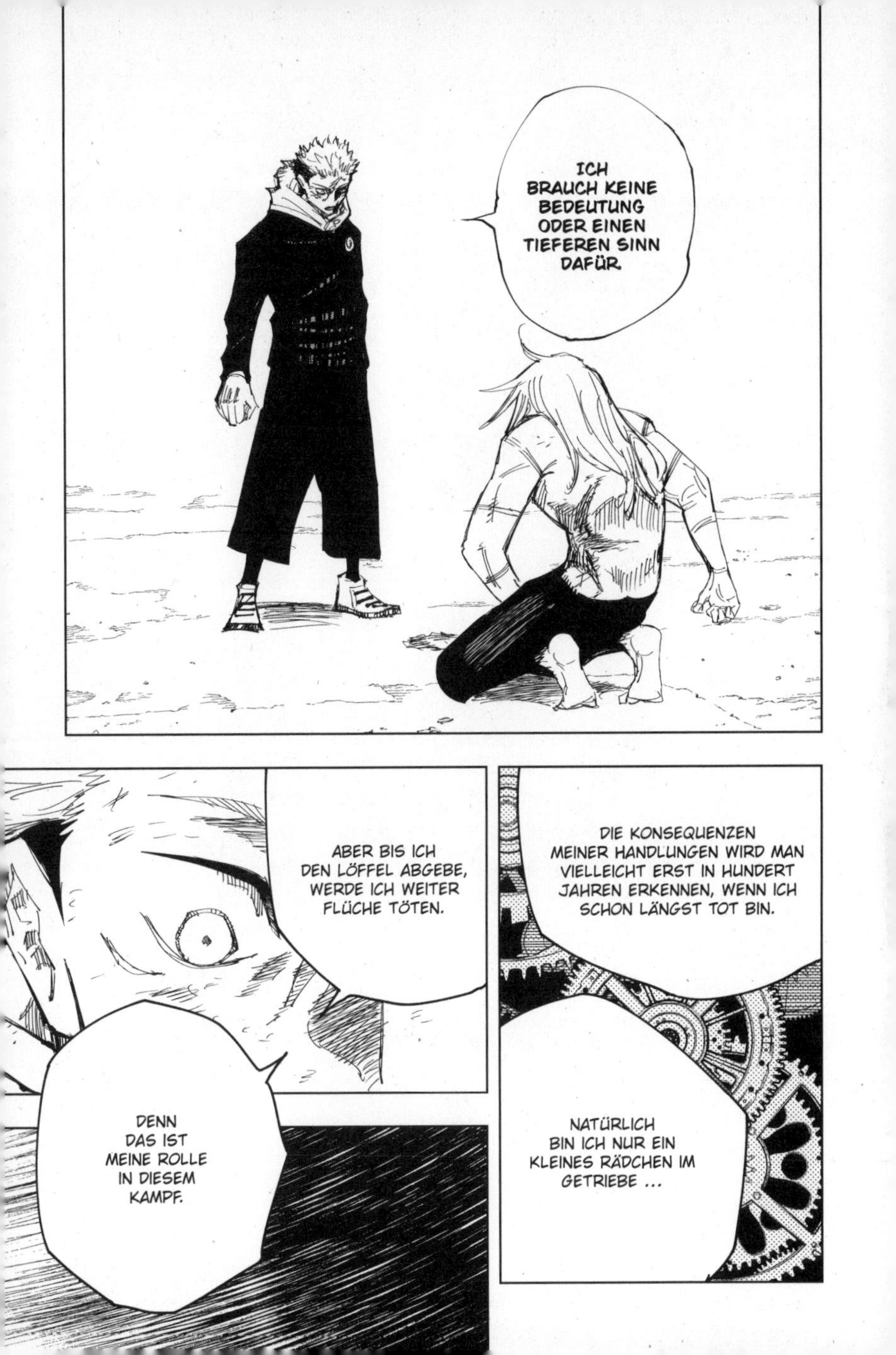
ICH BRAUCH KEINE BEDEUTUNG ODER EINEN TIEFEREN SINN DAFÜR.
DIE KONSEQUENZEN MEINER HANDLUNGEN WIRD MAN VIELLEICHT ERST IN HUNDERT JAHREN ERKENNEN, WENN ICH SCHON LÄNGST TOT BIN.
NATÜRLICH BIN ICH NUR EIN KLEINES RÄDCHEN IM GETRIEBE ...
ABER BIS ICH DEN LÖFFEL ABGEBE, WERDE ICH WEITER FLÜCHE TÖTEN.
DENN DAS IST MEINE ROLLE IN DIESEM KAMPF.

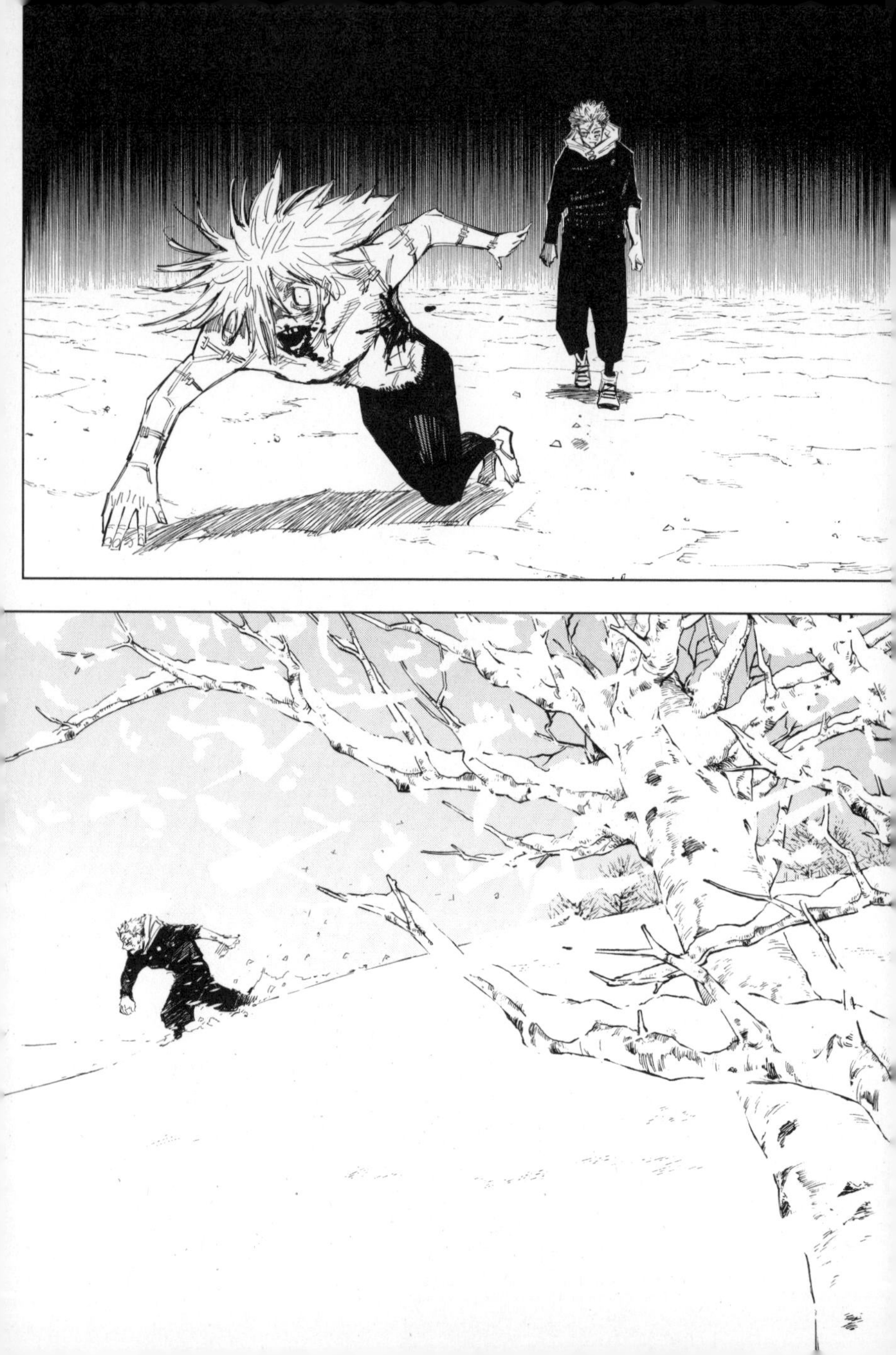

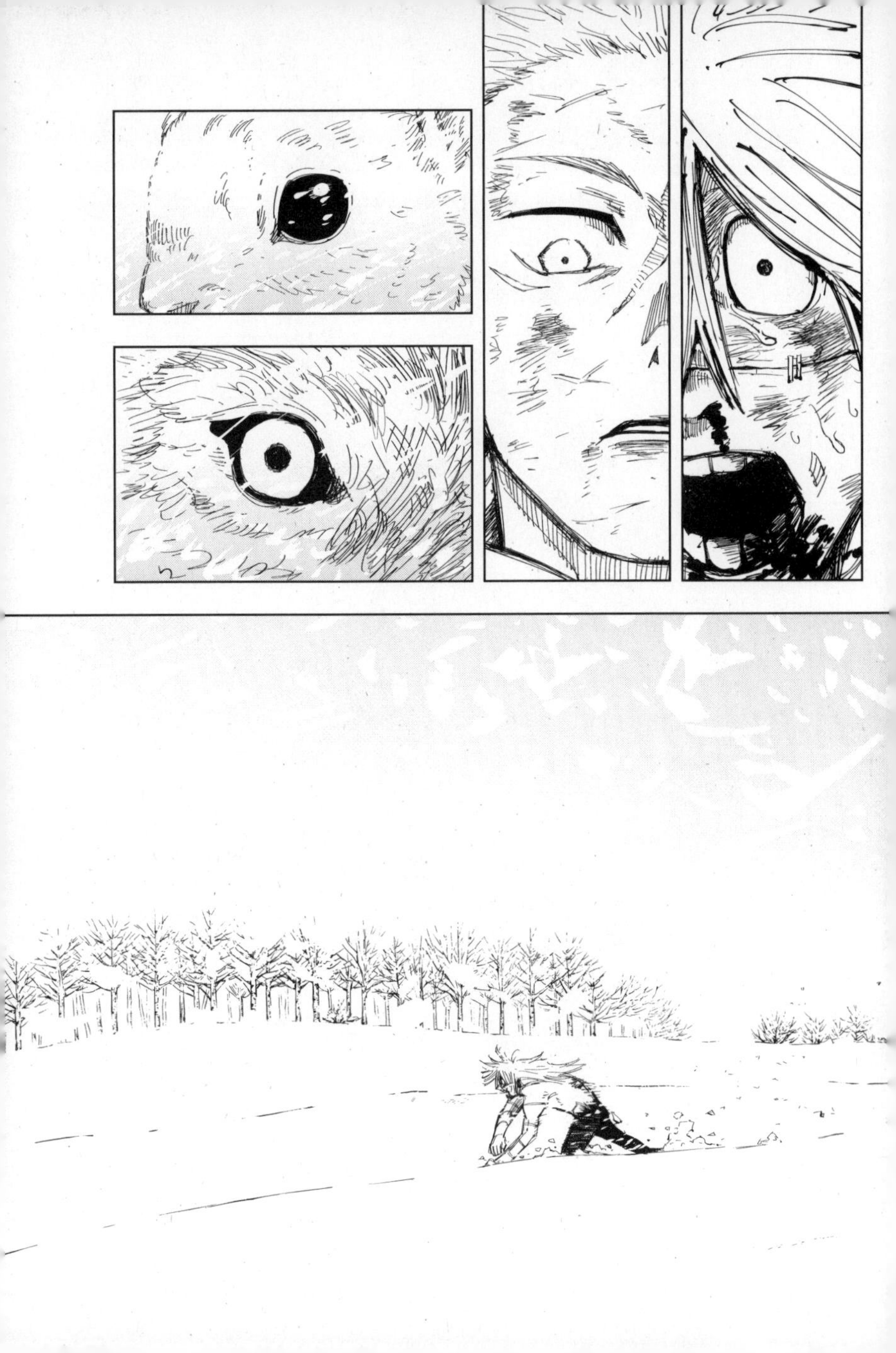

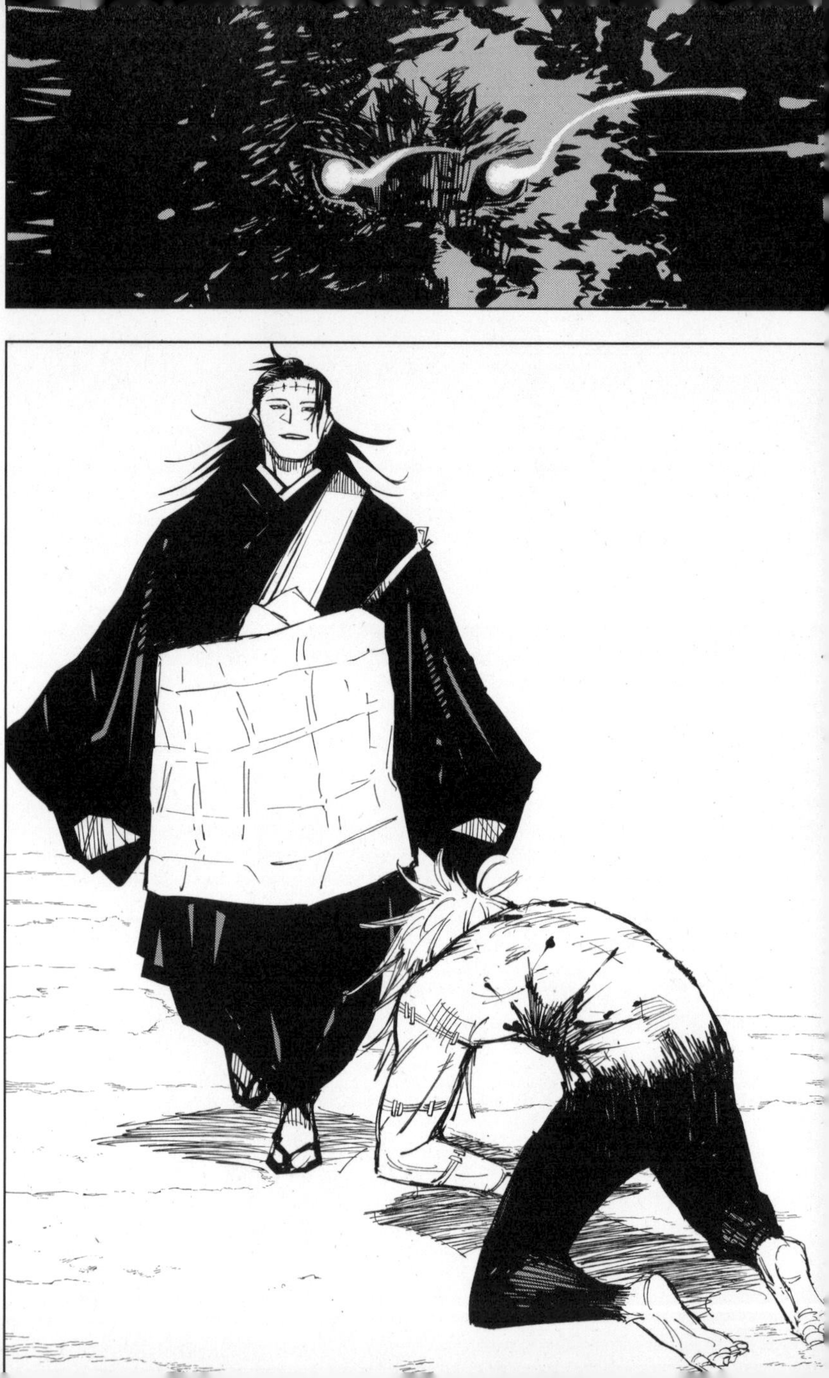

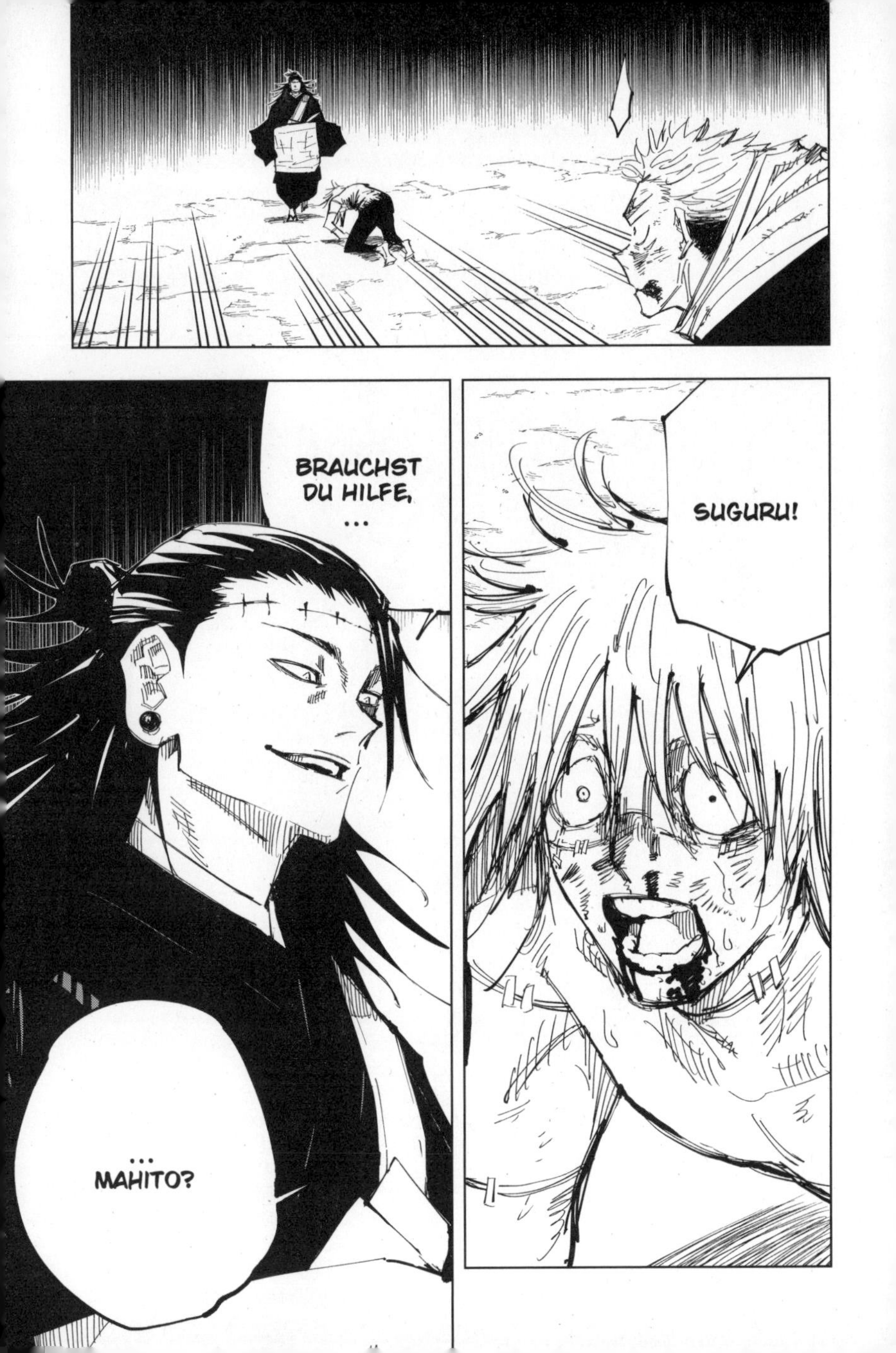
SUGURU!
BRAUCHST DU HILFE, ...
... MAHITO?

Das ist echt super!
Die „Direkte Verkörperung des Schlachtgeistes"!

Die ungeschminkte Verkörperung von Mahitos Seele. Diese Urform ist 200 % stärker als die Form zuvor. Eine Bindung, die (außer den Klingen) keine weiteren Transformationen erlaubt, sorgt zusätzlich für eine explosionsartige Steigerung der Kräfte.

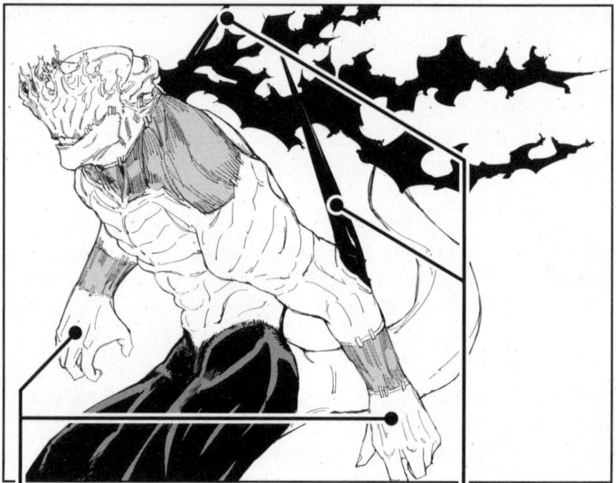

Nur die beiden Hände entsprechen noch seiner vorigen Form, so kann er auch als „Schlachtgeist" Müßigkeits-Mutationen einsetzen!

Die Klingen:
Sie wurden mit einer speziellen Bindung belegt, die es erlaubt, sie in kürzester Zeit umzuformen, ohne dass sie viel an Kraft verlieren, und so auch auf mittlerer Distanz gegen Feinde eingesetzt werden können. Da dies an „Senku Kogetsu" erinnert (World Trigger!) habe ich auf eine detaillierte Erklärung verzichtet.

Hätte Yuji nicht zuvor Schwarz-Blitz zielgerichtet eingesetzt, wäre er sicher zerfetzt worden.

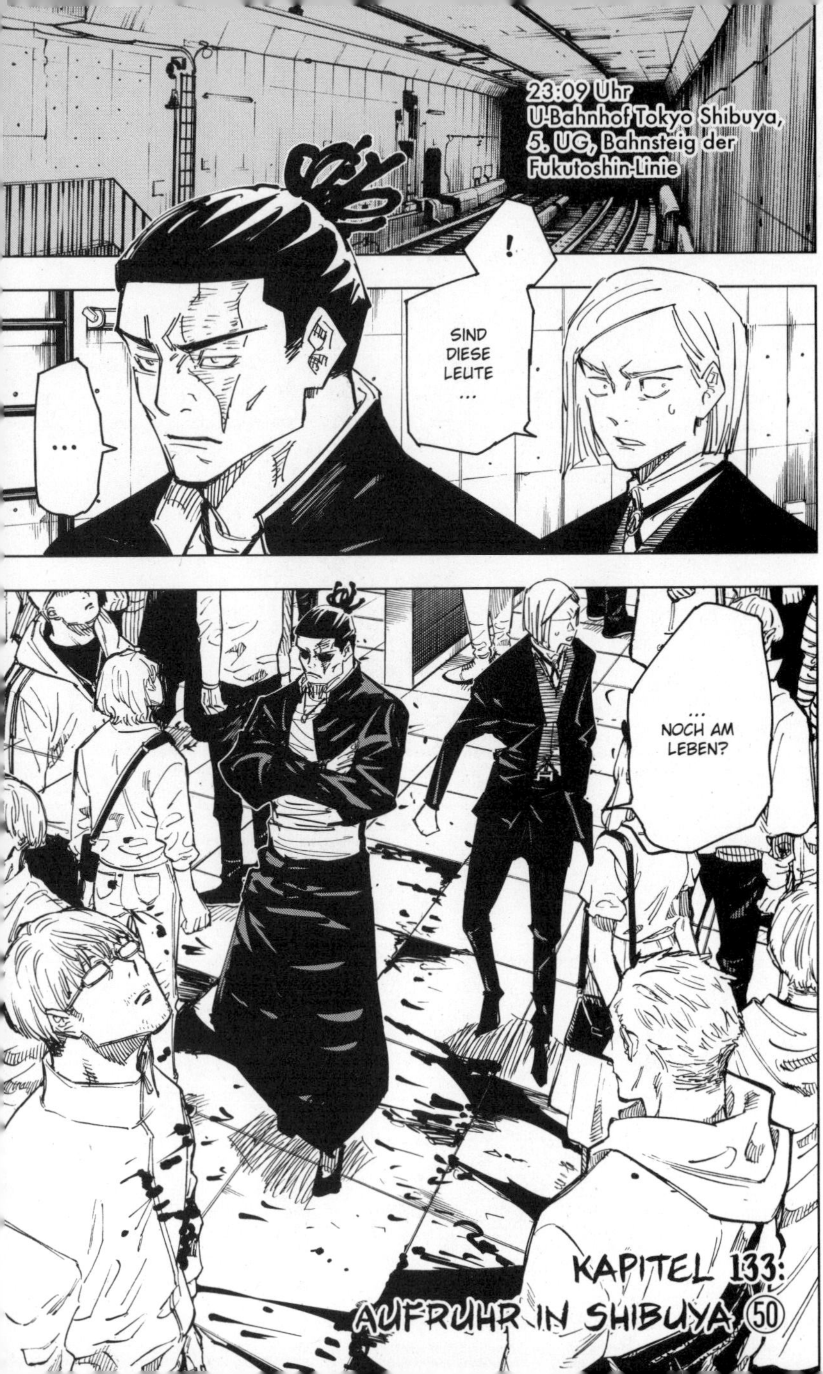
23:09 Uhr
U-Bahnhof Tokyo Shibuya, 5. UG, Bahnsteig der Fukutoshin-Linie
!
SIND DIESE LEUTE ...
...
... NOCH AM LEBEN?
KAPITEL 133:
AUFRUHR IN SHIBUYA ⑸⓪

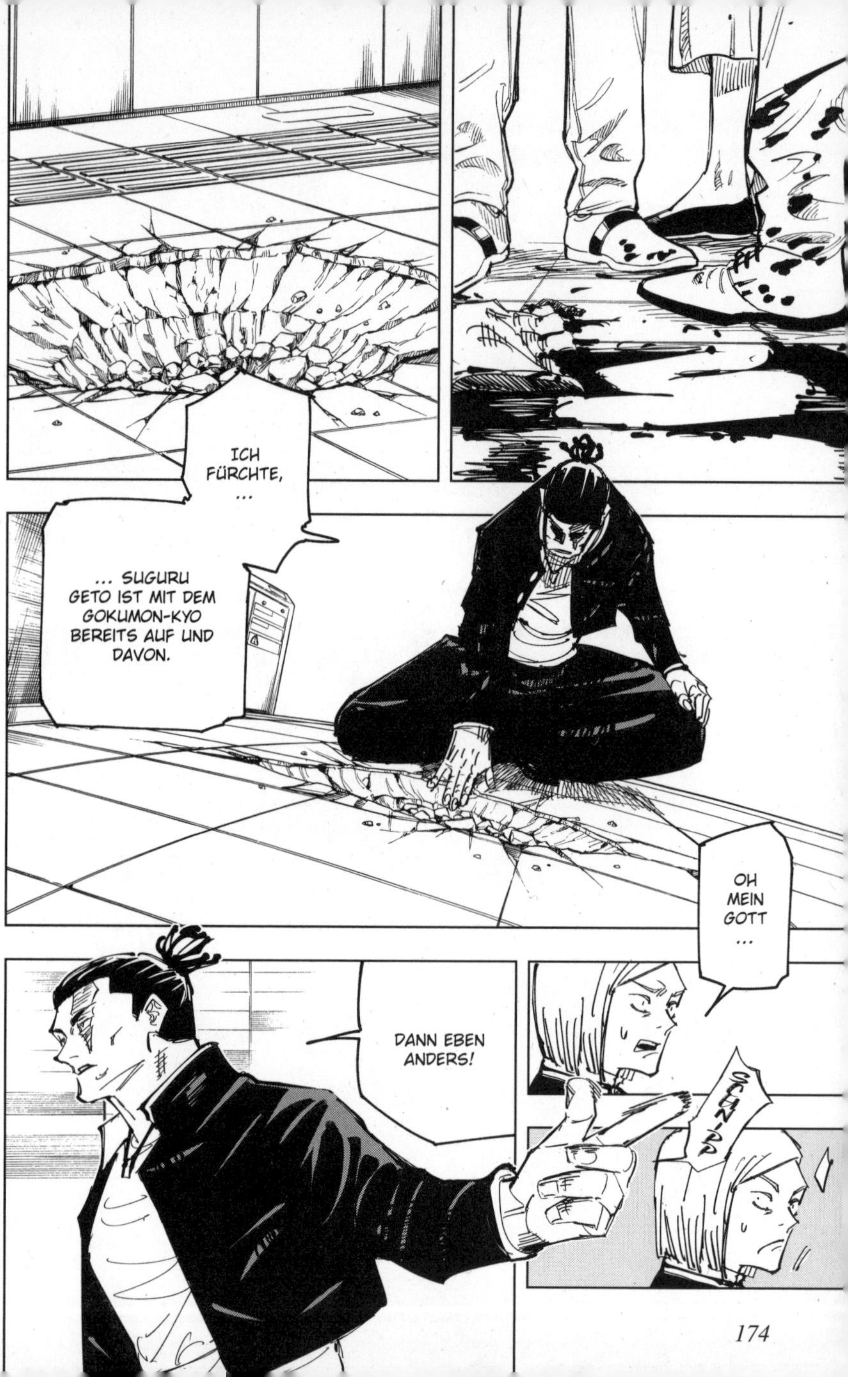
ICH FÜRCHTE, ...
... SUGURU GETO IST MIT DEM GOKUMON-KYO BEREITS AUF UND DAVON.
OH MEIN GOTT ...
DANN EBEN ANDERS!
SCHN-IPP

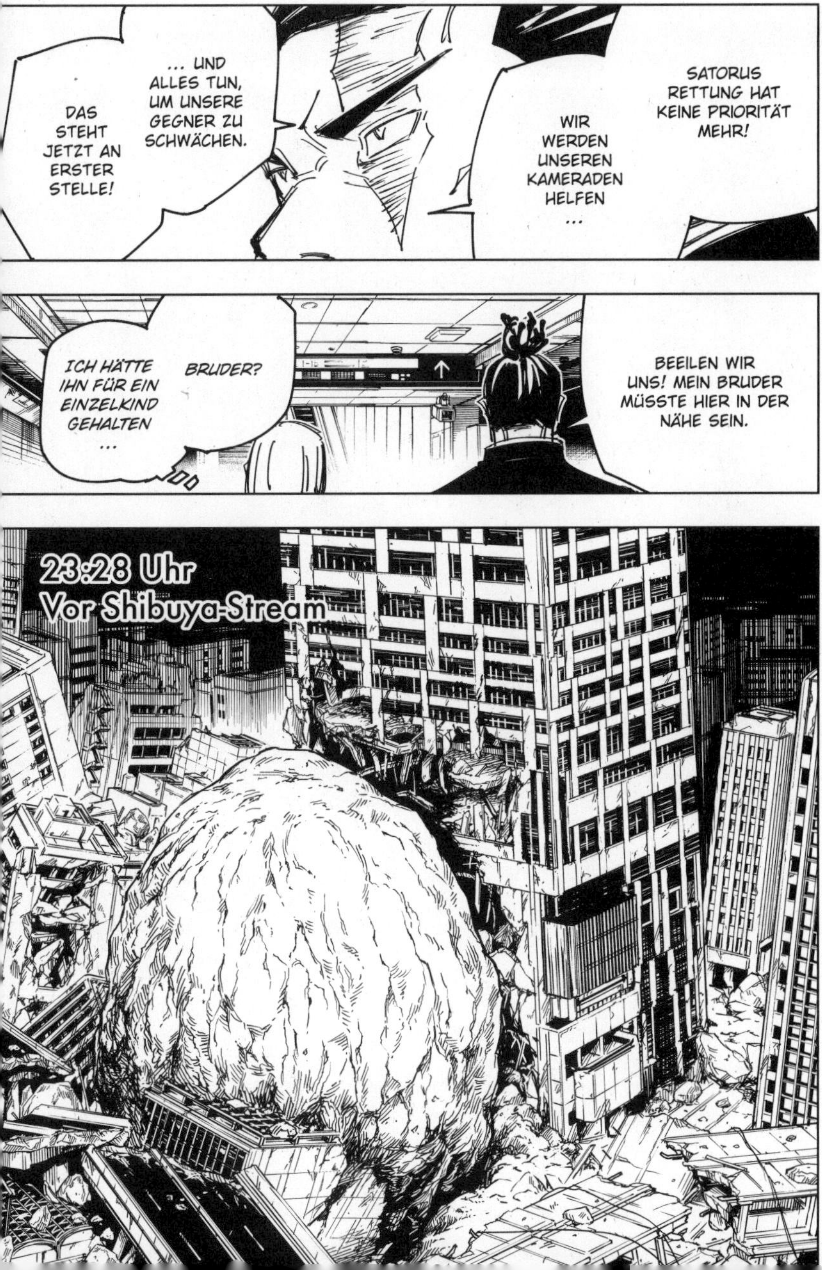
SATORUS RETTUNG HAT KEINE PRIORITÄT MEHR!
WIR WERDEN UNSEREN KAMERADEN HELFEN …
… UND ALLES TUN, UM UNSERE GEGNER ZU SCHWÄCHEN.
DAS STEHT JETZT AN ERSTER STELLE!
BEEILEN WIR UNS! MEIN BRUDER MÜSSTE HIER IN DER NÄHE SEIN.
BRUDER?
ICH HÄTTE IHN FÜR EIN EINZELKIND GEHALTEN …
23:28 Uhr
Vor Shibuya-Stream

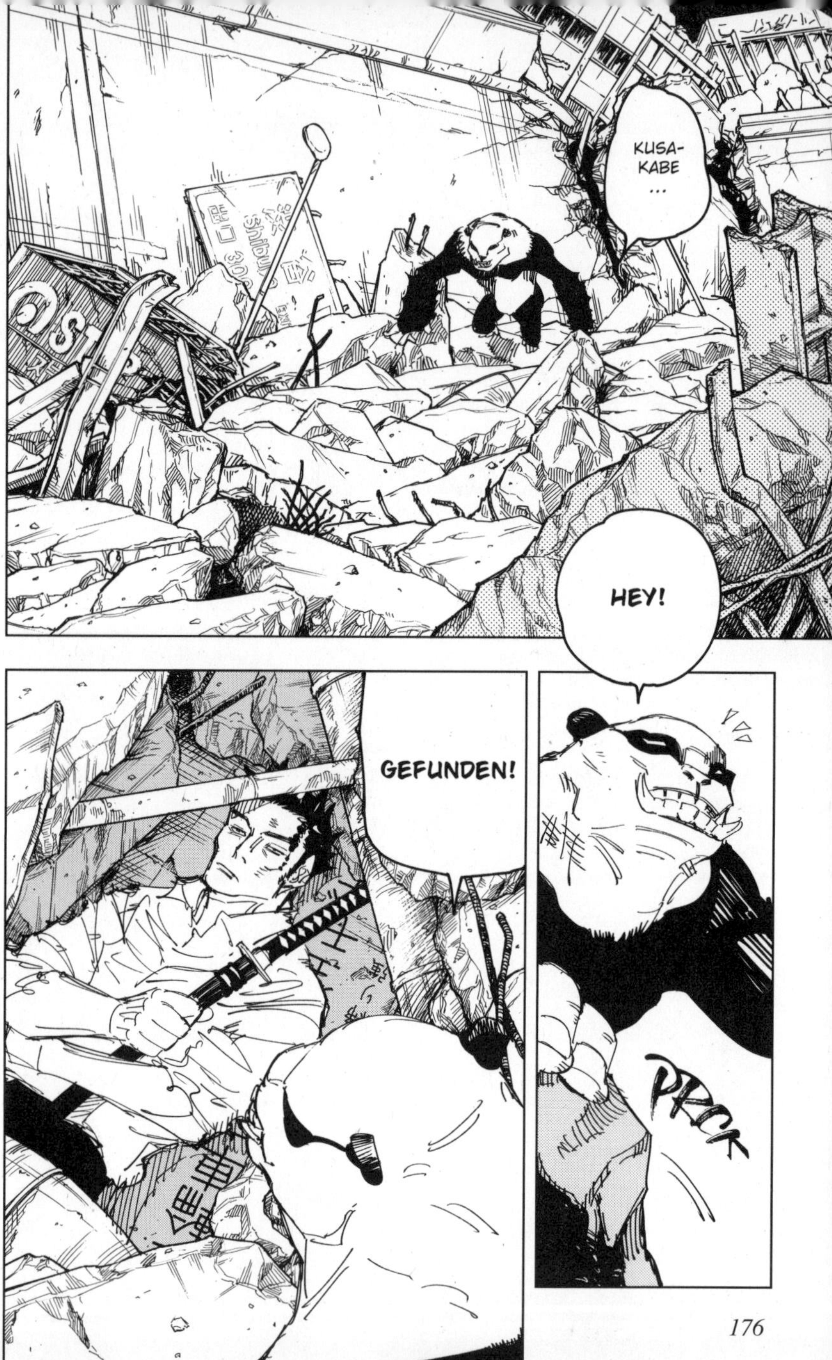

KUSA-KABE ...
HEY!
PACK
GEFUNDEN!

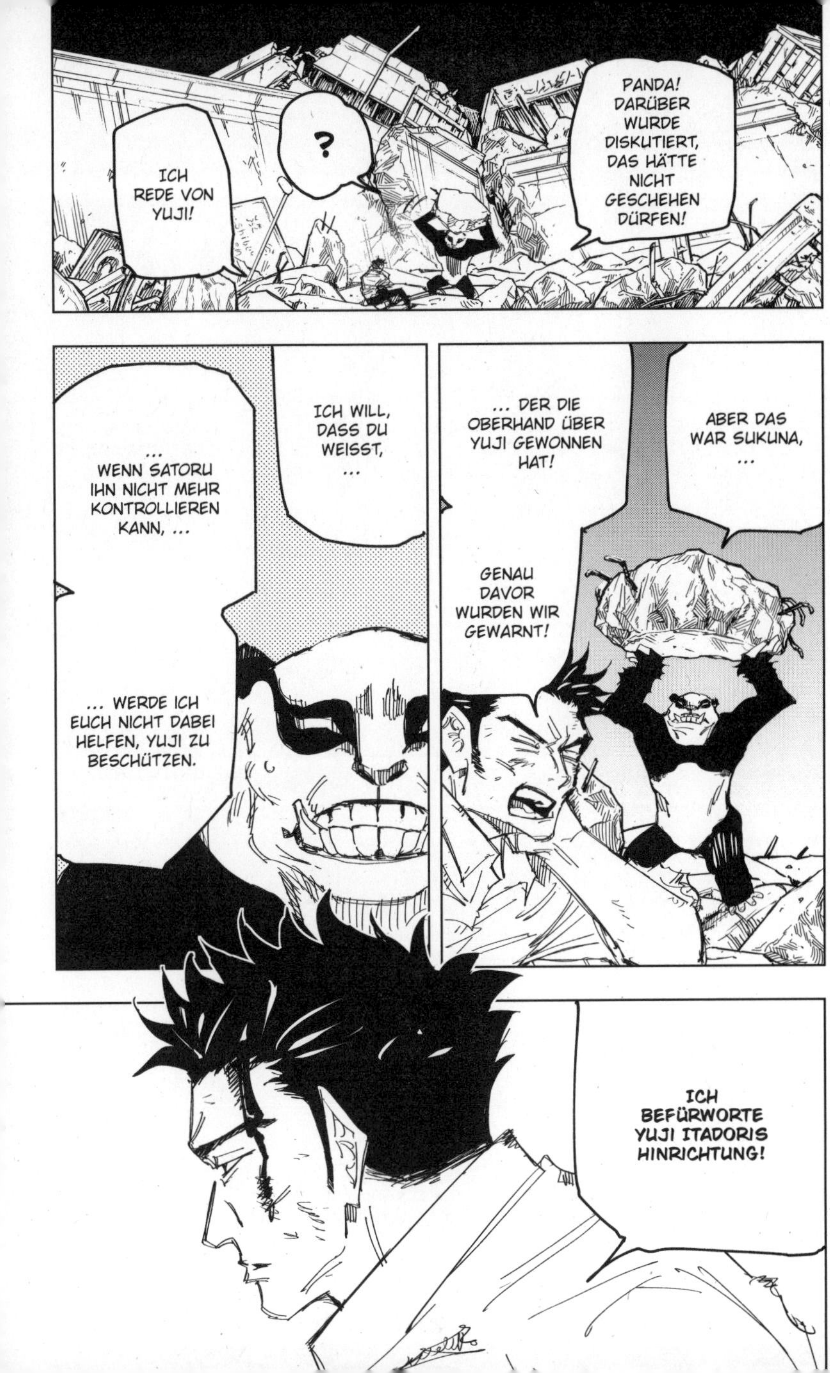
PANDA! DARÜBER WURDE DISKUTIERT, DAS HÄTTE NICHT GESCHEHEN DÜRFEN!
?
ICH REDE VON YUJI!
ABER DAS WAR SUKUNA, ...
... DER DIE OBERHAND ÜBER YUJI GEWONNEN HAT!
GENAU DAVOR WURDEN WIR GEWARNT!
ICH WILL, DASS DU WEISST, ...
... WENN SATORU IHN NICHT MEHR KONTROLLIEREN KANN, ...
... WERDE ICH EUCH NICHT DABEI HELFEN, YUJI ZU BESCHÜTZEN.
ICH BEFÜRWORTE YUJI ITADORIS HINRICHTUNG!

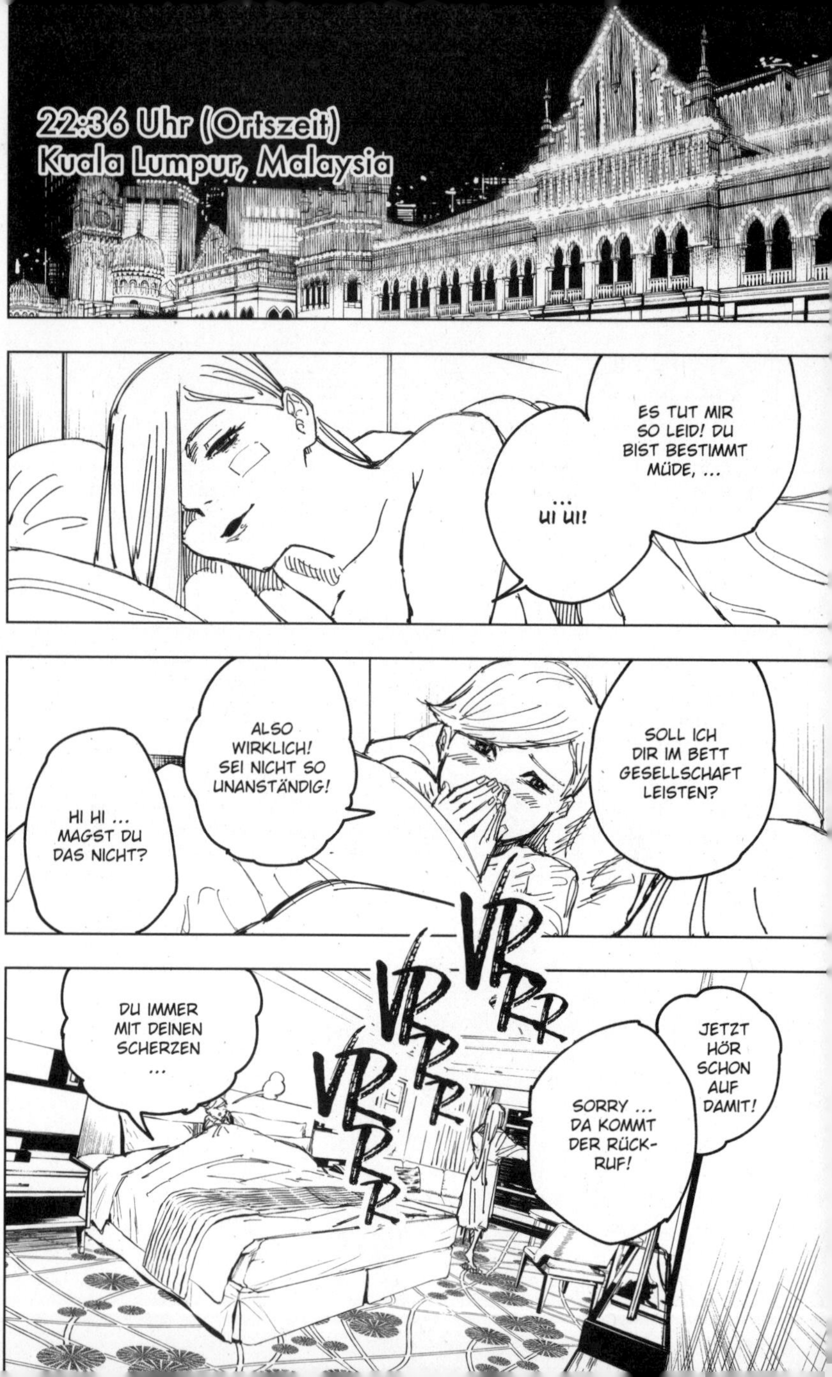
22:36 Uhr (Ortszeit)
Kuala Lumpur, Malaysia
ES TUT MIR SO LEID! DU BIST BESTIMMT MÜDE, …
… UI UI!
SOLL ICH DIR IM BETT GESELLSCHAFT LEISTEN?
ALSO WIRKLICH! SEI NICHT SO UNANSTÄNDIG!
HI HI … MAGST DU DAS NICHT?
VRRR VRRR VRRR
JETZT HÖR SCHON AUF DAMIT!
SORRY … DA KOMMT DER RÜCKRUF!
DU IMMER MIT DEINEN SCHERZEN …

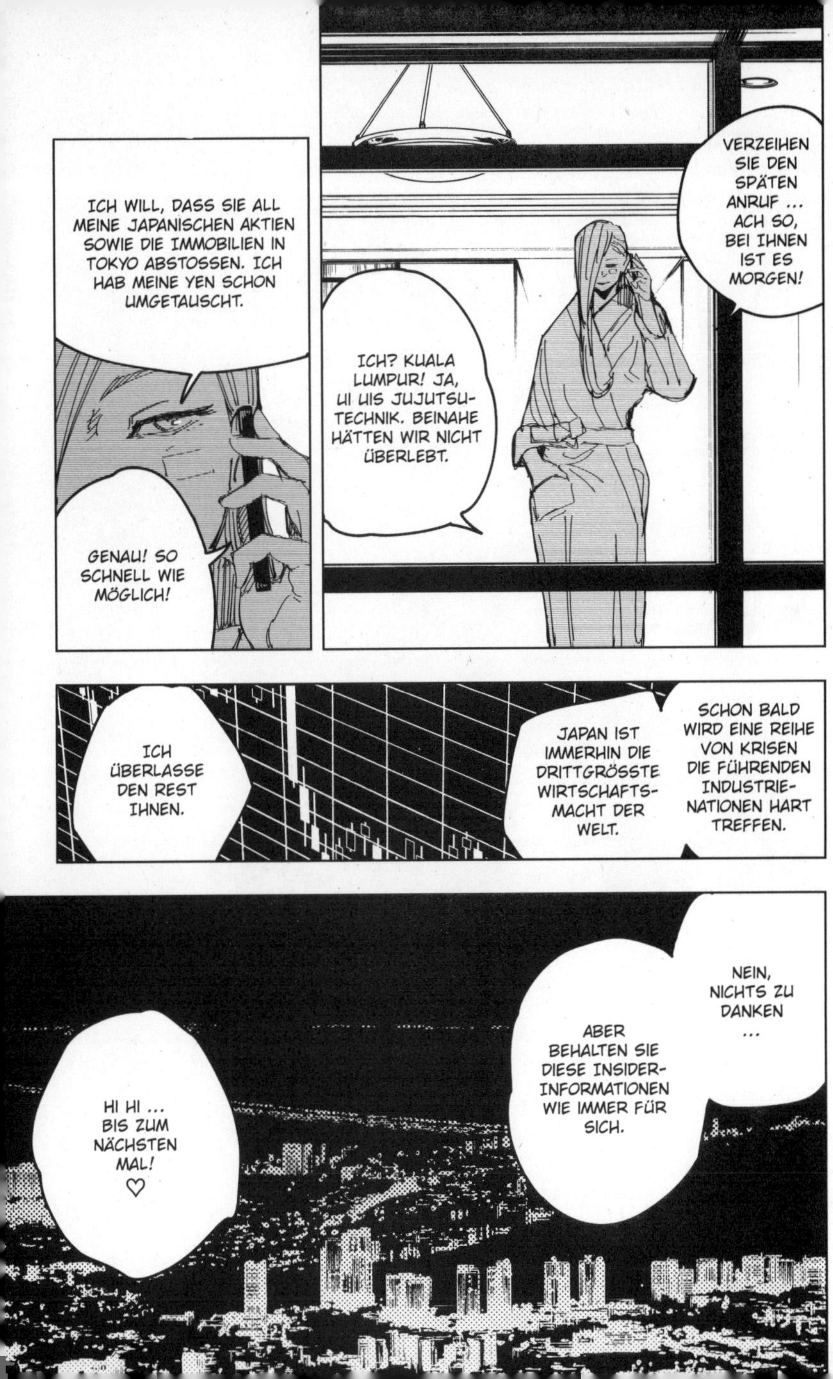
VERZEIHEN SIE DEN SPÄTEN ANRUF … ACH SO, BEI IHNEN IST ES MORGEN!
ICH? KUALA LUMPUR! JA, UI UIS JUJUTSU-TECHNIK. BEINAHE HÄTTEN WIR NICHT ÜBERLEBT.
ICH WILL, DASS SIE ALL MEINE JAPANISCHEN AKTIEN SOWIE DIE IMMOBILIEN IN TOKYO ABSTOSSEN. ICH HAB MEINE YEN SCHON UMGETAUSCHT.
GENAU! SO SCHNELL WIE MÖGLICH!
SCHON BALD WIRD EINE REIHE VON KRISEN DIE FÜHRENDEN INDUSTRIE-NATIONEN HART TREFFEN.
JAPAN IST IMMERHIN DIE DRITTGRÖSSTE WIRTSCHAFTS-MACHT DER WELT.
ICH ÜBERLASSE DEN REST IHNEN.
NEIN, NICHTS ZU DANKEN …
ABER BEHALTEN SIE DIESE INSIDER-INFORMATIONEN WIE IMMER FÜR SICH.
HI HI … BIS ZUM NÄCHSTEN MAL! ♡

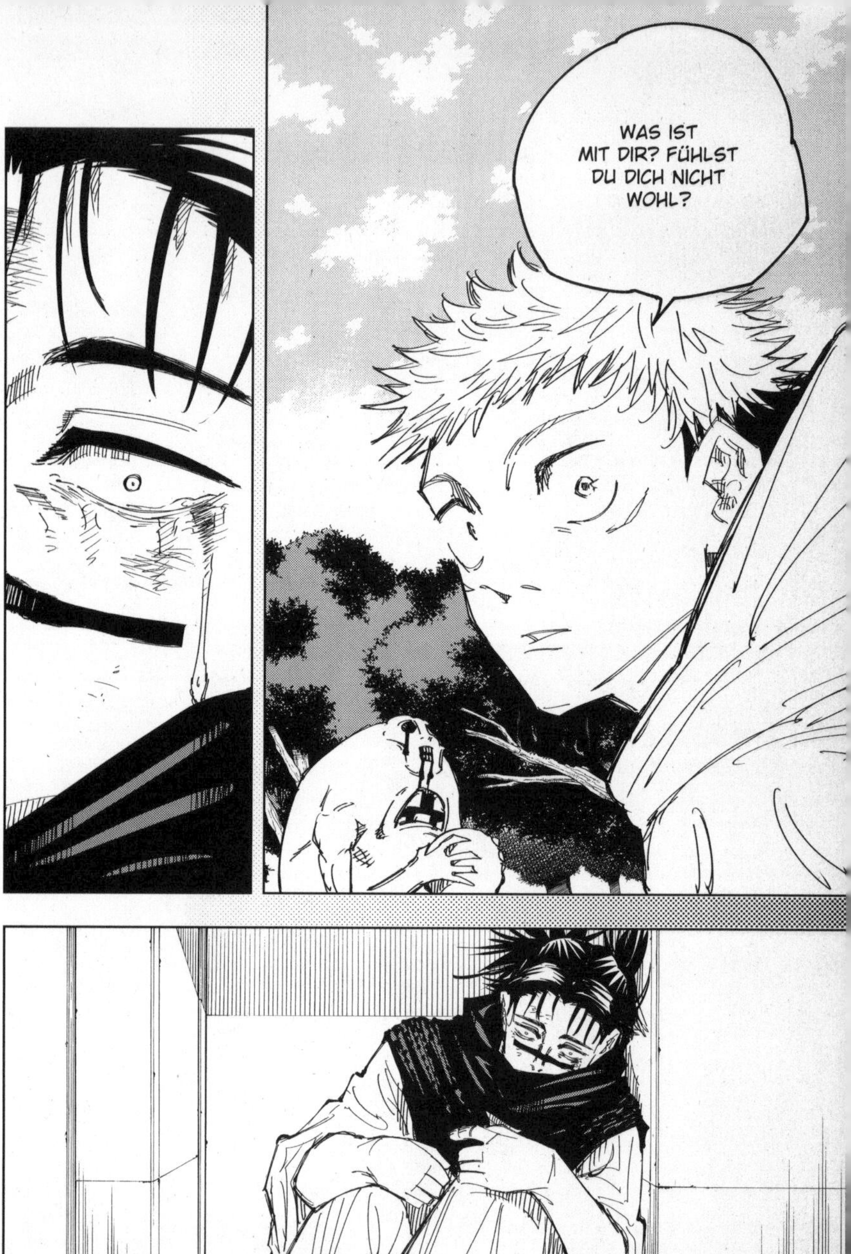
WAS IST MIT DIR? FÜHLST DU DICH NICHT WOHL?

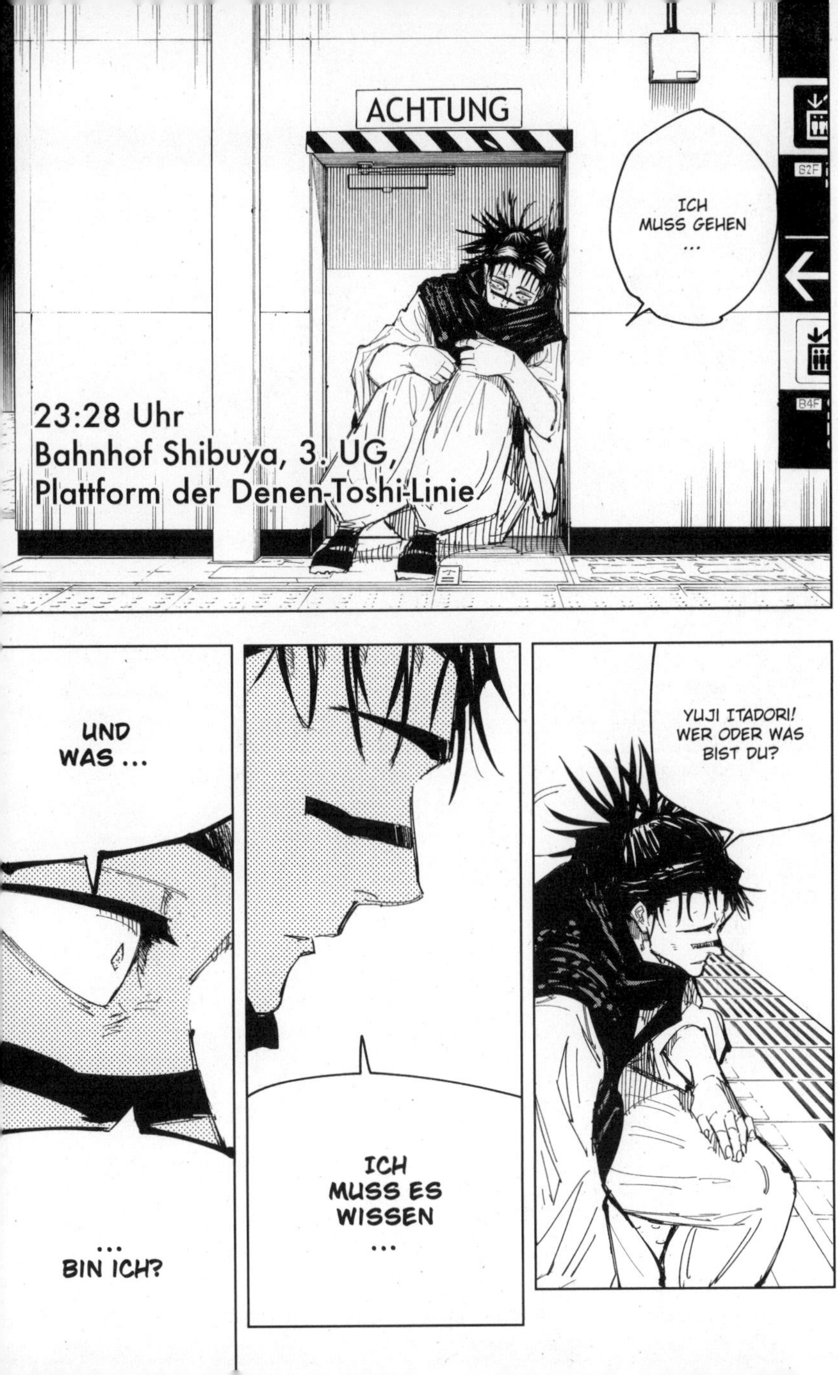
ACHTUNG
B2F
B4F
23:28 Uhr
Bahnhof Shibuya, 3. UG,
Plattform der Denen-Toshi-Linie
ICH MUSS GEHEN ...
YUJI ITADORI! WER ODER WAS BIST DU?
ICH MUSS ES WISSEN ...
UND WAS ...
... BIN ICH?

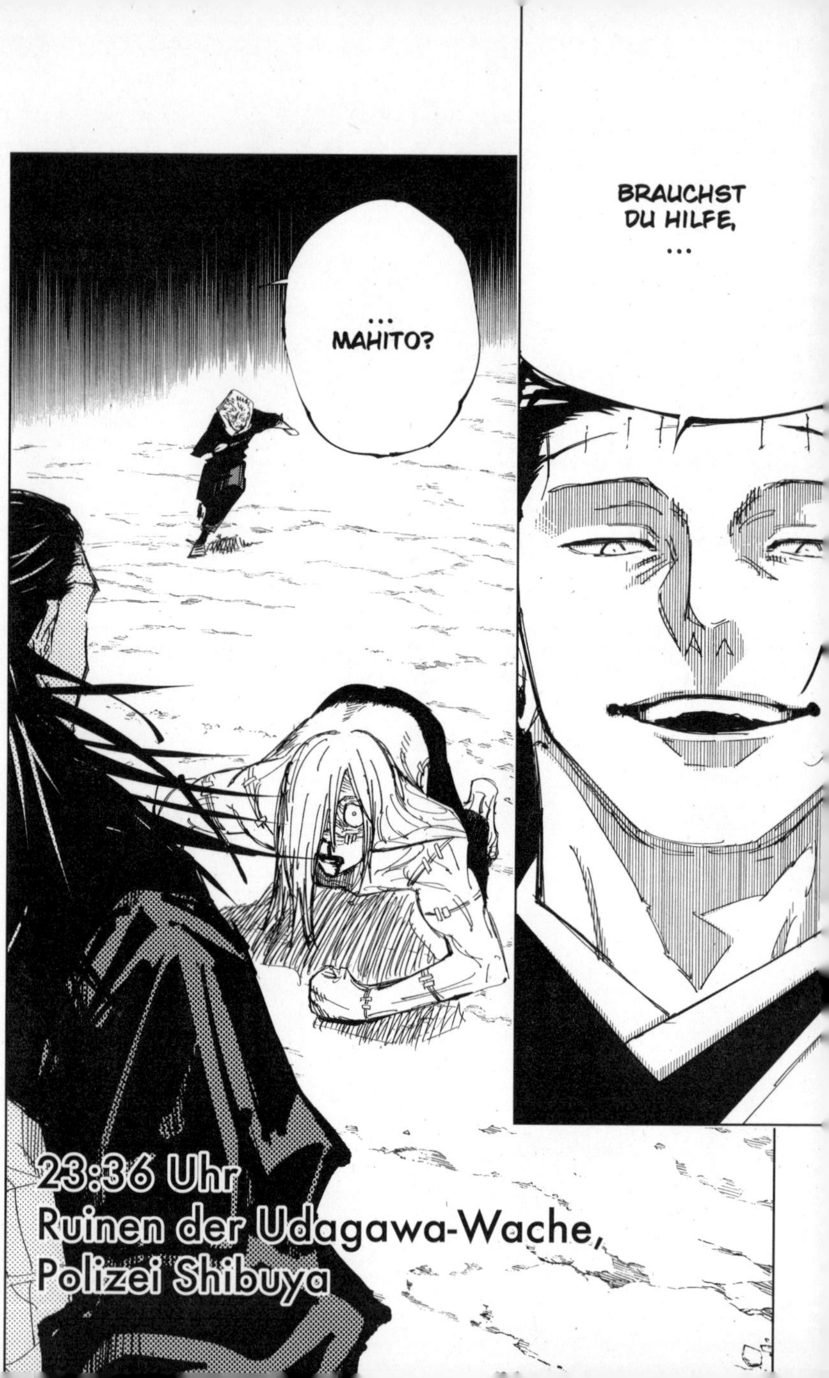
BRAUCHST DU HILFE,
...
... MAHITO?
23:36 Uhr
Ruinen der Udagawa-Wache, Polizei Shibuya

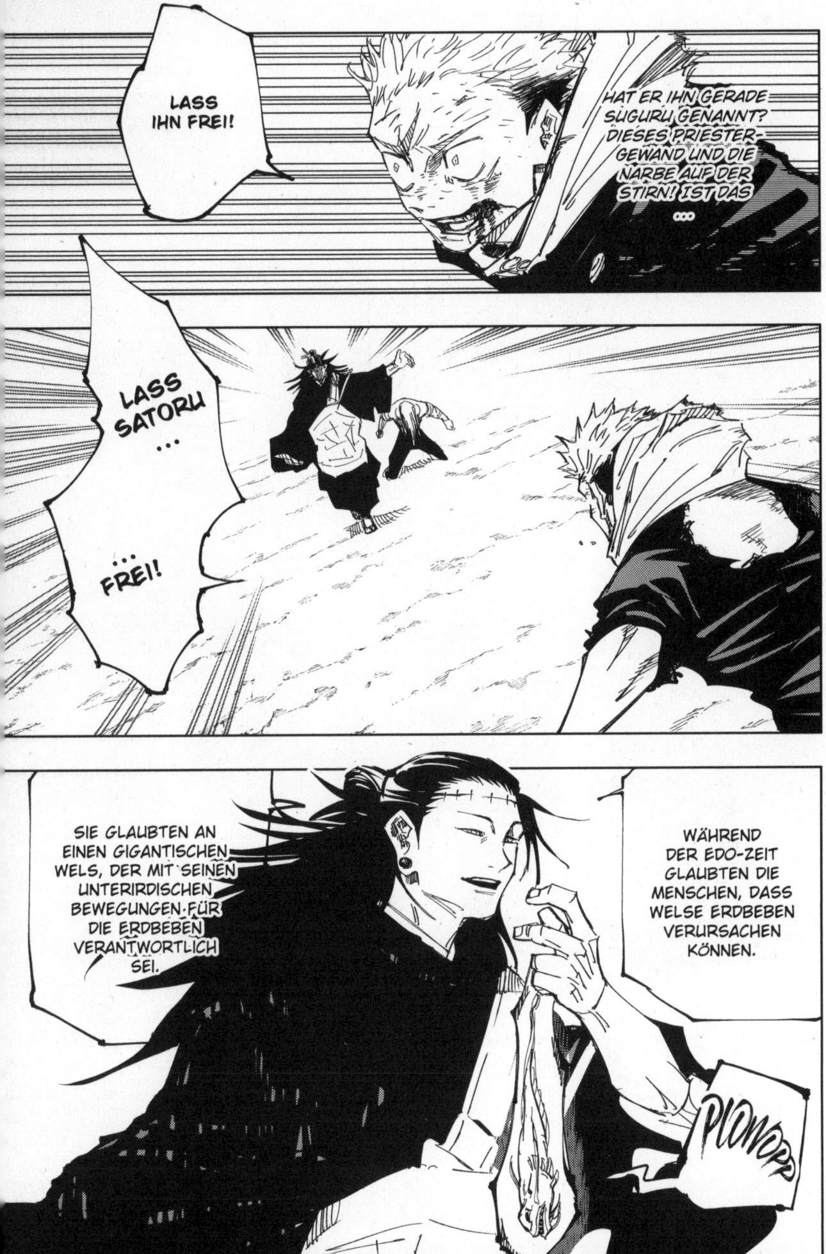

HAT ER IHN GERADE SUGURU GENANNT? DIESES PRIESTER-GEWAND UND DIE NARBE AUF DER STIRN! IST DAS ...
LASS IHN FREI!
LASS SATORU ...
... FREI!
WÄHREND DER EDO-ZEIT GLAUBTEN DIE MENSCHEN, DASS WELSE ERDBEBEN VERURSACHEN KÖNNEN.
SIE GLAUBTEN AN EINEN GIGANTISCHEN WELS, DER MIT SEINEN UNTERIRDISCHEN BEWEGUNGEN FÜR DIE ERDBEBEN VERANTWORTLICH SEI.
PLOWOPP

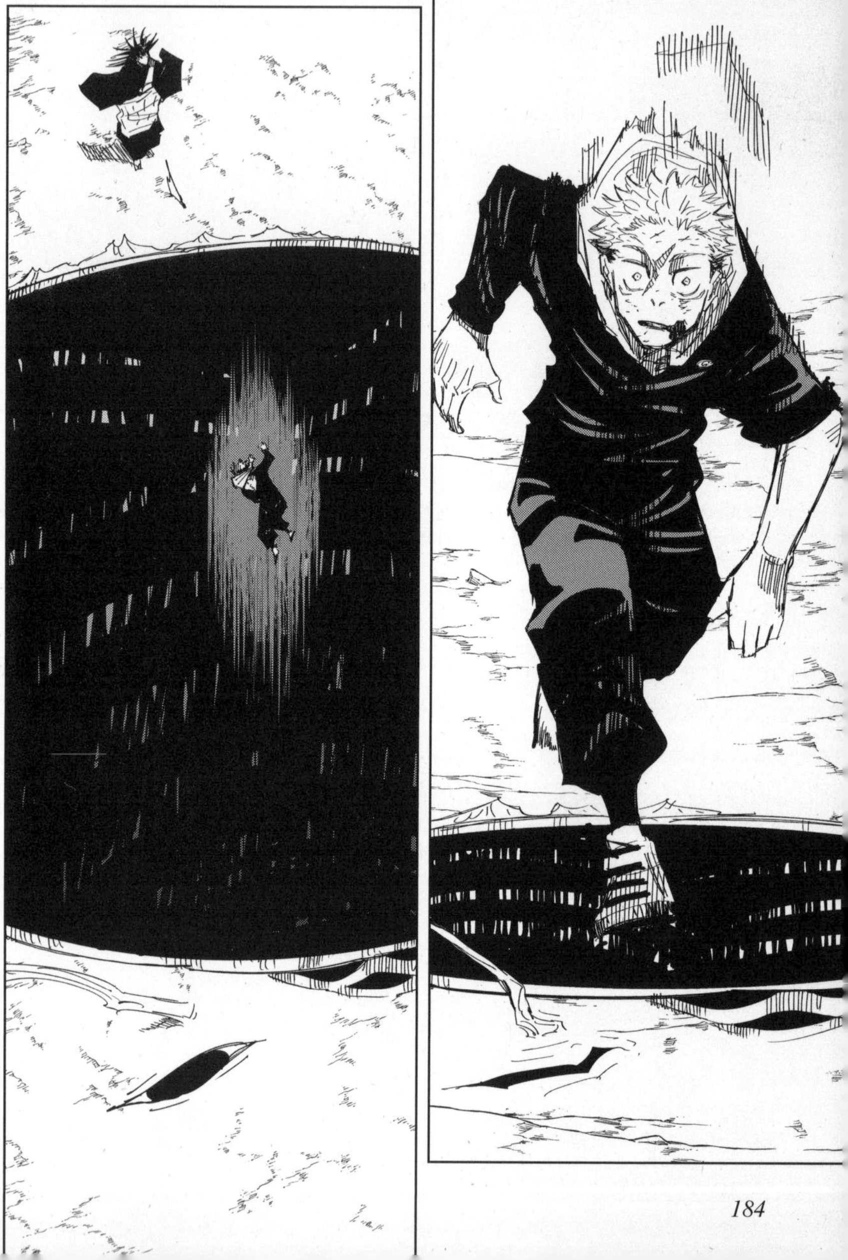

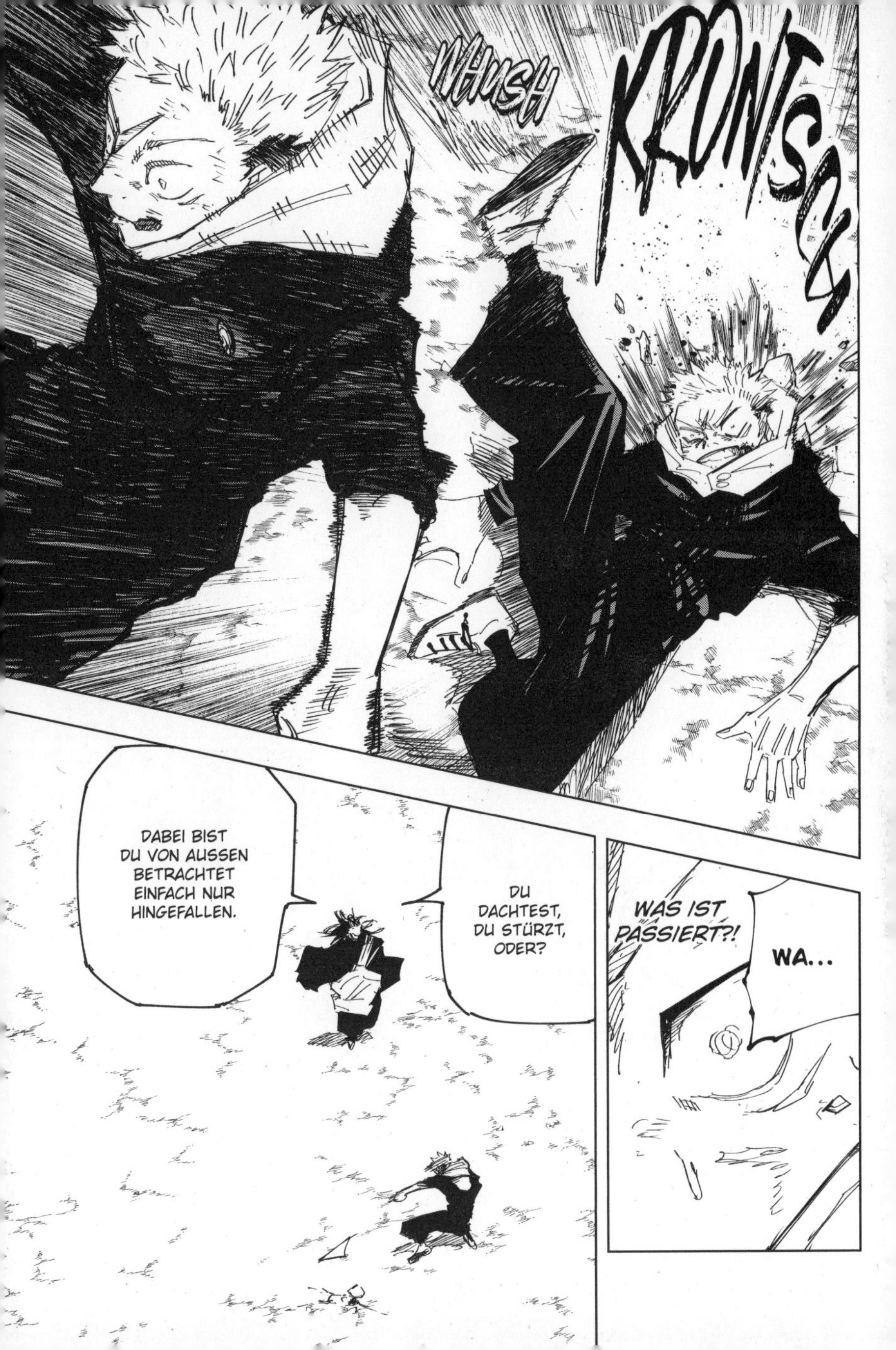
KRONTSCH
WHUSH
WA...
WAS IST PASSIERT?!
DU DACHTEST, DU STÜRZT, ODER?
DABEI BIST DU VON AUSSEN BETRACHTET EINFACH NUR HINGEFALLEN.

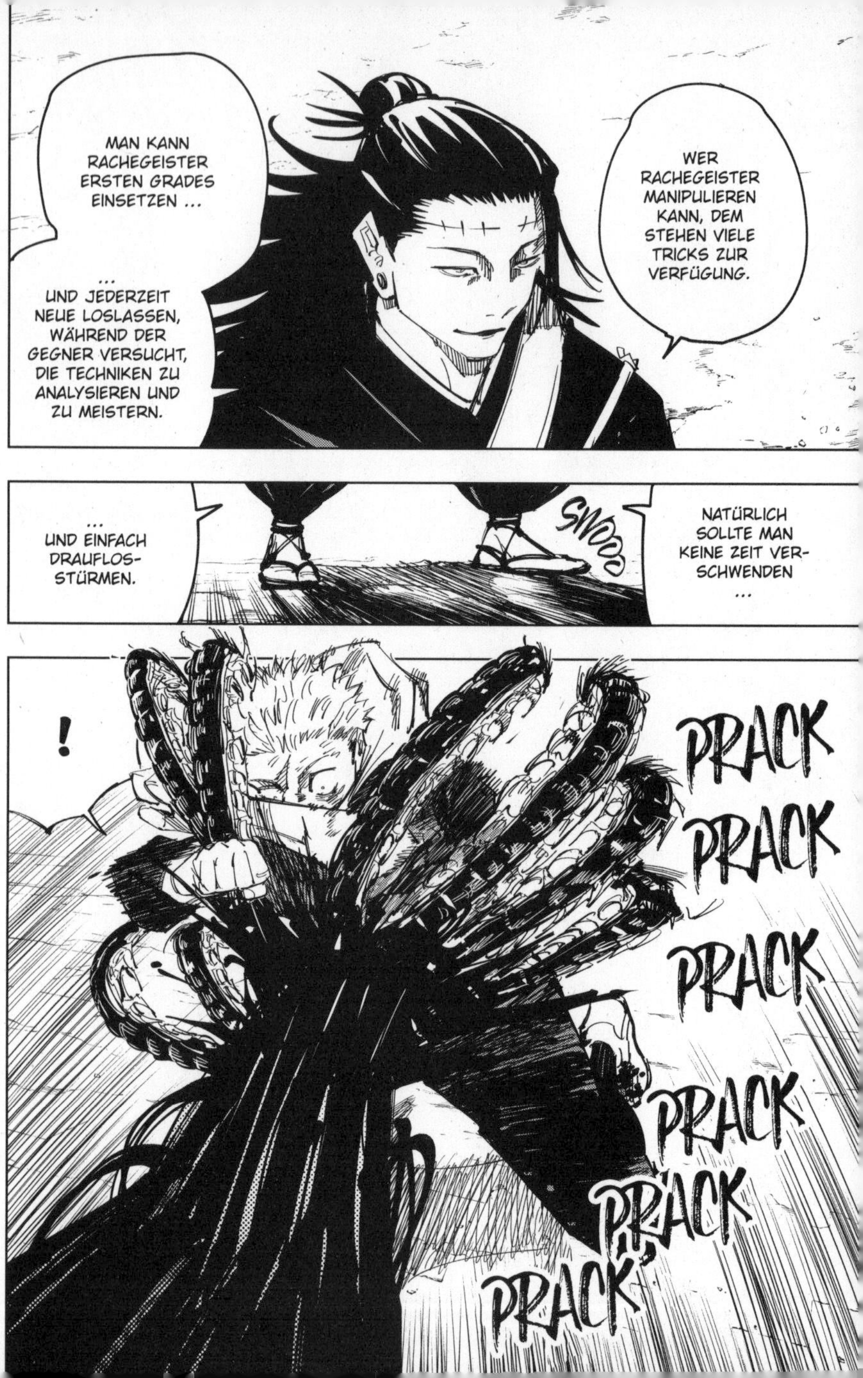
WER RACHEGEISTER MANIPULIEREN KANN, DEM STEHEN VIELE TRICKS ZUR VERFÜGUNG.
MAN KANN RACHEGEISTER ERSTEN GRADES EINSETZEN …
… UND JEDERZEIT NEUE LOSLASSEN, WÄHREND DER GEGNER VERSUCHT, DIE TECHNIKEN ZU ANALYSIEREN UND ZU MEISTERN.
NATÜRLICH SOLLTE MAN KEINE ZEIT VER-SCHWENDEN …
… UND EINFACH DRAUFLOS-STÜRMEN.
PRACK
PRACK
PRACK
PRACK
PRACK
PRACK
!

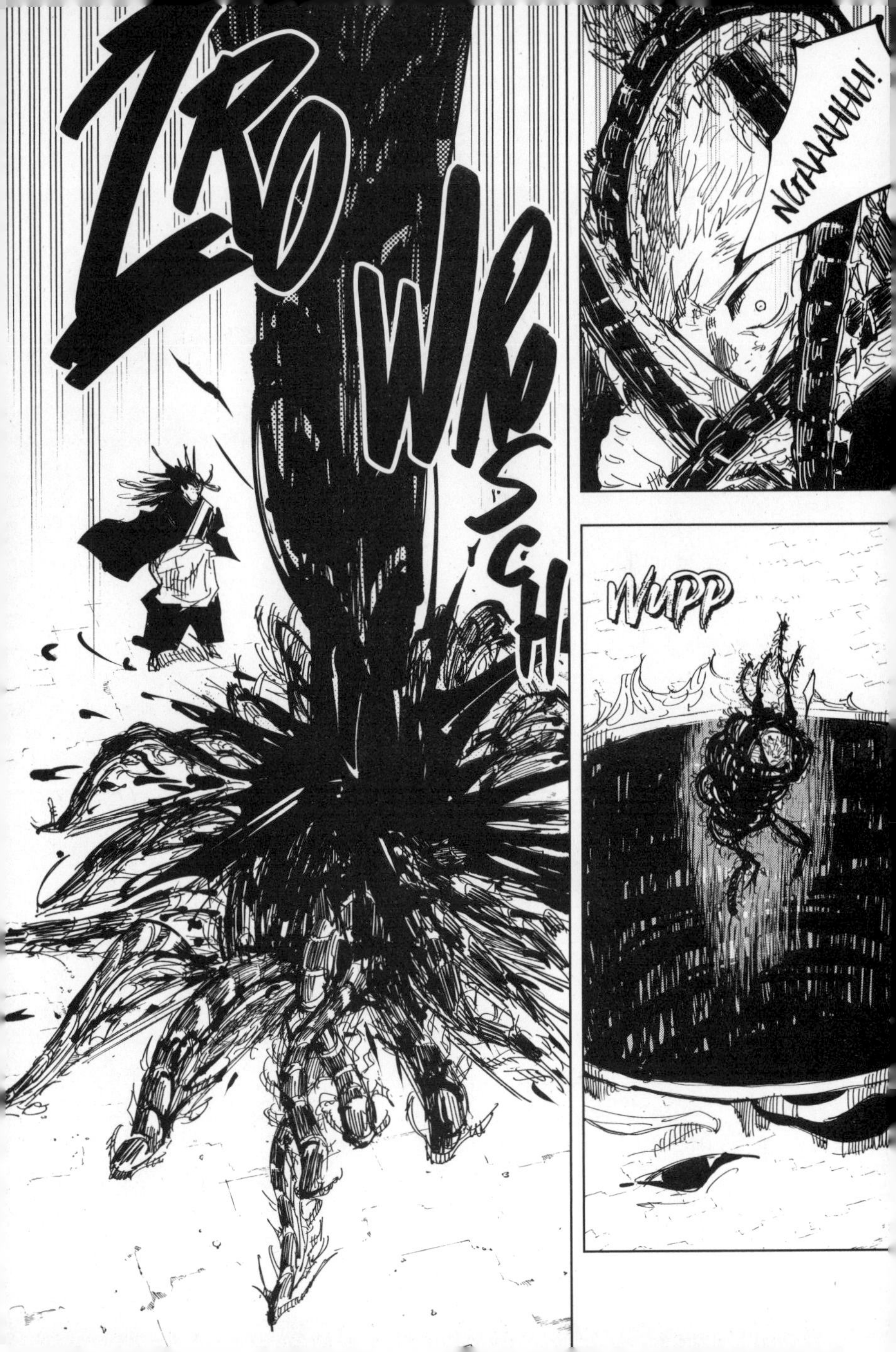
NGAAAHHH!
WUPP

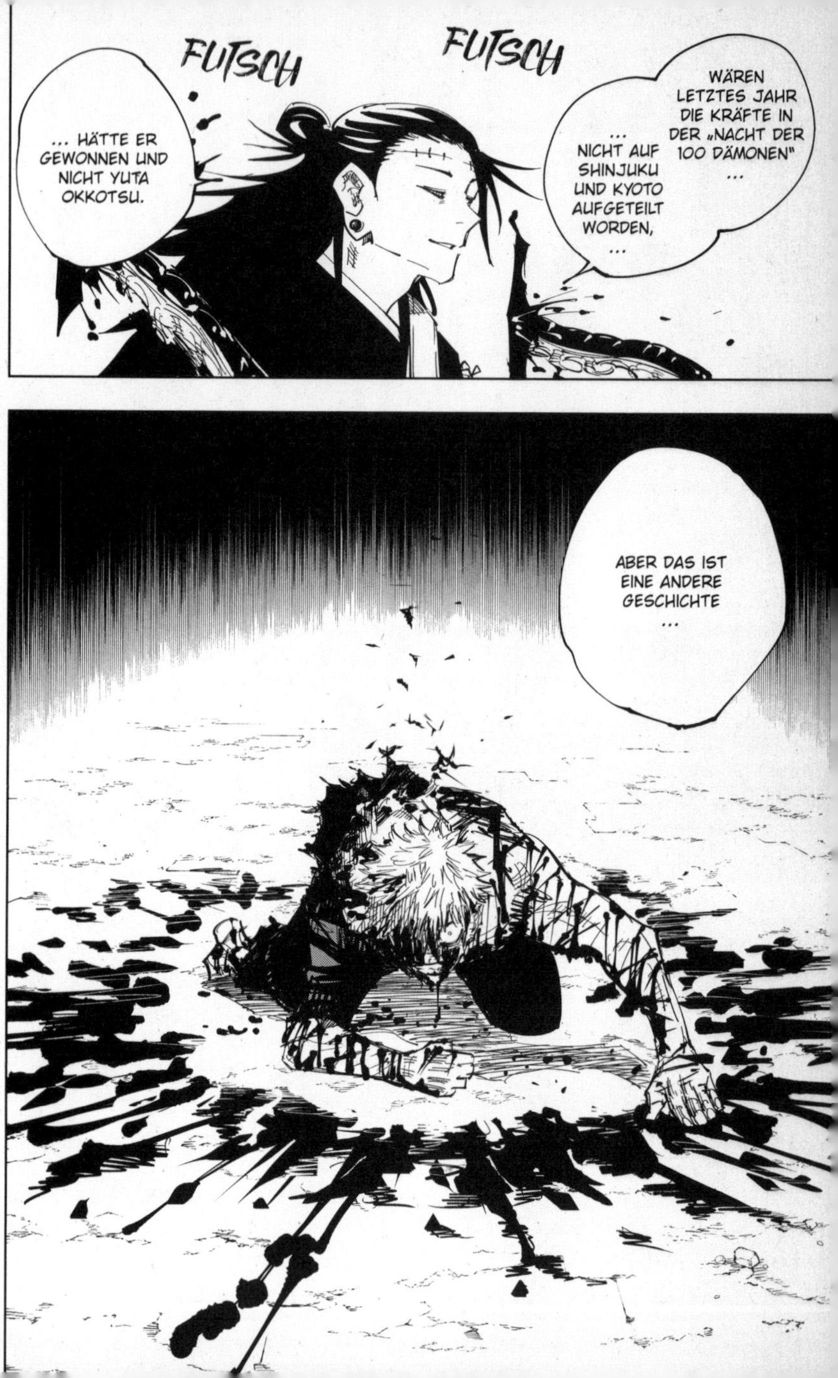
FUTSCH
FUTSCH
WÄREN LETZTES JAHR DIE KRÄFTE IN DER „NACHT DER 100 DÄMONEN" …
… NICHT AUF SHINJUKU UND KYOTO AUFGETEILT WORDEN, …
… HÄTTE ER GEWONNEN UND NICHT YUTA OKKOTSU.
ABER DAS IST EINE ANDERE GESCHICHTE …

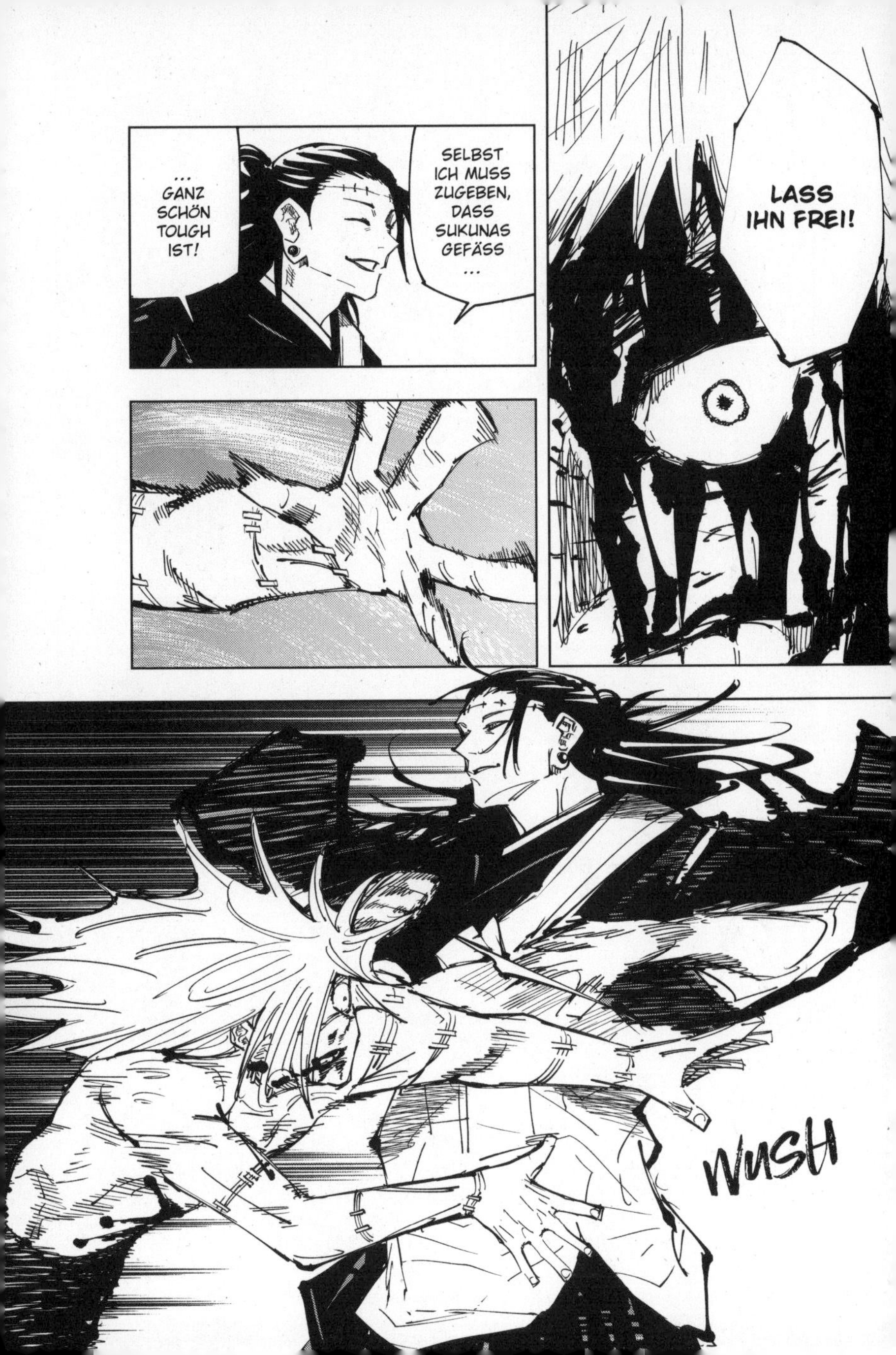
LASS IHN FREI!
SELBST ICH MUSS ZUGEBEN, DASS SUKUNAS GEFÄSS ...
... GANZ SCHÖN TOUGH IST!
WUSH

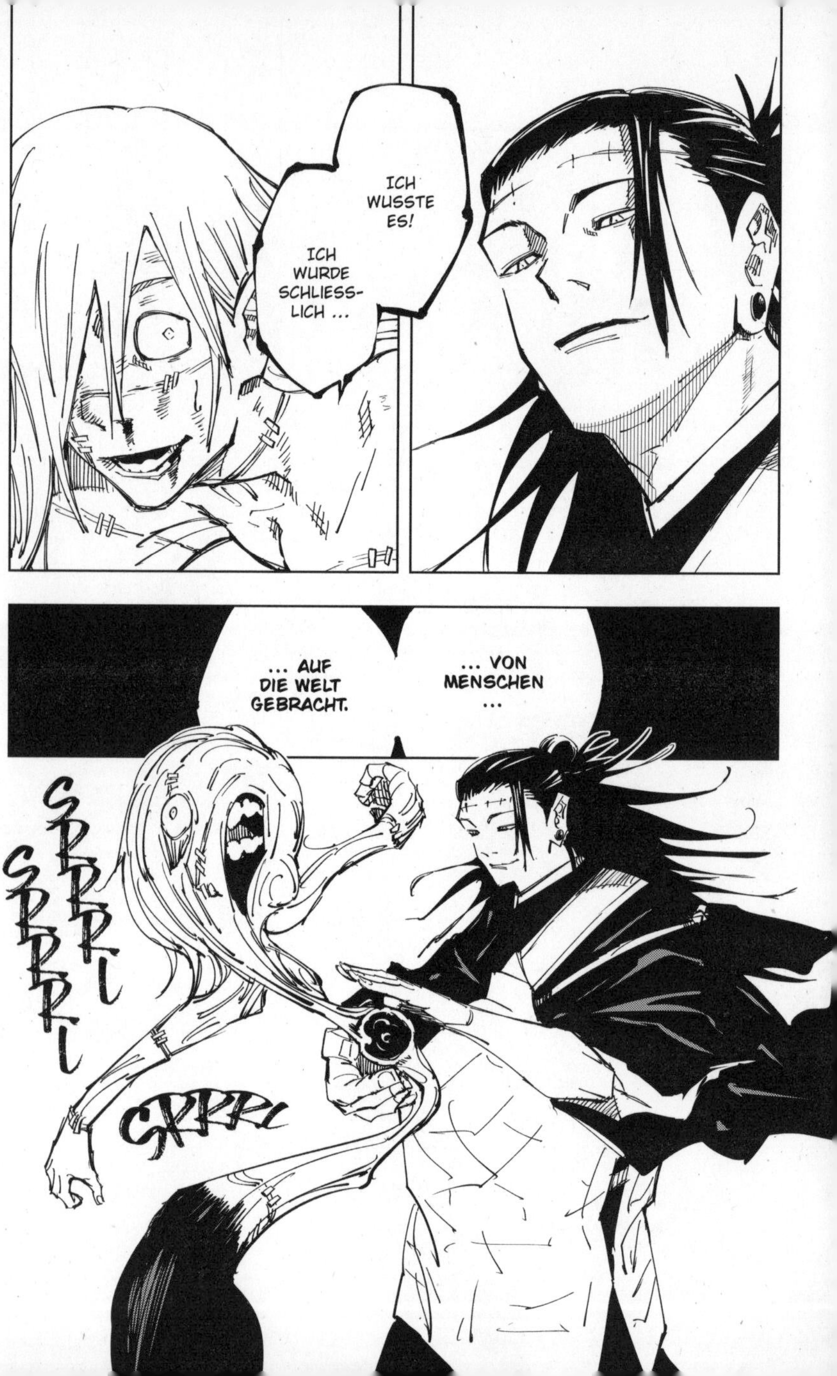
ICH WUSSTE ES!
ICH WURDE SCHLIESSLICH …
… VON MENSCHEN …
… AUF DIE WELT GEBRACHT.
GRRRL

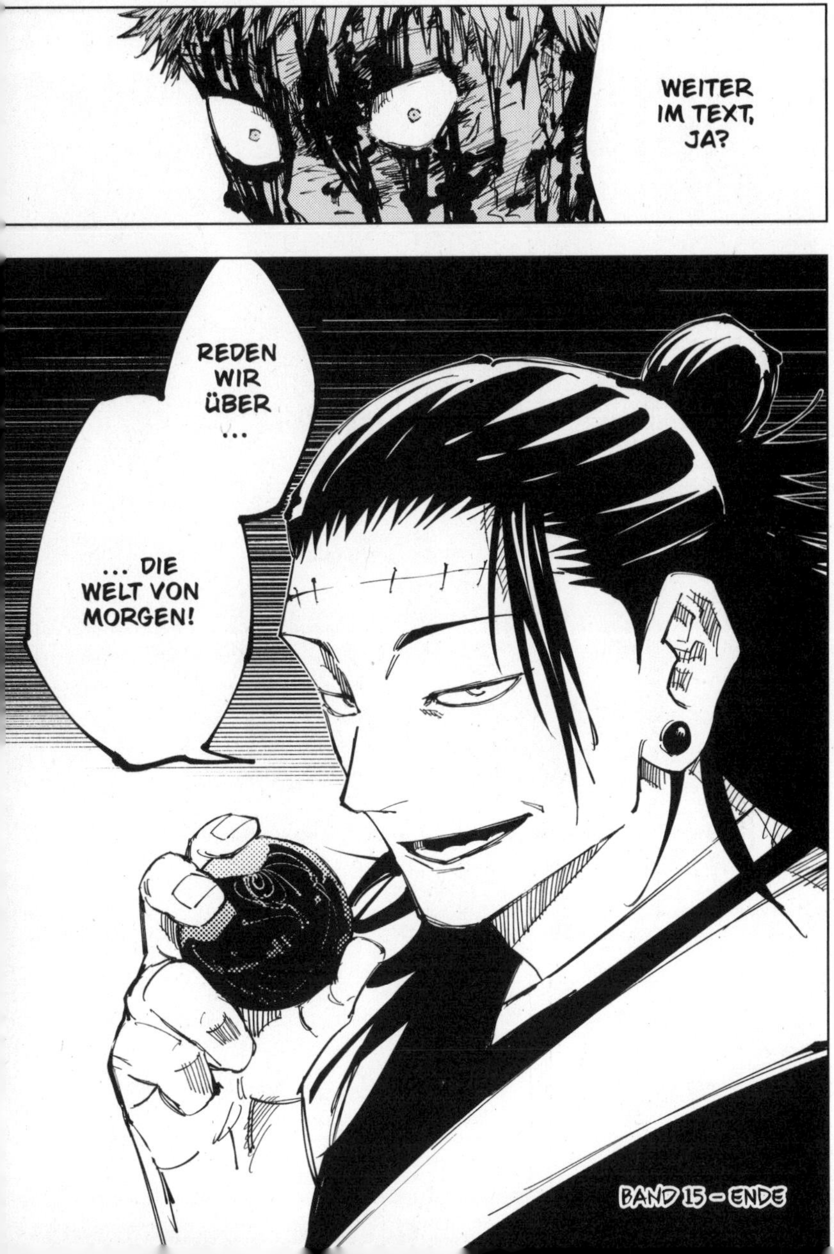
WEITER IM TEXT, JA?
REDEN WIR ÜBER ...
... DIE WELT VON MORGEN!
BAND 15 – ENDE

JUJUTSU KAISEN

JUJUTSU KAISEN

First published in Japan in 2018 by SHUEISHA Inc., Tokyo.
German translation rights in Germany, Austria, German-speaking Switzerland and Luxembourg arranged by SHUEISHA Inc.

Deutschsprachige Ausgabe / German Edition

CH-1007 Lausanne
3. Auflage

Aus dem Japanischen von Costa Caspary

Redaktion: Christopher Micksch
Herstellung: Sonja Lesch
Lettering: Paolo Gattone, Chiara Antonelli, Alessio Ravazzani
Druck und Bindung: GGP Media GmbH, Pößneck

ISBN 978-2-88951-440-3